国家社会科学基金项目成果

刑事诉讼中科学证据的审查规则与采信标准

主　编　何家弘
副主编　张　晶
撰稿人　刘晓丹　黄　星
　　　　李学军　刘品新

中国人民公安大学出版社
·北　京·

图书在版编目（CIP）数据

刑事诉讼中科学证据的审查规则与采信标准/何家弘主编．—北京：中国人民公安大学出版社，2014.1

ISBN 978－7－5653－1583－1

Ⅰ.①刑… Ⅱ.①何… Ⅲ.①刑事诉讼—证据—研究—中国
Ⅳ.①D925.013.4

中国版本图书馆 CIP 数据核字（2013）第 307537 号

刑事诉讼中科学证据的审查规则与采信标准

何家弘 主编

出版发行：中国人民公安大学出版社
地　　址：北京市西城区木樨地南里
邮政编码：100038
经　　销：新华书店
印　　刷：北京兴华昌盛印刷有限公司

版　　次：2014 年 1 月第 1 版
印　　次：2014 年 1 月第 1 次
印　　张：16
开　　本：787 毫米×1092 毫米 1/16
字　　数：292 千字

书　　号：ISBN 978－7－5653－1583－1
定　　价：40.00 元

网　　址：www.cppsup.com.cn　www.porclub.com.cn
电子邮箱：zbs@cppsup.com　zbs@cppsu.edu.cn

营销中心电话：010－83903254
读者服务部电话（门市）：010－83903257
警官读者俱乐部电话（网购、邮购）：010－83903253
公安综合分社电话：010－83901870

前　言

《刑事诉讼中科学证据的审查规则和采信标准》一书，是我们承担的2010年度国家社会科学基金项目“刑事诉讼中科学证据的审查规则和采信标准研究”（项目批准号：10BFK048）的最终成果。

2010年10月，项目课题组在北京市昌平区召开了“刑事诉讼中科学证据的审查规则和采信标准”专题研讨会。来自最高人民法院、最高人民检察院、北京市人民检察院、北京市昌平区人民检察院、民航管理干部学院的专家学者和本课题组成员，就这一课题的基本概念、重点难点、研究方法等问题进行了讨论（参见研讨会综述《科学证据的采信规则和标准——我们的声音》，载何家弘主编《证据学论坛》第16卷，法律出版社2011年6月版）。

科学证据的种类繁多，仅痕迹类就包括指纹证据、掌纹证据、足迹证据、唇纹证据、耳纹证据、工具痕迹证据、车辆痕迹证据、枪弹痕迹证据等。我们不可能对所有科学证据进行全面研究，只能选择几类作为主要研究对象。在集体讨论的基础上，我们决定主要对DNA证据、指纹证据、笔迹证据和电子证据这四类科学证据的审查规则和采信标准进行研究。其中，DNA证据是最具代表性的生物物证；指纹证据是最具代表性的痕迹物证；笔迹证据是最具代表性的经验型科学证据；电子证据则是最新也最具开发潜力的科学证据。

在本课题的研究过程中，我们针对2010年6月由最高人民法院、最高人民检察院、公安部、国家安全部、司法部联合颁发的《关于办理死刑案件审查判断证据若干问题的规定》和《关于办理刑事案件排除非法证据若干问题的规定》中一些相关规定撰写并发表了阶段性成果，如何家弘撰写的论文《证据的采纳和采信——从两个“证据规定”的语言问题说起》（载《法学研究》2011 年第 3 期），刘品新撰写的论文《电子证据的收集与运用——以两个“证据规定”为解读》（载《证据学论坛》第 16 卷）等。

本书的导论由何家弘执笔；第一篇由刘晓丹（中国人民大学法学院讲师）执笔；第二篇由黄星（云南警官学院教授）执笔；第三篇由李学军（中国人民大学法学院教授）执笔；第四篇由刘品新（中国人民大学法学院副教授）执笔。何家弘和张晶负责本书体例的确定和初稿的审读修改。在本课题通过全国哲学社会科学规划办公室组织的专家评审之后，何家弘和张晶又根据专家提出的意见对全部书稿进行了修改润色。

在此，我谨代表本书的作者向国家社会科学基金办公室表示诚挚的感谢。

何家弘

2013 年 7 月于北京世纪城痴醒斋

目 录

第四篇　电子证据的审查规则与采信标准

导论：科学证据的审查与采信

科学证据不是一个严格意义上的证据种类，甚至也不是一个含义明确的法律概念，但确是一个越来越受到法律专业人士偏爱的语词。其实，科学证据也并非仅是在法律领域使用的术语，而且是在哲学和自然科学领域中被广泛使用的术语。按照“纯科学”领域的界定（*the concept of scientific evidence in pure science*），“科学证据没有普遍接受的定义，但一般是指那些用来支持或反对一种科学理论或假说的证据”。① 笔者无从查证这一术语在法学领域的缘起，但是根据个人的知识，美国的弗雷德·英博教授当为先驱者之一。他与莫森斯合著的《刑事案件中的科学证据》（*Scientific Evidence in Criminal Cases*）一书，20 世纪 80 年代就已经在美国的刑事司法领域里产生了极大的影响。② 乔恩·华尔兹教授在《刑事证据大全》中也用大量篇幅来介绍科学证据（该书第 18 章的标题就是“科学证据”），分别讲述了精神病学、心理学、毒物学、化学、法医病理学等学科的专家意见，以及照相、录像、显微分析、中子活化分析、指纹、DNA、枪弹、声纹、可疑文书、测谎和车速检测等科学证据的内容。③ 然而，英博教授和华尔兹教授都没有给出科学证据的界说，似乎科学证据就是一个日常生活用语，犹如汽车、房屋、书本、猪肉，大家都说，大家都懂，没有必要去给出定义。

也许，美国学者不愿意纠结于科学证据的界说，而是集中精力去探讨或阐述科学证据的内容。例如，美国密歇根州司法研究所编写出版的《科学

---

① “Scientific evidence has no universally accepted definition but generally refers to evidence which serves to either support or counter a scientific theory or hypothesis.” From Wikipedia, the Free Encyclopedia.

② 1990 年年初，笔者到美国西北大学法学院做访问学者时结识了当时研究美国刑事司法制度和科学证据问题的权威弗雷德·英博（Fred E. Inbau）教授。回国后，笔者组织翻译了他与雷德、巴克雷合著的《审讯与供述》（Criminal Interrogation and Confession）一书，由群众出版社于 1992 年出版。

③ [美] 乔恩·华尔兹：《刑事证据大全》（第二版），何家弘等译，中国人民公安大学出版社 2004 年版，第 7 页。

证据》一书全面介绍了各种科学证据及其在诉讼中的采纳标准，其内容不仅包括DNA、枪弹、指纹、声纹等“硬科学”（the hard sciences）证据，还包括精神病学、心理学、行为科学等领域的专家提供的“软科学”（the soft sciences）证据，但是也没有给出科学证据的定义。值得注意的是，该书的作者把测谎归入“硬科学”证据的范畴，把催眠归入“软科学”证据的范畴。[①] 在美国法律界广泛使用的《布莱克法律词典》在很长时期内都没有科学证据的词条，直到1999年的第7版才出现了相当简约的解释：科学证据是“那些根据技术或特别知识做出的而且其证明价值依赖于科学方法的言辞或意见证据”。[②]

中国学者习惯于“名不正则言不顺”的思维模式，所以常纠缠于概念定义的纷争。[③] 其实，无论如何界定，是否承认，科学证据都势不可当地走进了司法证明的领地。美国著名的证据法学家达马斯卡教授曾经指出：“站在20世纪末思考证据法的未来，很大程度上就是要探讨正在演进的事实认定科学化的问题。”[④] 笔者在20世纪末也曾提出司法证明已进入“科学证据时代”的观点。[⑤] 因此，我们应该更多地关注科学证据在司法实践中的运用问题，其中颇为重要的问题就是科学证据的审查规则和采信标准。在讨论这个问题之前，我们有必要先阐明科学证据的审查和认定。

一、科学证据的审查认定

准确认定案件事实是司法公正的基础，也是法官在审理各类案件时的基本任务。案件事实对于法官来说，都是发生在过去的事件。在现实生活中，法官不可能穿越“时空隧道”去直接感知发生在过去的事件，而只能通过各种证据去间接地认识案件事实。通过证据去认识案件事实，就要对证据进行审查，就要对证据进行认定。换言之，审查和认定证据是运用证据证明案件事实的基石。

（一）审查认定证据的概念和范畴

所谓审查证据，是指有关人员在诉讼过程中对证据进行的考查、检查、

① 参见 Michigan Judicial Institute：Scientific Evidence，1994，pp. 2 – 6.

② Bryan A. Garner：Black's Law Dictionary（seventh edition），West Group，1999，p. 580.

③ 关于科学证据概念的讨论，参见刘晓丹：《论科学证据》，中国检察出版社2010年版，第1 ~ 15页。

④ ［美］米尔建·R. 达马斯卡：《漂移的证据法》，李学军等译，中国政法大学出版社2003年版，第200页。

⑤ 参见何家弘：《21世纪中国证据法学前瞻》，载《检察日报》1999年9月2日。

分析、研究的活动。所谓认定证据，是指有关人员对证据的能力和效力进行判断、评断、认可、确认的活动，可以简称为认证。证据的审查与证据的认定是一对既有联系又有区别的概念。一方面，审查证据不等于认定证据；另一方面，认定证据离不开审查证据。审查证据是认定证据的前提和基础，认定证据是审查证据的目的和归宿。

20 世纪后期，在全面追求客观真实的哲学思潮的影响下，我国大陆地区的证据法学者非常注重研究证据的审查问题。"审查判断证据"曾经作为证据学①的主要内容，或者说最有实用价值的内容。正如巫宇甦教授在其主编的"文化大革命"结束之后正式出版的第一部证据学教材中所指出的，"审查判断证据是诉讼中证明活动的关键环节，具有非常重要的意义……只有认真审查证据，正确判断证据的可靠性和证明作用，才能保证准确、及时地查明案件真实情况，完成刑事诉讼、民事诉讼的任务。"② 陈一云教授在 20 世纪 90 年代初期主编的《证据学》教材中也指出："审查判断证据是诉讼过程中的一项重要活动，是证明案件事实的决定性步骤。"③ 因此，上述两部在当时最有影响的证据学教材不仅设专章讲述"审查判断证据"，而且在分章讲述物证、书证、鉴定结论、证人证言等各类证据时还用专节讲述"审查判断"的问题。后来，江伟教授主编的《证据法学》也沿用了这种内容体系的设置。④

进入 21 世纪，中国的证据法学教材在内容体系上出现了一些变化，除了加强对证明问题的阐述和证据规则的介绍之外，"审查判断证据"问题的地位开始弱化。例如，在刘金友教授主编的《证据法学》中，各种证据的审查判断被删除了，相关内容分别在"证据的查证与质证"和"综合审查判断证据"两章中讲述；⑤ 在卞建林教授主编的《证据法学》中，各种证据的审查判断则被压缩为"证据的审查判断"章中的一节。⑥ 在笔者主编的司法部法学教材编辑部统编的"高等学校法学教材"《新编证据法学》中，我们没有设专章讲述证据的审查判断问题，而仅在"认证制度"一章中进行了阐述；⑦ 在笔者与刘品新博士合著的《证据法学》中，我们则只编写了

① 在 20 世纪 80 年代和 90 年代，中国学者习惯使用"证据学"作为这门学科的名称。

② 巫宇甦：《证据学》，群众出版社 1985 年版，第 144 页。

③ 陈一云：《证据学》，中国人民大学出版社 1991 年版，第 227 页。

④ 参见江伟：《证据法学》，法律出版社 1999 年版，第 1 ~5 页。

⑤ 参见刘金友：《证据法学》，中国政法大学出版社 2001 年版，第 1 ~5 页。

⑥ 参见卞建林：《证据法学》，中国政法大学出版社 2000 年版，第 5 页。

⑦ 参见何家弘：《新编证据法学》，法律出版社 2000 年版，第 4 页。

"证据证明力的审查评断"一章。①

与此同时，专家学者对"审查判断证据"的界说也发生了一些微妙但意义深远的变化。例如，陈一云教授在其主编的《证据学》教材中说："审查判断证据，是指司法人员对收集的证据进行分析研究，鉴别其真伪，找出它们与案件事实之间的客观联系，确定其证明力，进而就案件事实真相作出结论的活动。"② 而卞建林教授在其主编的《证据法学》教材中说："审查判断证据，是指国家专门机关、当事人及其辩护人或诉讼代理人对证据材料进行分析、研究和判断，以鉴别其真伪，确定其有无证明能力和证明力以及证明力大小的一种诉讼活动。"③ 上述两个界说的主要区别在于：前者认为审查判断证据的目的就是确定证据的证明力以便查明事实真相，而后者则认为审查判断证据的目的还应该包括确认证据能力，即判定受审查的证据是否具备诉讼中的证据资格，应否准许其进入诉讼的大门。这说明，证据的可采性问题越来越受到研究者的关注。

无论是教材内容体系上的变化，还是专业术语的内涵和外延的变化，都在一定程度上反映了我国证据法学研究重心的转移——从单一的追求客观真实的认识论目标，转向追求事实真相、司法公正、人权保障等包括认识论和价值论的多元目标；从审查运用证据的方法，转向审查运用证据的规范；从强调证明标准转向强调证据规则；从重视证据的审查转向重视证据的认定。于是，认定证据或认证，逐渐成为学人青睐的语词。

严格地说，认证是法官行使审判权的一种职能活动，是具有特定法律效力的司法行为，因此，认证的主体只能是法官，其他诉讼参与人都不能成为认证的主体。在这个问题上，我们有必要区分认定证据与审查证据。因为二者的主体和效力不尽相同。就刑事诉讼的过程而言，凡是使用证据的人，都要对证据进行审查。侦查人员对于自己收集或他人提供的证据要进行审查；律师对于自己收集或他人提供的证据也要进行审查；批捕或起诉的检察人员对于侦查人员提供的证据要进行审查；审判人员对于诉讼双方提供的证据也要进行审查。但是，侦查人员、检察人员、律师对证据进行审查的结果不具有认证的性质和效力。

在阐述审查认定证据的概念时，我们有必要明确认定证据和认定事实的这一对范畴之间的关系。认证是对证据的认定，不是对案件事实的认定。换言之，认证的对象是证据，不是事实。在司法实践中，人们有时并不严格区

---

① 参见何家弘、刘品新：《证据法学》，法律出版社 2004 年版，第 3 页。

② 陈一云：《证据学》，中国人民大学出版社 1991 年版，第 226 页。

③ 卞建林：《证据法学》，中国政法大学出版社 2000 年版，第 408 页。

分对证据的认定和对事实的认定，甚至会模糊地认为二者是一回事，认为证据认定了，事实也就认定了。然而，就刑事诉讼中的认识活动而言，认定证据应该与认定事实区分开来，因为它们是法官“决策”过程中两个相互衔接又相互区别的认识阶段。一方面，认定证据并不等于认定事实，即使确认了案件中所有证据的效力，也不等于就完成了对案件事实的认定；另一方面，认定事实也不等于认定证据，司法人员不能用认定案件事实的活动笼统地代替或吞没对案件中各种证据的认定活动，后者应该在程序和方法上具有相对的独立性。总之，明确区分认定证据与认定事实这两个概念，对于制定相应的证据规则和指导法官的认证活动，都很有裨益。

在阐述审查认定证据的概念时，我们还要明确采纳证据和采信证据这一对范畴之间的关系。证据的采纳和采信貌似语言习惯问题，其实是一个颇为重要的理论问题，也是一个无可回避的实务问题。司法人员审查认定证据要回答两个基本问题：其一，被审查的证据是否具备证据能力，是否可以进入诉讼的“大门”；其二，被审查的证据是否具备证明效力，是否可以作为定案的根据。前者即证据的采纳；后者即证据的采信。为了使证据的审查认定活动更加有序，我们有必要明确区分证据的采纳和采信。

首先，从语词角度来看，采纳的关键字是“纳”，即把接受审查的证据纳入具体案件的证据组合，或者说准许该证据进入诉讼的大门；采信的关键字是“信”，即确认受审查证据的可信度，或者说判定该证据是否真实可靠。其次，就法官的认识过程来说，采纳是对证据的初步审查和认定，采信是对证据的深入审查和认定；采纳是采信的基础，采信是采纳的延续；没有被采纳的证据当然谈不上采信，但是采纳了的证据也不一定都被采信。再次，从证据的属性来看，法官在决定采纳和采信问题时审查证据的角度有所不同。法官在决定证据能否采纳的时候，主要审查证据的合法性和关联性；法官在决定证据能否采信的时候，主要审查证据的真实性和充分性。不过，某些证据采纳规则的确立也是基于对证据真实性的考量，如传闻证据规则和科学证据的采纳规则。对此，我们在下文还会讨论。最后，从法律规范的角度来谈，证据的采纳基本上属于法律适用问题，一般都应该有明确的法律规则；证据的采信基本上属于事实判断问题，一般都可以由法官依据一定的经验法则作出。因此，证据的采纳规则最好是严格的、刚性的，明确告知法官在什么情况下可以采纳，在什么情况下不能采纳。而证据的采信规则往往是指导性的，或者称为带有一定弹性的采信标准，准许法官根据案件和证据的具体情况进行一定程度上的自由裁量。在英美法系国家的陪审团审判中，证据的采纳问题由法官裁定，而且诉讼当事人可以对法官的裁定提出上诉；证据的采信问题由陪审团判断，而且诉讼当事人一般不能把陪审团的证据判断作为上诉的理由。

当采纳问题被淹没在采信问题里面的时候，法官的认证活动自然而然地采取一步认证的模式。所谓一步认证，即法官对证据的审查认定过程不分为采纳和采信两个阶段，而是一次性完成对证据能力和证明效力的认定。在案情和证据都比较简单的诉讼中，一步认证是可以的。但是在案情和证据都比较复杂的诉讼中，一步认证模式可能就不合适了。特别是在涉及非法证据应否排除的问题时，两步认证模式才是更加合理的选择。所谓两步认证，即法官对证据的审查认定过程分为采纳和采信两个阶段，分别完成对证据能力和证明效力的审查认定。

在美国的陪审团审判中，法庭认证是典型的两步认证模式，因为对证据能力的认定是法官的职能，而对证明效力的认定是陪审团的职能。在法庭调查过程中，主持审判的法官要当庭对具有可采性争议的证据作出裁定，准许该证据进门还是把该证据阻拦在大门之外。正是在这个意义上，人们称法官是审查证据的“看门人”。但是，法官准许进门的证据是否真实可靠，是否具有充分的证明力，则要由陪审团在庭审之后进行评议时认定。正如美国著名证据法学家乔恩·华尔兹教授所指出的，“尽管证据已由审判法官裁定可以采纳，但它仍要由陪审团来决定其具有多大分量，如果有的话。作为事实的认定者，陪审员们有权评价证据的说服力或可信度。他们可以认定其毫无分量，如果其可信度值得怀疑的话；他们也可以给其完全的分量，只要其具有说服力而且是无可反驳的。”①

在诉讼活动中采用两步认证模式，有利于提高认证结果的合理性和科学性，也有利于提高法官的认证能力和水平。虽然我国法律目前对此并无明确规定，但是在审判实践中，很多法官都在自觉或不自觉地使用着两步认证模式。例如，根据我国法官的一份调查报告，48%的法官（71%的刑事审判法官）在实践中主要采用两步认证模式；69%的法官认为两步认证模式更符合认证的规律和要求；61%的法官认为两步认证模式更有助于提高法官的审判技能。②

2010年出版的《欧盟国家在刑事案件中跨境收集和使用证据》一书的作者曾经对欧盟成员国进行问卷调查，了解各国法律中的规定是把非法证据作为不可采纳的证据还是作为应该降低证明力（reducing its probative value）

---

① ［美］乔恩·华尔兹：《刑事证据大全》（第二版），何家弘等译，中国人民公安大学出版社2004年版，第20页。

② 张素莲、刘艳：《法官认证方式实务考察与分析》，载《证据学论坛》第4卷，中国检察出版社2002年版，第471～482页。

的证据，后者相当于把非法证据作为采信问题来处理。该书作者把有关规则主要分为两类：第一类是绝对无效规则或严格禁止性规则，即明确规定某些非法取得的证据不可采纳；第二类是相对无效规则或贬损可靠性规则，即规定某些证据的非法性会影响到证据的可靠性。这些问卷调查的结果表明：80%～90%的成员国同时存在上述两种规则；在80%的成员国中，第一类规则都属于制定法规则（statutory rules），其他国家则包括学理性规则（jurisprudential rules），而第二类规则多属于学理性规则。对于那些贬损可靠性的非法证据，有些国家要求酌情排除；有些国家允许作为获取其他证据的线索信息（steering information）使用；有些国家允许作为佐证使用。该书作者还就欧盟各国的外国非法证据规则进行了问卷调查。调查结果表明：70%的成员国有规则规定外国获得的某些非法证据绝对无效；80%的成员国有规则规定外国获得的非法证据会贬损证据的可靠性。[①] 由此可见，绝大多数欧盟成员国至少在审查认定非法证据时区分了证据的采纳和采信。

明确区分证据的采纳和采信，既有理论意义，也有实践意义。它可以丰富我国的证据法学理论，可以完善我国的证据法律规范，也可以提高我国司法人员审查认定证据的水平。审查认定证据是司法人员正确认定案件事实的基础性工作，也是司法公正的基础性保障。历史的经验表明，司法人员在审查认定证据问题上出现误差，往往就会导致冤假错案，严重侵犯人权。从这个意义上讲，明确区分证据的采纳和采信，也可以减少冤错案件的发生，有利于在刑事诉讼中加强对人权的保障。

近年来，随着石东玉、杜培武、李久明、佘祥林、滕兴善、赵作海等人的冤错案件披露报端，刑事错案[②]已然成为专家学者和社会公众关注的一个沉重话题。2005年以来，中国人民大学法学院证据学研究所通过举办论坛、进行座谈、召开研讨会、进行问卷调查和典型案例分析等方式对我国的刑事错案问题进行了实证研究。例如，我们收集了20世纪80年代以来在我国发生的50起涉嫌杀人罪的刑事错案材料，并对错案的形成原因进行了逐个的具体分析。我们发现几乎每个刑事错案都是由多种原因重合作用造成的。其中与证据有关的原因包括：虚假证人证言、被害人虚假陈述、同案犯伪证、

---

① G. Vermeulen, W. De Bondt, and Y. Van Damme: EU Cross-border Gathering and Use of Evidence in Criminal Matters, Maklu, 2010, European Commission, pp. 129-133.

② 从语词含义的角度来说，刑事错案应该包括两种基本类型，其一是把无罪者判为有罪，可以简称为“错判”；其二是把有罪者判为无罪，可以简称为“错放”。它们都是刑事诉讼过程中就案件事实问题作出的错误裁判，但这里讲述的是第一种类型的错案，即错判。

被告人虚假口供、鉴定结论错误、忽视无罪证据等。[①] 在这些证据原因中，由刑讯逼供获得的虚假口供排在首位——在这50起错案中，存在“被告人虚假口供”同时也肯定或可能存在“刑讯逼供”的案件占94%。[②] 另外，我们面向法官、检察官、警察、律师等法律专业人员进行了问卷调查，大多数调查对象都直接或间接地认为“刑讯逼供”是导致刑事错案的重要原因。[③]

然而，这些内容虚假的证据在当年都经过了侦查人员、公诉人员、审判人员的审查和认定，而且最终都作为了定案的根据。这确实是一个需要我们认真反思的问题。我国《刑事诉讼法》明确规定“严禁刑讯逼供”，并要求司法人员“不轻信口供”。然而，在法律上宣布严禁刑讯逼供是容易的，但是真要在司法实践中贯彻落实就不那么容易了。其实，许多警察、检察官和法官都知道口供并不可靠，办案时过分依赖口供很容易出现错案，但是在实践中，侦查人员没有口供不结案，检察人员没有口供不起诉，审判人员没有口供不判案的情况屡见不鲜。即使被告人在法庭上推翻了原来在侦查阶段作出的有罪供述并提出有刑讯逼供，法官也往往会说，这个问题待合议庭评议后确认，而结果往往是法官结合其他证据对有罪供述予以采信。毋庸讳言，目前在我国的刑事司法实践中，口供仍然是定罪量刑的重要证据。

笔者以为，造成这种状况的原因之一就是我们的法律制度没有明确区分

---

① 参见何家弘、何然：《刑事错案中的证据问题——实证研究与经济分析》，载《政法论坛》2008年第2期。

② 在这50起刑事错案中，4起案件已经法院或检察院正式认定存在刑讯逼供的情况，占8%；43起案件虽未经法院或检察院正式认定但是可能存在刑讯逼供的情况，占86%；3起案件不存在刑讯逼供的情况，占6%。在第一类案件中，3起案件的侦查人员已被法院判定为刑讯逼供罪；另1起案件的侦查人员被认定有刑讯逼供行为，但是检察院作出了不起诉的决定。在第二类案件中，21起案件的被告人在诉讼过程中声明曾受到刑讯逼供，但是没有其他证据；7起案件中有一定证据能证明刑讯逼供，如被告人身体上的伤痕或证人证言，但是法院没有认定；1起案件在诉讼过程中检察机关曾经鉴定确认被告人身上有刑讯逼供造成的轻伤，但后来未被法院认定；14起案件的被告人在侦查阶段作出有罪供述，后来翻供，且最终因案件中出现新的无罪证据而证明其无辜，因此可以推断其有罪供述很可能出于刑讯逼供。参见何家弘、何然：《刑事错案中的证据问题——实证研究与经济分析》，载《政法论坛》2008年第2期。

③ 在2007年1月至3月期间，笔者指导的7名硕士研究生分别到北京市、河北省、河南省、山东省、西藏自治区等地进行了与访谈相结合的问卷调查。在调查对象中，认为“办案人员重视口供轻视其他证据容易导致错案发生”的人占47%；认为“刑讯逼供最有可能导致被告人作出虚假供述”的人占60%。参见何家弘、何然：《刑事错案中的证据问题——实证研究与经济分析》，载《政法论坛》2008年第2期。

证据的采纳和采信。当证据的采纳问题被淹没在证据的采信问题之中时，通过刑讯逼供等非法手段获得的证据就会悄无声息地混入定案根据。如果刑讯逼供获得的证据在审判过程中就明确不可采纳，就不被允许在法庭上宣读，那就比较容易实现非法证据的有效排除，就能够减少由刑讯逼供导致的冤错案件。

2010 年 6 月 13 日，最高人民法院、最高人民检察院、公安部、国家安全部、司法部联合颁布了《关于办理死刑案件审查判断证据若干问题的规定》（以下简称《办理死刑案件证据规定》）和《关于办理刑事案件排除非法证据若干问题的规定》（以下简称《非法证据排除规定》），并于 2010 年 7 月 1 日起施行。《办理死刑案件证据规定》和《非法证据排除规定》的主要内容是证据的审查和认定。毫无疑问，这两个证据规定的出台本身就标志着中国证据法律制度的进步，而且其规定中也确有一些进步的表现，如明确了证据裁判原则和程序法定原则，明确了非法证据排除的证明责任和标准，以及在一些表述中区分了证据的采纳和采信。例如，《非法证据排除规定》第 10 条规定："经法庭审查，具有下列情形之一的，被告人审判前供述可以当庭宣读、质证：（一）被告人及其辩护人未提供非法取证的相关线索或者证据的；（二）被告人及其辩护人已提供非法取证的相关线索或者证据，法庭对被告人审判前供述取得的合法性没有疑问的；（三）公诉人提供的证据确实、充分，能够排除被告人审判前供述属非法取得的。对于当庭宣读的被告人审判前供述，应当结合被告人当庭供述以及其他证据确定能否作为定案的根据。"这一条规定的语言表述就明确区分了审查认定证据的两个步骤。第一步是要先决定这些接受审查的证据能否"进门"，即能否当庭宣读并接受质证。这就是说，如果辩护方提出被告人的审前供述属于非法取得的证据，但是未能举证或举证不足，没有达到使法官形成疑问的证明标准，或者公诉方举出的反证达到了确实充分的证明标准，那么该审前供述就可以进入诉讼程序。第二步是要决定这些获准"进门"的证据能否作为定案根据。换言之，只有那些经过与其他证据的比较审查并被确认为真实可靠的证据，才能作为定案的根据。

不过，这两个证据规定在证据的采纳和采信问题上的表述也有混乱之处。例如，《办理死刑案件证据规定》第 12 条规定："以暴力、威胁等非法手段取得的证人证言，不能作为定案的根据。处于明显醉酒、麻醉品中毒或者精神药物麻醉状态，以致不能正确表达的证人所提供的证言，不能作为定案的根据。证人的猜测性、评论性、推断性的证言，不能作为证据使用，但根据一般生活经验判断符合事实的除外。"虽然这样的表述差异似有保持语言流畅的考量，但是很容易让人以为这三种情况的证据应该得到不同的待遇——第三种证据是明确不能“进门”的，而前两种证据是可以“进门”的，只是不能作为定案的根据。换言之，意见证言一般不允许当庭宣读，但是暴力获取的证言却可以当庭宣读。这大概不是该规定起草者的本意，因为暴力取证的危害显然要大于意见证言。实际上，以暴力、威胁等非法手段取得的证人证言不具备证据资格，处于明显醉酒、麻醉品中毒或者精神药物麻醉状态以致不能正确表达的证人不具有作证能力，二者和意见证言一样，都是不能作为证据使用的。

（二）审查认定证据的内容和要求

如前所述，证据的审查认定包括两个方面：其一是证据能力的审查和认定，即根据证据的关联性规则和合法性规则等审查诉讼双方提交审判的证据材料是否具有证据资格，是否可以进入诉讼的“大门”；其二是证明效力的审查和认定，即审查评断获准进入诉讼程序的证据是否真实可靠，是否具有充分证明案件事实的价值，是否足以作为认定案件事实的根据。前者属于证据的采纳问题，一般应有明确的法律规则。后者属于证据的采信问题，主要靠法官自由裁量。

司法人员审查认定证据的基本内容可以概括为证据的“四性”，即合法性、关联性、真实性、充分性。所谓合法性，就是说诉讼双方提交法庭的证据一般都应该在取证的主体、程序、手段，以及证据的形式等方面符合法律的要求或规定，否则就不能采纳为诉讼中的证据。合法性是证据的社会属性，是立法者基于一定的价值考量而赋予证据的属性。所谓关联性，就是说在诉讼双方提交法庭的各种证据中，只有确实与案件事实存在关联的证据才可以采纳为诉讼中的证据，不具备关联性的证据不得采纳。关联性是证据的自然属性，是证据与案件事实之间客观存在的联系。这种关联性不是哲学意义上的普遍联系，而是说证据对待证事实具有实质性证明作用。所谓真实性，就是说证据的内容应该是真实的或可靠的，其证明的事实应该符合案件的客观实际情况。真实性是采信证据的基本标准。在获准进入诉讼程序的证据中，如果经审查发现某个证据不具备真实性，那么法官就不能采信该证据，就不能把它作为定案的根据。所谓充分性，就是说证据对于待证事实应该具有充分的证明力，证据对于待证事实的证明程度应该达到法律所要求的标准。充分性可以是就单个证据而言的，也可以是就案件中一组证据或全部证据而言的。就案件中的某个事实或情节来说，一个证据或一组证据达到了“证据充分”的标准，就是说，这个证据或这组证据已具有足够的证明力来证明该事实或情节的存在或不存在。就整个案件来说，所谓“证据充分”，则是指案件中的全部证据已经具有足够的证明力来证明案件事实。充分性也是采信证据的标准。作为定案根据的证据，不仅要具有内容的真实性，还要具有证明的充分性；不仅要“证据确实”，而且要“证据充分”。

上述证据“四性”的顺序也反映了司法人员审查认定证据的逻辑顺序。司法人员对证据的审查认定，一般应该按照合法性、关联性、真实性、充分性的顺序来进行。在这“四性”中，合法性和关联性主要属于证据的采纳范畴，真实性和充分性主要属于采信的范畴。不过，这种划分并非绝对。如前所述，非法证据一般是不可采纳的，但是程度较轻的非法证据也可以留待采信证据时考量。不具有关联性的证据一般不能进入诉讼的大门，但是证据的关联性也可以影响证据的证明效力。证据与案件事实的关联越近，其证明力就越高；直接关联的证据要比间接关联的证据具有更高的证明力；与案件事实具有必然联系的证据也比与案件事实具有偶然联系的证明力更高。实际上，法官在认定证据能力和证明效力时都要考察证据的关联性，只不过考察的层面有所不同。前者考察的主要是形式上的关联性，后者考察的主要是实质上的关联性。前者考察证据与案件事实之间有没有必要的关联；后者考察证据与案件事实之间关联的性质和程度。

证据的证明效力是以证据的真实性为前提的，所以真实性是采信证据的首要标准。但是，某些证据采纳规则也是以证据的真实性考量为基础的。例如，传闻证据排除规则是英美法系国家重要的证据采纳规则。虽然英美法系国家制定传闻证据排除规则主要是为了保障诉讼对方的直接质证权，但是也有真实性的考量，即传闻证据一般是不可靠的，或者其真实性是不好评断的。大陆法系国家一般都没有确立严格的传闻证据排除规则，而是对其证明效力加以限制。根据前面提到的问卷调查结果，90%的欧盟成员国允许在诉讼中使用传闻证据。其中，只有11%的国家规定传闻证据可以单独作为认定案件事实的证据；77%的国家规定传闻证据仅可以作为佐证；11%的国家规定传闻证据只能作为线索信息使用。在不同意本国使用传闻证据的国家中，也只有11%的国家规定不能使用外国的传闻证据。[①] 目前，我国的法律还没有就传闻证据排除规则作出明确的规定。在实践中，司法人员一般都是在采信的问题上考虑传闻证据的真实性问题。笔者认为，要想改变我国目前这种证人出庭率极低的状况，把某些传闻证据的审查转入采纳的范畴是很有必要的。换言之，法律明确规定某些证人如果不出庭作证，其证言就不可采纳，这会成为突破证人不出庭之司法改革瓶颈的动力。

综上所述，明确区分证据的采纳和采信，可以促进证据审查认定规则的完善，可以提高司法人员审查认定证据的精准程度，可以提升司法人员认定

---

① G. Vermeulen, W. De Bondt, and Y. Van Damme: EU Cross - border Gathering and Use of Evidence in Criminal Matters, Maklu, 2010, European Commission, pp. 143 - 144.

案件事实的能力和水平。为此，我们就需要分别研究制定证据的采纳规则和采信标准。这些规则和标准一般都是针对某一类证据制定的，如传闻证据的采纳规则、指纹鉴定意见的采信标准等。采纳规则的适用属于法律适用问题。司法人员只要确认某个证据属于规则限定的某种证据，就可作出采纳或不采纳的决定。采信标准虽然是针对某类证据制定的，但是司法人员必须认真审查具体证据情况，判断其是否达到了该项标准的要求。虽然制定某类证据的采纳规则和采信标准可能都是基于真实性的考量，但是审查认定的要点还是有所区别的。从这个意义上讲，采纳要考虑的是某类证据的真实性问题，采信要考虑的是某个证据的真实性问题。由于科学证据的审查要点就是真实性或科学可靠性，所以在这个问题上表现得尤为明显。

（三）科学证据的采纳和采信

对科学证据的审查具有一定的特殊性。虽然对科学证据也要进行合法性审查和关联性审查，但是最主要的还是真实性审查或科学可靠性审查。科学证据的科学可靠性首先是一个种类问题，然后才是个体问题。科学证据的科学可靠性取决于该类科学证据所依据的原理、方法和技术，而科学的一个基本特点是可重复性和可验证性。如果某种检验鉴定方法是科学的，那么不同专家使用这种方法对同类客体进行检验鉴定的结果就应该是相同的。如果某种检验鉴定方法是不科学的，那么这一类客体的同种检验鉴定意见就都是不科学的。因此，司法人员在审查科学证据的时候，首先就要审查这类科学证据所依据的原理、方法、技术是否科学可靠，而且这是可以作为采纳问题来处理的。例如，DNA 鉴定的原理、方法、技术是否科学可靠？如果是可靠的，那么所有 DNA 鉴定意见就都是可以采纳的。如果是不可靠的，那么所有 DNA 鉴定意见就都是不可采纳的。在决定是否采纳这个环节，司法人员不必审查每个具体的 DNA 鉴定意见是否科学可靠，只要确认该科学证据属于 DNA 鉴定意见就可以适用该类科学证据的采纳规则。然而，可以采纳的证据不一定都是可以采信的。例如，DNA 鉴定意见是可以采纳的证据，但是这并不等于说每个 DNA 鉴定意见就都是可以采信的。那些通过了采纳的种类审查的科学证据，还要接受能否采信的个体审查。在这个环节，司法人员要根据案件和证据的具体情况，全面审查每个证据是否科学可靠，包括检材的提取和保管、检验的设备和技术、专家的能力和品行等方面的情况。从这个意义上讲，采纳环节考察的是某类科学证据的科学可靠性，采信环节考察的是某个科学证据的科学可靠性。前者是后者的基础，后者是前者的延伸。

如前所述，在美国的陪审团审判中，证据的审查认定属于典型的两步模式：先由法官决定证据能否采纳，再由陪审团评断证据可否采信。1994 年发生在美国洛杉矶的著名橄榄球明星辛普森涉嫌杀妻案中，侦查人员在犯罪现场发现了一些滴落血痕。根据其新鲜程度和滴落的位置，而且经 DNA 鉴定确认不是两名被害人的血，侦查人员推断其是杀人凶手所留，从而确认了该血痕与杀人事实的联系。但是，如果该血痕只有这一个方面的联系，则无法完成其证明功能。后来，警方通过 DNA 鉴定确认这些滴落血痕是辛普森所留，于是又确认了该血痕与被告人的联系，从而实现其证明功能。尽管这是个间接证据，尚不能直接证明辛普森就是实施杀人行为的人，但是可以证明辛普森在案件发生的时段到过现场。这对于证明辛普森是杀人凶手也是很有价值的。在该案中，侦查人员还在辛普森的家中提取到一只带有血迹的袜子。根据其形态特征和空间位置特征，侦查人员认定那是辛普森的袜子，从而确立了该物证与被告人的联系。但是，如果仅有这一个方面的联系，该物证也无法实现其证明价值。后来，警方通过 DNA 鉴定，认定该袜子上的血迹是被害人妮科尔的血，又确立了该物证与杀人事件的联系，从而可以证明辛普森与该杀人案件有关联，尽管这也是一个间接证据。在这两个证明中，物证都是一方面连接何事，另一方面连接何人，只不过现场滴落血痕是从何事连接到何人，而血袜子是从何人连接到何事。

在该案中，公诉方的主要证据是血痕的 DNA 鉴定意见，包括现场滴落血痕、手套上的血痕、袜子上的血痕、汽车里的血痕等，因此辩护方在正式审判开始之前就提出了审前动议，要求法官排除公诉方所有的 DNA 证据，理由是该项技术还存在诸多问题，未能达到科学可靠的采纳标准。在旷日持久的法庭听证过程中，公诉方的专家讲述了 DNA 鉴定技术的科学可靠性，辩护方专家则讲述了 DNA 鉴定技术目前还存在的瑕疵和缺陷。双方唇枪舌剑，争论的焦点就是 DNA 证据的可采性。后来，社会公众的舆论明显地倒向公诉方，辩护方颇识时务地在法庭作出裁定之前撤回了这一排除证据的请求，等于默认了 DNA 证据的可采性。然而，具有可采性的证据并不一定都具有可靠性，或者说，获准进入诉讼大门的证据并不一定都能够成为定案的根据。在该案中，辩护方在庭审中又对公诉方的科学证据采取了各个击破的策略，寻找每个证据在可靠性方面的瑕疵。如前所述，辩护方指出警方技术员包装现场滴落血痕检材的方法有问题，可能造成生物检材的污染，从而影响鉴定意见的可靠性。这不是证据的采纳问题，而是证据的采信问题。因此，这个问题无须法官裁定，而是由陪审团在庭审之后综合评议时认定。该案陪审团的无罪判决表明那些陪审员最终并没有采信公诉方的这些已经采纳的科学证据。①

综上，科学证据的采纳偏重于对某一类科学证据的审查，而科学证据的采信偏重于对某一个科学证据的审查。换言之，某类科学证据的真实性或可靠性主要是采纳的问题，某个科学证据的真实性或可靠性则主要是采信的问题，当然这是以其所属种类的科学证据可以采纳为前提的。

二、科学证据的审查规则

科学证据的审查规则即司法人员在审查科学证据时应该遵守的规范和准则。从广义上来讲，科学证据的审查规则既包括司法人员应该如何审查科学证据的规则，也包括司法人员应该如何认定科学证据的规则；既包括司法人员决定是否采纳科学证据的规则，也包括司法人员决定是否采信科学证据的规则。由于在诉讼活动中审查科学证据的主要目的是确定这些证据能否在认定案件事实时使用以及如何使用，也因为科学证据的采信主要依赖司法人员的自由裁量和带有宽容度的标准，所以此处所说的审查规则主要是指确定科学证据能否在诉讼中采纳的规则。科学证据的种类很多，而且会随着科学技术的发展而继续增多。不同种类的科学证据所依据的科学原理和技术方法都有差异，因此我们既要研究在诉讼中的采纳各种科学证据的共同性规则，也要研究采纳每一种科学证据的专门性规则，而且后者对于司法人员更有实用价值。在本书中，我们将分别阐释在刑事诉讼中较为常见的DNA证据、指纹证据、笔迹证据和电子证据的审查规则。

如前所述，司法人员在决定证据是否可以采纳时主要审查证据的合法性和关联性，而证据的真实性一般是证据采信的问题。因此，合法性规则（包括非法证据排除规则）和关联性规则是证据的一般采纳规则。但是，科学证据的采纳规则既包括合法性规则和关联性规则，也包括真实性规则，因为对科学证据来说，真实性首先是采纳的问题。对于物证、书证、证人证言、当事人陈述等一般证据来说，司法人员在采纳时主要审查其合法性与关联性，而把真实性问题留待采信时审查。当然，某些证据采纳规则也包含有真实性的考量，譬如上文谈到的传闻证据规则。由于科学证据必须以一定的科学原理和方法为基础，所以某类"科学"证据所依据的原理和方法是否科学可靠，就成为了这类证据能否采纳的前置性问题。例如，笔迹鉴定的原理和方法是否科学可靠，测谎的原理和方法是否科学可靠，就决定了这类"科学"证据能否获准进入诉讼大门的前提。这是科学证据审查规则的一个

① 参见何家弘著：《从观察到思考——外国要案评析》第35节"辛普森案与科学证据"，中国法制出版社2008年版，第225~232页。

特点，需要进行专门的讨论和说明。

（一）科学证据的一般采纳规则

科学证据的采纳规则应该具有明确性，甚至具有一定程度的刚性。这就是说，采纳规则应该明确告诉司法人员，哪些种类的科学证据是可以采纳的，哪些种类的科学证据是不可采纳的。司法人员在这个问题上不应有太大的自由裁量权。那么，如何制定这些采纳规则？立法者、司法解释者或判例创制者应该遵循法律与科学相结合的原则考察每一类科学证据所依据的原理、方法、技术是否科学可靠。

倘若科学证据都是非黑即白的，倘若科学与伪科学之间的界限总是泾渭分明的，那么科学证据的采纳规则就很容易制定。然而，科学技术是不断发展的，人们对一些新兴的科学技术的认知往往存在差异，即使是同一领域内的专家也会众说纷纭。于是，本来貌似简单的科学证据采纳问题就变得相当复杂。美国法院在 1923 年的弗赖伊诉合众国案中确立的弗赖伊标准和在 1993 年的多伯特诉梅里尔·道药品公司案中确立的多伯特标准，都是为针对某类科学证据制定采纳规则所作出的努力。①

华尔兹教授在《刑事证据大全》中把科学证据分成了三类：第一类是已经得到普遍接受的科学证据，如指纹鉴定意见和 DNA 鉴定意见；第二类是被普遍观点明确否认的科学证据，如利用催眠术获得的言词证据和催眠专家的意见；第三类是处于中间状态的科学证据，即有可能得到普遍承认的科学证据，如通过测谎技术获得的言词证据和测谎专家的意见。② 笔者赞成华尔兹教授的这种“三分法”，但接下来的问题是：如何确认和使用这三种科学证据？

对于第一类和第二类科学证据，问题的难点在于确认。这就是说，只要我们能够确认某类科学证据属于第一类，即真正科学可靠的科学证据，那就可以明确规定其可以采纳；只要我们能够确认某类科学证据属于第二类，即可以称为“垃圾科学”乃至“伪科学”的证据，那就可以明确规定其不可采纳。但是对于第三类科学证据，问题的难点不在于或者不仅在于确认，而是在于使用上的选择。如果我们明确规定这类科学证据可以采纳，那就会模糊这类科学证据与第一类科学证据的界限，甚至有可能在司法实践中导致对这类证据的滥用和盲从。如果我们明确规定这类科学证据不可采纳，那又会

---

① 参见［美］肯尼斯·R. 福斯特、彼得·W. 休伯：《对科学证据的认定——科学知识与联邦法院》，王增森译，法律出版社 2001 年版，第 265 页。

② 参见［美］乔恩·华尔兹：《刑事证据大全》（第二版），何家弘等译，中国人民公安大学出版社 2004 年版，第 456 页以下。

把一些可能具有证明价值的科学证据抛进垃圾堆，浪费本来就经常处于短缺状态的证据资源。除了华尔兹教授提到的测谎证据之外，我国的司法实践也还遭遇过一些令人难以取舍的科学证据。例如，根据鞋底压痕所反映的步法特征能否作为对穿鞋人进行同一认定的根据；颅骨成像结论能否作为人身同一认定的根据；骨龄鉴定意见能否作为刑事责任人年龄判定的根据；鉴定机构自制的书写时间样本能否作为判定书证制作时间的根据等。这些证据所依赖的原理、方法、技术都具有一定的科学性，但是都未能得到实践的充分验证和同行的一致认同。虽然有关部门曾经就这些问题给出司法解释，但是一律否定或一律肯定的做法似乎并不妥当。笔者建议，对于这类科学证据的采纳问题，我们可以采取模糊处理的做法，或者法律不作出明确规定，或者法律作出有限采纳的规定，而将其主要作为采信的问题去处理。在此，借鉴外国的“有限采纳规则”是颇有裨益的。

（二）科学证据的有限采纳规则

证据的“有限采纳规则”（limited admissibility rule），亦可称为证据的“部分可采性规则”（partial admissibility rule），是英美法系国家证据法中关于证据可采性的一个重要规则。按照《布莱克法律词典》中的解释，该规则的含义是：言词或实物证据可以为某个限定的目的而被采纳为证据。例如，某证人先前的矛盾性陈述可以用来对该证人进行质疑，但是不能用来认定案件事实；某证据可以采用，但是只能针对一方当事人而不能针对另一方当事人。①

美国《联邦证据规则》第105条规定：“如果采纳的证据只是对一方当事人或出于某一目的是可以采纳的，而对另一方当事人或出于另一目的是不可采纳的，那么法庭根据请求，应将该证据限制在其适当的适用范围内，并向陪审团相应作出指示。”② 美国《统一证据规则》的第6条和《加州证据法典》的第355条中也有类似的规定。

“有限采纳规则”属于证据采纳规则的范畴，是对证据可采性规则的补充。“有限采纳”的证据多用于对证人的质疑。在英美国家，质证主要采用交叉询问的方式，即由对方律师在法庭上对证人进行直接质证的方式。但是在某些情况下，法官也可以采用其他证据对证人进行质疑。这有两个目的：其一是证明该证人的陈述不真实；其二是证明该证人有生理缺陷或品质问题。

---

① Black's Law Dictionary (Seventh Edition), West Publishing Co. 1999, p. 48.

② 何家弘、张卫平主编：《外国证据法选译》（下卷），人民法院出版社2000年版，第574页。

“有限采纳”的证据就是实现这种质疑目的的手段。具体来说，有以下五种情况：（1）证明该证人身上存在着感觉缺陷，如通过眼镜店技工的证言，证明证人的眼睛有近视或色盲等问题；（2）证明该证人的精神状态有问题，如病理性说谎者；（3）证明该证人有重罪前科，这可以通过法院的有罪判决书来证明；（4）证明以前曾经作出过与法庭证言相矛盾的陈述，而且该证人否认这一点，这可以通过以前的书面证言或询问笔录来证明；（5）证明该证人有偏见、利益关系等因素而会影响其陈述的真实性，如证明其有种族歧视的言论等。

诚然，在司法实践中，让审判人员严格区分证据的质证功能和定罪功能，并不是一件容易的事情。在有些情况下，审判人员会自觉或不自觉地把质疑的证据用作定罪的证据。因此在美国的陪审团审判中，法官必须就“有限采用”的证据向陪审团作出明确的指示。在“人民诉波特斯案”中，伊利诺伊州上诉法院就明确强调了这种指示的重要性。无论如何，在审判中区分质疑的证据和定罪的证据还是很有必要的。审判人员应该通过学习和训练，掌握区分证据功能的分析能力，养成有限采用证据的思维习惯。[①]

无论是从证据理论上讲，还是就司法实践来说，“有限采纳规则”都具有重要意义，因为它可以使我们更加准确地认识证据的效力，更加恰当地运用证据。然而，并非所有证据都可以适用“有限采纳规则”。实际上，法律对大多数证据的效力都是不加限制的。换言之，法官对大多数证据的证明价值都享有自由裁量权。笔者认为，“有限采纳规则”可以适用于那些尚未成熟的科学证据。在某类科学证据的可靠性不甚明晰而且同行意见不尽一致的情况下，法律规定这类证据可以有限采纳，即只能用于质证、佐证或补强，[②] 不能单独作为认定待证事实的根据。这样处理是明智有益的。一方面，这可以避免滥用证据或浪费证据的偏失，让司法人员根据案件和证据的具体情况来判断该证据的真实可靠性；另一方面，这也可以积累经验，待认识成熟或统一之后，再明确将其归入可以采纳的科学证据或者不可采纳的科学证据。

《欧盟国家在刑事案件中跨境收集和使用证据》一书的作者也曾就测谎结论的可采性问题向欧盟国家进行了问卷调查。调查结果表明，50%的成员国允许在审判中使用测谎结论；其中，60%的国家允许用作佐证，40%的国

---

① 参见何家弘：《测谎结论和证据的“有限采用规则”》，载《中国法学》2002年第2期。

② 有限采纳的证据可以用作补强其他证据证明力的证据，但不属于自身需要补强的证据。

家允许作为获取其他证据的线索信息；没有国家允许把测谎结论作为单独的定案证据。在问及如何对待其他国家提供的测谎结论时，只有30%的国家会采取排除的态度，但是对本国的这类证据却有一半国家明确是不可采纳的。这说明，有些国家不允许采纳本国的测谎证据，但是可以采纳外国的测谎证据，但一般也只能作为线索信息使用。[①] 这种并非一律采纳或排除的处分方式具有一定的合理性。这类证据的问题与刑讯逼供不同，不是违反法律和侵犯人权，而是真实可靠性的瑕疵或模糊，可以留待采信的环节去解答。因此，我们在研究科学证据的审查规则的基础上，还要进一步研究科学证据的采信标准。

三、科学证据的采信标准

科学证据的采信标准，即司法人员在采信具体的科学证据时应把握的要求和尺度。虽然法官在采信证据时必须享有一定的自由裁量权，但是通过某些规则来限制法官的自由裁量权，还是很有必要的。目前，在我国的司法实践中，科学证据的采信是比较混乱的。一方面，司法人员在采信科学证据时主要以个人的经验和认识为基础，缺乏统一规范的标准；另一方面，即使司法人员在采信科学证据时以鉴定专家的意见为准，但是很多鉴定本身也缺乏统一的标准，因而在多份鉴定意见不一致的情况下，司法人员的采信难免出现混乱。因此，研究制定科学证据的采信标准具有特别重要的意义。

（一）科学证据的一般采信标准

采信科学证据的一般标准是与一般证据的采信标准相一致的，而后者又与诉讼中的证明标准密切相关。例如，目前在我国的刑事诉讼中，证据的采信标准是“证据确实充分”；案件的证明标准是“案件事实清楚”。在一个具体案件中，证据确实充分了，案件事实也就清楚了；而要想达到案件事实清楚，就必须做到证据确实充分。从认定证据的角度来说，它是证据的采信标准；从认定事实的角度来说，它是案件的证明标准。

证据的真实性是采信证据的基本标准。对证据的真实性进行审查是把证据用作定案根据的必经程序。2012年修订的《刑事诉讼法》第48条第3款规定：“证据必须经过查证属实，才能作为定案的根据。”换言之，在获准进入诉讼程序的证据中，如果经过审查发现某个证据不具备真实性，那么法官就不能采信该证据，就不能把它作为定案的证据。《刑事诉讼法》第195条第1款第1项还规定：“案件事实清楚，证据确实、充分，依据法律认定

---

① G. Vermeulen, W. De Bondt, and Y. Van Damme: EU Cross – border Gathering and Use of Evidence in Criminal Matters, Maklu, 2010, European Commission, pp. 138 – 139.

被告人有罪的，应当作出有罪判决。”这里所说的“证据确实”，就是证据的真实性。在诉讼过程中，司法人员应该逐一审查每个证据的真实性，即审查每个证据是否确实。当然，就审查方法而言，单个证据是否真实可靠，往往也要通过与其他证据的互相印证和综合评断。

证据的充分性也是采信证据的一般标准。作为定案根据的证据，不仅要具有内容的真实性，还要具有证明的充分性；不仅要“证据确实”，而且要“证据充分”。所谓“证据充分”，即证据的证明力或价值足以证明案件中的待证事实。从理论上讲，“证据充分”可以是就单个证据而言的，也可以是就案件中的一组证据或全部证据而言的。就案件中的某个事实或情节来说，一个证据或一组证据可能就达到“证据充分”的标准了，也就是说，这个证据或这组证据已具有足够的证明力来证明该事实或情节的存在或不存在。就整个案件来说，所谓“证据充分”，则是指案件中的全部证据已经具有足够的证明力来证明案件的真实情况。① 由此可见，审查证据是否充分，就是要对证据的证明价值进行分析和评断。

科学证据的采信是至关重要的。司法人员不能被“科学”两字唬住，也不能盲目采信那些已经采纳的科学证据。实践经验表明，即使像指纹鉴定意见和 DNA 鉴定意见这种所谓的“证据之王”，也并非都是科学可靠的，也会出现误差。例如，DNA 鉴定的技术非常复杂，检材也非常容易受到污染，因此要求非常严格。从检材的提取和保管，到检验的仪器和试剂，再到结果的得出和解读，在这一过程中有很多因素都可能导致鉴定意见的误差。其实，DNA 检验并不能直接告诉人们某犯罪现场发现的血痕精斑等生物检材是否某犯罪嫌疑人所留，而只能提供一个可供分析比对的图谱，然后由专家进行解读并计算匹配概率，再给出鉴定意见。专家得出的结论也并非简单的“是”或“不是”，而是以匹配概率为基础的肯定同一或否定同一的可能性。DNA 检验得出的匹配概率不可能达到 100%，最佳条件下得出的也就是 99%。当然，依据血痕精斑的 DNA 图谱进行人身同一认定并不需要那么高的匹配概率。例如，我们可以把肯定同一的匹配概率定为 93%，把否定同一的匹配概率定为 80%。凡是物证检材与样本检材的匹配概率高于 93% 的就可以肯定同一，而低于 80% 的就可以否定同一。那么，当匹配概率在 80% 至 92% 之间的时候，怎么办？

科学证据并不是非黑即白的，有时也会出现“灰色地带”。这就是说，

① 2012 年修订的《刑事诉讼法》第 53 条第 2 款规定：“证据确实、充分，应当符合以下条件：（一）定罪量刑的事实都有证据证明；（二）据以定案的证据均经法定程序查证属实；（三）综合全案证据，对所认定事实已排除合理怀疑。”

检验鉴定的结果既不能肯定同一，也不能否定同一，既不能说这个物证检材就是这个嫌疑人留下的，也不能说这个物证检材就不是这个嫌疑人留下的。这就是我们所说的“非确定性”的鉴定意见。很多种类的科学证据都可能出现非确定性的结论，这是司法人员必须面对的现实。司法人员往往希望专家给出确定性的鉴定意见。例如，有的法官会对鉴定人说：你别给我讲什么概率，你就告诉我这个血迹是不是这个被告人留下来的，这个手印是不是这个被告人的，这些字迹是不是被告人写的，等等。其实，这对鉴定人来说实属勉为其难。

证据往往会具有一定的不确定性，或者模糊性。例如，某强奸案的被害人说，那个家伙大概有二三十岁，身材比较高大；某抢劫案的目击证人说，那个抢劫犯手中好像拿着一把匕首，也可能是一把水果刀。对于作案人的年龄、身高和作案工具来说，这些言词证据都属于非确定性的。科学证据也会具有这种不确定性。在此需要指出，非确定性的科学证据不仅是可以采纳的证据，也是可以采信的证据。例如，专家的鉴定意见是：通过 DNA 图谱的比对，物证检材和样本检材的匹配概率为 85%，或者说，现场血痕是被告人所留的概率为 85%。只要检材的提取和保管都符合有关要求，检验的仪器和方法也都符合有关的标准，而且该专家具有足够的知识经验和良好的道德品质，那么这个鉴定意见就是真实可靠的。但是，真实可靠的证据不一定都具有充分的证明力，因此司法人员还要对证据进行充分性的审查。

如前所述，证据的充分性是指证据对于待证事实具有充分的证明力，或者说，证据对于待证事实的证明程度达到了法律所要求的标准。司法人员对科学证据的充分性审查可以包括三个层面：第一，专家的鉴定意见是确定性的还是非确定性的，后者对于待证事实的证明力不足；第二，专家的鉴定意见是同一认定结论还是种属认定结论，后者对于认定个体身份事实的证明力不足；第三，专家的鉴定意见与案件主要事实之间的关联方式是直接的必然的还是间接的偶然的，后者对案件主要事实的证明力不足。凡是证明力不足的科学证据，都不能单独作为证明该案件事实的定案根据。在此，证明的充分性要求该科学证据能够与其他证据互相印证，或者能够与其他证据形成完整的证明链条，并且能够得出具有排他性的证明结论。

司法人员在采信科学证据的时候还要考虑一个因素，那就是专家的鉴定意见主要依赖的是个人经验还是科学检验。诚然，所有的鉴定意见都离不开科学检验，也都离不开个人经验，但是二者在具体科学证据的形成过程中所占的比重有所不同。根据这种不同，我们可以把科学证据分为两大类：第一类是“经验型鉴定意见”，即主要依赖于专家个人经验得出的鉴定意见，如笔迹鉴定；第二类是“检验型鉴定意见”，即主要依赖于科学检验的鉴定意见，如DNA鉴定。这种划分的要点在于鉴定意见对专家个人经验的依赖程度。司法人员在审查认定这些不同的科学证据时要注意这种差异，从而把握审查的重点。特备是对于那些主要依赖个人经验的科学证据，法官一定要让专家出庭作证，而且要注意发挥"对方专家质证"的作用。

在美国的司法审判中，专家的可信性确实是法庭审查科学证据的一个要点，而且往往是对方律师在交叉询问中进行质疑的目标，但是专家的可信性一般都不会影响科学证据的采纳，而只会影响科学证据的采信。专家的可信性应该包括两方面的内涵：其一是专业知识和经验；其二是个人道德和品行。在中国和许多大陆法系国家中，司法鉴定权是需要特别授予或确认的，因此不具备鉴定资格的人提供的专家意见是不可采纳的。但是在英美法系国家中，专家证人的资格审查主要通过法庭上的对方质证来完成，而对方质证的主要目的是让法官和陪审团对该专家意见产生怀疑。这是证据的采信问题，而不是证据的采纳问题。至于专家的个人道德和品行可能对科学证据产生的不当影响，那就更是属于证据的采信范畴了。其实，专家的"可信性"这一语词本身就表达了这样的含义。

（二）各类科学证据的采信标准

虽然司法人员在采信时面对的是一个个具体的科学证据，但是我们在研究制定科学证据的采信标准时却要考察各个种类的科学证据，如笔迹证据、指纹证据、DNA证据、电子证据等。多年来，美国的一些执法机关和法庭科学专家正在联手研究并制定一套针对各种科学证据的采信标准，包括指纹、足迹、枪弹痕迹、笔迹、DNA等。例如，美国司法文书检验科学工作组（The Scientific Working Group for Forensic Document Examination）包括了来自联邦调查局等联邦和州执法机关以及民间鉴定机构和法律职业的代表共45人。经过认真研究并广泛征求文书检验专家的意见，该工作组于2002年3月9日颁布了文书检验标准的草案。其目的就是要规范文书检验工作并为司法活动中采信这些专家证言提供统一、具体、明确的标准。

其实，我国目前已有一些类似的检验鉴定标准，如《人体重伤鉴定标准》和《人体轻伤鉴定标准》等。我国有关部门的专家和学者也在着手制定各种物证的检验和鉴定标准，以及电子证据的采信标准。如果我们能够首先针对各种科学证据制定出具体明确的采信标准，就可以促进证据审查和运用的标准化，也就可以促进司法证明的标准化。在某些案件中，科学证据对于证明或认定案件事实起着关键的作用，因此该证据的采信标准实际上发挥着案件证明标准的作用。例如，在一起杀人案件的现场上发现了一枚血手印，根据该手印在现场遗留的位置以及手印上血与被害人的血的DNA鉴定意见，可以肯定该手印就是杀人凶手遗留下来的，那么在发现犯罪嫌疑人之后，其指纹与现场手印是否同一的鉴定意见就是关键的证据。又如，在一起合同纠纷或债务纠纷中，有关文书的笔迹鉴定意见可能就是案件中证明或认定案件事实的关键证据。如果我们有了采信 DNA 证据、指纹证据和笔迹证据的具体标准，那么在这些案件中，证明标准的问题也就迎刃而解了。当然，为各种科学证据制定统一、明确的采信标准是一项浩大且复杂的工作，需要专家学者的共同努力。

在研究科学证据的采信标准时，我们必须改变多年来形成的观念或思维习惯。例如，在指纹证据的采信标准问题上，由于我们过去片面强调“具体问题具体分析”和“数量与质量并重”的原则，所以我们一直反对为指纹同一认定确定一个统一的细节特征符合数量的标准。但是，世界上很多国家对此都有明确的规定，如至少有 12 个细节特征相符合，才能作出指纹同一认定的结论。我国学者颇有代表性的观点认为：“任何事物都是质和量的辩证统一体。一定的量反映一定的质，一定的质又是通过一定的量表现出来的。但一定的质不等于若干数量的总和，相同数量的特征其质各有好坏。因此，要坚持唯物辩证法，着重于对特征质量的分析，又对特征的质量和数量联系起来研究。只有这样才能透过现象，抓住事物的本质。资产阶级学者提出十二个以上的（指纹）符合特征方能作出认定结论，只有这样的结论，法院才认为是可靠的证据。这种把数字绝对化，搞唯‘数学证据’的观点，是机械的、形而上学的观点，是违背客观实际的。新中国成立以来，我们在手印检验实践中，一直坚持辩证唯物主义的观点，正确处理了质量与数量的辩证关系，具体情况具体分析，有许多手印鉴定根据为数不多的特征（三、四点或五、六点），抓住了本质，作出认定结论，成为有利的证据。”① 其实，笔者过去也是赞成上述观点的，也认为那种规定指纹同一认定必须有 12 个特征符合点的做法是机械的、不科学的。② 但是现在看来，我们过去的认识确有偏颇。由于我们过分强调特征的质量，而且认为特征的质量是没有办法量化的，所以指纹鉴定就不可能有具体的统一标准，只能由鉴定人员根据个人经验去“具体问题具体分析”，于是就容易在司法实践中出现有的专家说“能定”而有的专家说“不能定”的状况，令司法人员无所适从，也为徇私枉法打开了方便之门。诚然，指纹同一认定所要求的特征符合点究竟规定多少个为适宜，很值得研究，但是为司法活动采信指纹鉴定意见给出一个明确的数量标准，还是具有一定合理性的。实际上，这个采信标准也可以

① 刘少聪著：《新指纹学》，中国人民大学出版社 1984 年版，第 450～451 页。

② 参见何家弘著：《同一认定——犯罪侦查方法的奥秘》，中国人民大学出版社 1989 年版，第 261 页。

作为规范指纹鉴定的标准。

量化的科学证据标准有利于证据采信的统一规范，也便于司法实践中操作，但是可能会在某些个案中影响事实认定的效率，因为一些在自由证明模式下可以认定的案件，在这种法定证明模式下可能就无法认定了。不过，综合权衡，笔者认为它还是利大于弊的。其实，由于案件的复杂多样和证据的复杂多样，任何具体明确的证明规则都不可能保证在所有案件中绝对适用，或者说，不可能在所有案件中都百分之百地保证准确高效地认定案件事实，但是，科学合理的证明规则应该能够保证在绝大多数案件中实现司法公正。至于那些无法适用的个案，应该是我们在追求整体司法公正和效率时所能承受的代价。

综上所述，司法人员在面对科学证据的时候，既不能把审查认定证据的职权拱手相送，任由专家去代行认定案件事实的职责，也不可心胸狭隘地守护手中权力，唯恐专家打破自家对话语权的垄断。通过证据的审查规则与采信标准的完善，我们应努力在司法裁判中达至法律与科学的完美结合。司法证明和科学证明都以追求真相为目标，但是在法庭上追求真相和在实验室中追求真相还是有所区别的。科学对真相的追求是绝对的，永无止境的；而司法对真相的追求是相对的，必须兼顾公正和效率的考量，必须具有终局性，因为司法之要务在于解决纠纷乃至化解矛盾。简言之，在刑事诉讼中，科学证据的审查规则和采信标准具有非常重要的作用。

第一篇

DNA 证据的审查规则与采信标准

除同卵双生子外，没有两个人的 DNA 序列完全相同，而且一个人的 DNA 序列终生不变（癌变和突变除外），因此 DNA 可以作为人身同一认定的根据。虽然被冠以“新一代证据之王”的美誉，但是 DNA 检验得出的匹配概率也不能达到 100%，最佳条件下也就是 99.9%。

第一章　DNA 证据概述

第一节　DNA 分析技术的科学基础

人体大约由 100 万亿个细胞组成，这些细胞都是由受精卵分化分裂而来。每一个细胞的细胞核中存在一种被称为 DNA 的化学物质，它含有人体全部的遗传密码，决定了我们的生理及某些病理特征。除了细胞核 DNA 外，细胞中的 DNA 还包括少量核外的线粒体 DNA。细胞内的全部 DNA 被称为基因组。DNA 在细胞中有两个主要功能：（1）细胞分裂时复制其自身，分裂后的细胞携带相同的遗传信息；（2）携带遗传信息，以指导合成人体组织所需的蛋白质。

由于除同卵双生子外，没有两个人的 DNA 序列完全相同，且一个个体的 DNA 序列终生不变（癌变和突变除外），鉴定人可以利用 DNA 进行个人识别。此外，由于一个个体的 DNA 序列一半来自于父亲，一半来自于母亲，因此利用 DNA 可以进行亲缘关系鉴定。

一、DNA 的分子结构

DNA 即脱氧核糖核酸（Deoxyribonucleic Acid，DNA），是呈双螺旋结构的两条反向平行的多核苷酸链。DNA 以核苷酸为基本单位。核苷酸是由磷酸、脱氧核糖（戊糖）和碱基组成，其中碱基有四种，构成了 DNA 分子中四种核苷酸。这四种核苷酸的磷酸和脱氧核糖是相同的，区别在于碱基的不同。这四种碱基分别是：腺嘌呤（A）、鸟嘌呤（G）、胞嘧啶（C）和胸腺嘧啶（T）。DNA 分子的多核苷酸长链结构是一个核苷酸中戊糖的 3′碳原子与临近的核苷酸戊糖的 5′碳原子上的磷酸以磷酸二酯键连接形成的，每个核苷酸戊糖 1′碳原子上挂着一个碱基。一条单链 DNA 分子的末端要么是一个游离的 3′羟基，要么是一个 5′磷酸。

DNA 分子的二级结构是两条多核苷酸链（一条是 5′—3′，另一条是 3′—5′）绕着同一个中心轴盘绕而成的双螺旋结构。两条多核苷酸链上的碱基严格按照互补配对的原则，A 与 T 通过两个氢键连接，C 与 G 通过三个氢键连接，例如：

5′—ATACCGGATT—3′

3′—TATGGCCTAA—5′

嘌呤的总数等于嘧啶的总数，即 A + G = C + T。

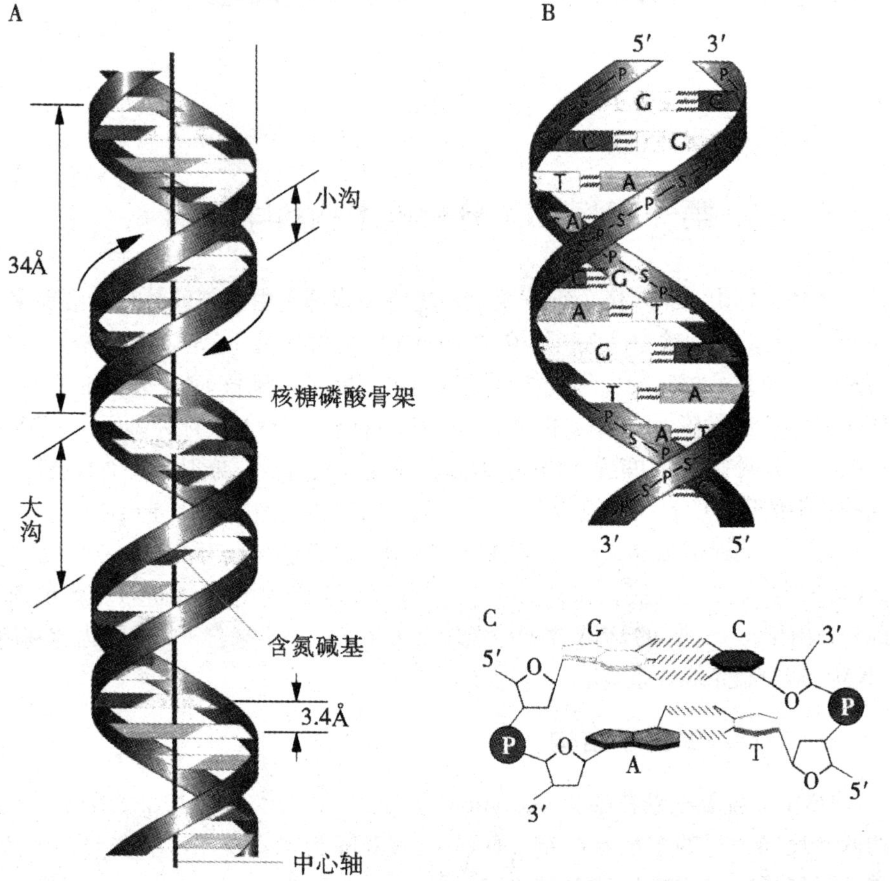

图 1－1－1 DNA 双螺旋结构示意图

基于 DNA 的化学结构以及 DNA 骨架结构中戊糖环内碳原子的位置，人为规定了 DNA 的序列按照从 5′到 3′的顺序列出。例如，5′—ATCCGGAWFG—3′。DNA 的两条链呈“反向平行”，一条链从 5′到 3′的顺序排列，与之互补的另一条链则从 3′到 5′排列。如果已知一条 DNA 链的顺序，通过碱基配对原则，即 A 和 T 配对、G 和 C 配对，可以很容易确定互补链碱基的顺序。不同个体 DNA 的差异在于碱基的序列不同，它决定了 DNA 的特异性。

利用升高温度和化学处理，打断存在于碱基对之间用于维持两条单链 DNA 键绞合的氢键，这个过程叫“变性”。变性是一个可逆的过程。若双链

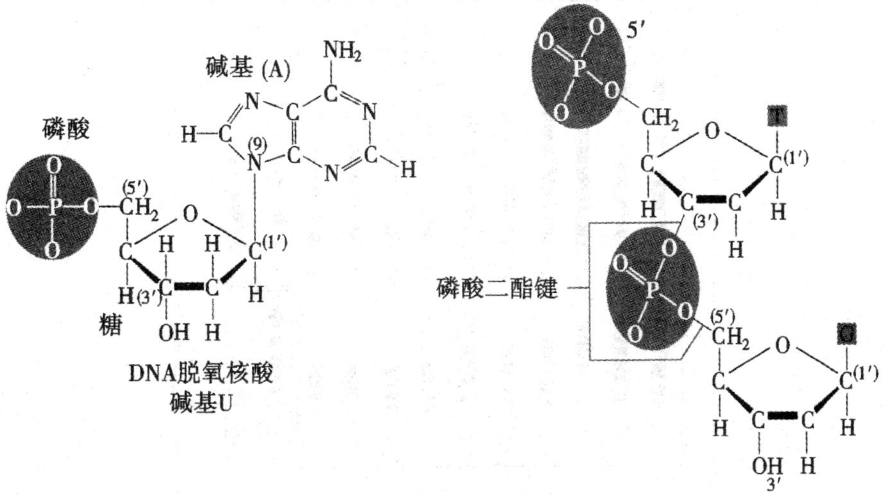

图 1－1－2　DNA 的分子结构

DNA 被加热，则分为两条单链；而 DNA 样本冷却后，单链 DNA 将找到自己的互补序列，彼此间重新杂交或退火。两条互补 DNA 链重新结合的过程称为“复性”或“重退火”。

每个个体在每一个个体细胞内的 DNA 均是相同的（癌变和基因突变的细胞除外）。人类基因组的 DNA 大约有 3.2×10^9 个碱基对（base pair, bp），直线长度约为 2 米。每个位置都有四种可能性（A、T、C 或 G），DNA 信息就这样以碱基排列顺序进行编译。因此就存在数以百万兆的组合形式。除同卵双生子外，没有两个个体的 DNA 碱基序列是完全相同的。每个个体的 DNA 分子特征即碱基序列终生不变，不受年龄营养状态及环境变化的影响，因此可以利用 DNA 进行个人识别。

二、DNA 多态性

人类的体细胞核中含有 46 个双链结构的 DNA 分子，每个 DNA 分子与组蛋白结合，形成一个染色体。因此，人类体细胞核中有 46 条染色体。这 46 条染色体以同源染色体的形式存在。成对的两条染色体互称为同源染色体。同源染色体中，一个来自母亲，另一个来自父亲。因此人类体细胞中有 23 对同源染色体，其中 22 对为常染色体，另外一对为性染色体，男性为 X，Y；女性为 X，X。所有体细胞中的染色体均为二倍体，即包括两套染色体。由于生殖细胞（精子和卵子）是单倍体，它们只含有一套染色体。而当一个卵子细胞和一个精子细胞结合为受精卵，则其中的染色体又成为二倍体。因此，受精卵中的每对染色体分别来自父母双方。

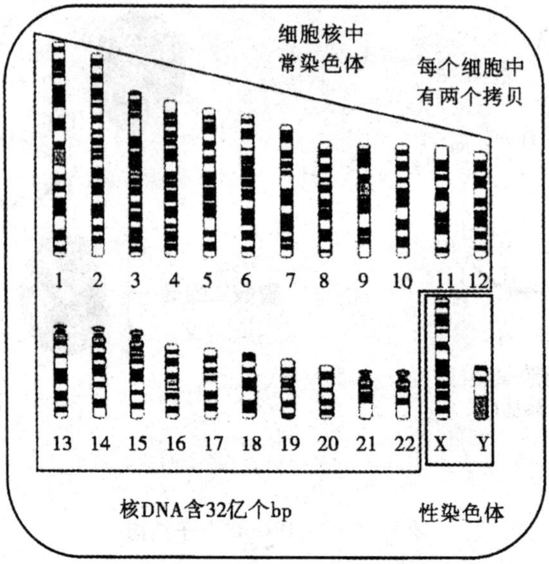

图 1－1－3　细胞核中的染色体

染色体上的 DNA 由“编码区”和“非编码区”构成。编码区包含细胞合成白质所必需的遗传信息，其又称为基因。一个基因的长度范围是从几千到几万个碱基对不等。人类基因组研究计划发现人类只有不到 3 万个基因。基因由外显子（蛋白质的编码部分）和内含子（插入序列）组成，只占人类 DNA 的 5%，DNA 中的非质编码区不参与合成蛋白质。

用于个人识别的遗传标记（借用基因的称谓，也被称为基因）位于非编码区或者是基因内的内含子序列。基因在染色体上的位置称为基因座或基因位点。每个基因的拷贝，在同源染色体上对应位置上（基因座）。由于有时会发生突变，一对同源染色体的序列有可能相同，也有可能不完全相同。同一个基因座上不同序列的基因被称为等位基因。同源染色体上基因座等位基因的组合称为基因型。如果同源染色体上同一个基因座上的两个等位基因不同，称为杂合子，相同则称之为纯合子。例如，如果在一个基因座上有两个等位基因，如 A 和 a，那么可能存在三种基因型：AA、Aa 和 aa。AA 和 aa 是纯合子，Aa 是杂合子。

利用 DNA 进行个人识别是以分析不同个体基因座上等位基因差异为基础的。当等位基因的频率大于 0.01 时，该等位基因被称为遗传标记，也称之为 DNA 多态性（polymorphisms，希腊语的原意是“许多组成”）。等位基因频率是指在一个二倍体的某特定基因座上某一个等位基因占该基因座的等位基因总数的比率。基因型频率是指某特定基因型个体的数目占人群总数目的比率。

DNA 多态性可以分为两类：序列多态性和长度多态性。

序列多态性是个体间等位基因的 DNA 碱基序列存在的差异（见图 1－1－4）。

5′—GATCCAGATC—3′
3′—CTAGGTCTAG—5′

5′—GATCTAGATC—3′
3′—CTAGATCTAG—5′

图 1－1－4　DNA 的序列多态性

从左起第五个碱基处表现出序列多态性，其余碱基序列相同。

长度多态性是指等位基因的两个固定端点间长度不同。在 DNA 分子中存在有很多串联重复序列，在个体间由于相同的重复单位重复次数的不同导致的序列长度上的差异称为可变数目串联重复序列（Variable Number of Tandem Repeats，VNTR）。不同位点的 VNTRs 都有其特异的重复单位。不同个体同一位点等位基因的差异是重复次数的不同。不同位点的 VNTRs 之间的差异既有重复单位序列上的不同，又有重复次数的差异。此外，有一类基因座既有长度多态性又有序列多态性，被称为小卫星可变重复单位多态性。

在图 1－1－5 中，其中一对同源染色体上的 A 基因座的基因型为（4，5），等位基因 1 的重复单位重复了 4 次，等位基因 2 的重复单位重复了 5 次。另一对同源染色体上的 B 基因座的基因型为（3，6），等位基因 1 的重复单位重复了 3 次，等位基因 2 的重复单位重复了 6 次。

三、STR

（一）STR 基因座的特征

重复单位的长度在 16bp～70bp 之间，重复次数从数次到数百次不等的重复序列称为小卫星 DNA。小卫星 DNA 等位基因长度一般在数百到数千个碱基对不等。核心序列由 2bp～6bp 组成，重复次数在 10～60 次，片段长度较短（100bp～300bp）的重复序列称为微卫星 DNA，又称为短串联重复序列（Short Tandem Repeats，STR）。STR 是人类基因组中分布比较广泛的遗传多态性标记系统，是目前最常用的遗传标记。

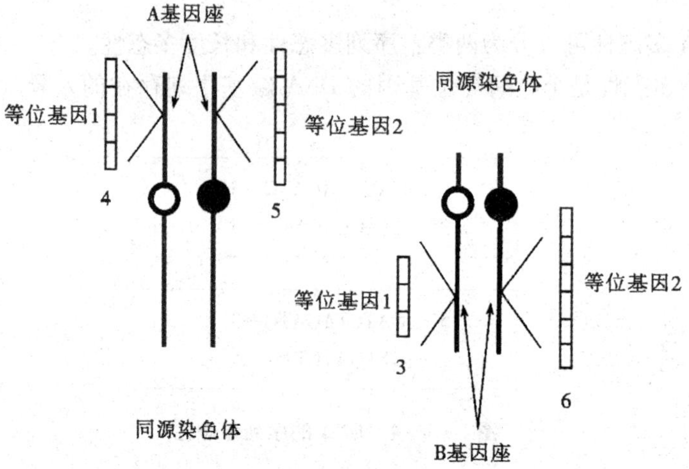

图 1－1－5　DNA 的长度多态性

（二）STR 基因座的分类

表 1－1－1　STR 基因座的分类

	小卫星 DNA	微卫星 DNA
重复单位长度	6bp～70bp，常富含 GC	2bp～6bp
重复次数	几次到几百次	10～60 次
总序列长度	0.5～30kb	约 200bp，<400bp
重复单位的差异	单位组成稍有差异，如单个碱基置换	重复单位变异性低，可看成结构相同
存在数量	有限，有些染色体尚未见到	很多，整个人基因组有 5 万～10 万

STR 基因座常常根据核苷酸数进行分类。二核苷酸重复序列具有两个核苷酸一个接一个的重复，如（GC)$_7$。三核苷酸的重复单位有 3 个核苷酸，如（ATC)$_5$。四核苷酸的有 4 个，如（ATCA)$_{12}$，五核苷酸的有 5 个，如（TCGAG)$_{13}$。六核苷酸的有 6 个，如（GATTCG)$_5$。理论上讲，一、二、三、四、五、六核苷酸的重复分别会有 4、16、64、256、1024、4096 种可能的核心序列排列方式。但是实际的分型数比理论的少很多，原因是有些重复单位类型实质相同。例如，（GAAA)$_n$ 相当于（AGAA)$_n$ 或（AGAA)$_n$、（AAGA)$_n$、（AAAG)$_n$，（TTTC)$_n$ 相当于（TTCT)$_n$、（TCTT)$_n$、（CTTT)$_n$。在人类个体识别中，四核苷酸重复是最常见的 STR 遗传标记，其中 AGAT

或 GATA 为最常见的重复单位。

STR 序列不仅在重复单位的长度和重复次数上不同，而且其重复单位排列方式也不同。根据重复单位的碱基组成，可将 STR 分为三类。一类为简单重复，简单重复中重复单位的长度和序列一致，如 $(ATTT)_n$。第二类为复合重复，重复单位有两种或两种以上的简单重复连接而成，如 $(GATA)_{5-12}$ $(GATC)_{2-4}$ $(TATC)_{1-2}$。第三类为复杂重复序列，复杂重复序列则可能包含几种不同长度的重复单元，并且重复单元之间可能含有不同长度的插入序列。对一个 STR 基因座而言，并非所有的等位基因都包含完整的重复单位。微变异即指含有不完全重复单位的等位基因。比如，TH01 的等位基因 9.3，它包含 9 个四核苷酸（AATG）完全重复和一个不完整的三核苷酸重复（ATG），因为第 7 个重复的 AATG 重复中缺失了一个 A。

STR 重复单位小，杂合子个体的两个等位基因在大小上相似，易于进行 PCR 扩增，成为广泛使用的 DNA 遗传标记。STR 遗传标记的核心序列重复次数在个体间有很大差异，使 STR 可有效地进行人类个体识别。STR 占全部人类基因组的大约 3%，平均每 10000 个核酸有一个。在过去 10 年里，用于个人识别的 STR 遗传标记包括：分析降解 DNA 检材的短 STR；分析混合样本的低 stutter STR；分析性侵害案件的混合样本中男性特意的 Y－STR。用于人类个体识别的 STR 基因座的选择原则为：（1）较高的个人识别概率，个人识别概率通常大于 0.9，杂合度大于 70%；（2）在染色体上的位置相距较远，确保无连锁；（3）与其他遗传标记复合检测时易于得到结果，且具有重现性；（4）低 stutter 产物；（5）低突变率；（6）等位基因长度在 90bp～500bp 之间，片段越小越适合 DNA 降解检材。

（三）STR 等位基因的命名原则

STR 等位基因的命名原则——ISF、G 推荐原则。

1. 链的选择

（1）位于蛋白质编码区的 STR（也包括内含子区的基因），应使用编码链命名。这适用于 VWA、TPOX 和 SFlPO。

（2）与蛋白质编码基因无关的重复序列，如 D18S51 基因座，首次发表在数据库中的原始序列即成为命名的参考标准（链）。如 D21S11。

（3）如果命名已经在法医领域确立，但没有遵从上述规则，为防止不必要的混淆，保留原名。这一推荐适用于一些仍将 TH01 描述为“AATG 重复”链的实验室（enBank 中的 TH01 基因座使用编码链，因此代之以互补的“TCAT”）。

2. 核心序列选择和等位基因命名

（1）重复核心序列的定义应该从第一个重复单位的 5′核苷酸开始。如

5′—GG TCA TCA TCA TGG—3′可以被看成是 3 个 TCA 重复或 3 个 CAT 重复。但是，依照 SFH 的推荐，只有前一个（3 个 TCA 重复）是正确的，因为它定义了第一个可能的重复核心序列。

（2）定义不完全重复单位时，应包含完全重复的数目和由小数点隔开的不完全重复的碱基数。例如，“微变异”不完全重复单位，TH01 基因座的等位基因 9.3。它包含 9 个 AATG 核心重复和一个 ATG 三核苷酸不完全重复。再如 FGA 基因座的等位基因 22.2，包含 22 个四核苷酸核心重复和一个二核苷酸不完全重复。

（3）在对未知样本的等位基因命名时应该使用等位基因分型标准物作为分型参照物，其中包含根据上述推荐原则进行命名的已测序等位基因。等位基因分型标准物可以是商品化的，也可以是自己制备的，应包含所有常见的等位基因。

四、DNA 分型

由于时间和费用的限制，无法实现对个体全部 DNA 的测序，人们只能分析多个独立的基因座上的基因型。分析多个基因座上的基因型称为 DNA 分型。DNA 分型或 DNA 分析是确定 DNA 分子特定区域内基因型的过程。为了避免无关个体间分型随机匹配的可能性，人类个体识别采用多个基因座分型。检测和比对的 DNA 遗传标记数目越多，两个无关个体具有不同基因型的可能性越大。最佳认定原则是随机匹配率越小，认定几率越大。在比对两个 DNA 分型图谱是否来源于同一个体时，每增加一个匹配的基因型，其可信度就相应增加。

以 ABO 血型系统为例，ABO 血型系统中存在 3 个等位基因：A、B、O。这 3 个等位基因可以组成 3 种纯合子基因型分型（AA、BB 和 OO）以及 3 种杂合子基因型（AO、BO 和 AB），即 3 个等位基因有 6 种可能的基因型。一个 DNA 基因座含等位基因越多，得到的基因型就越多。通常，如果一个基因座有 n 个等位基因，就有 n 种纯合子基因型和 $n(n-1)/2$ 种杂合子基因型。因此，如果一个基因座有 10 个等位基因就可能有 10 种纯合子和 45 种杂合子，即全部基因型为 55 种。一个基因座有 20 个等位基因就有 210 种基因型。

如果每个基因座都是不连锁遗传的，就可以将每个基因座基因型的频率相乘，得出一个 DNA 型的频率，这就是乘积定律。如每个基因座有 10 个等位基因，联合 10 个这样的基因座，所得 DNA 分型频率就有 2.5×10^{17} 种（即 55^{13}）DNA 分型。若一个基因座有 30 个等位基因，则这个基因座有 465 种基因型，联合 4 种此类基因座会有 465^4（4.7×10^{10}）种 DNA 分型。

第二节　DNA 样本分析过程和方法

一、生物检材的收集

法庭科学实验室 DNA 分析检材包括血液和血痕、精液和精斑、骨骼、牙齿、带毛根的毛发、毛干、唾液（含有核细胞）、尿液、粪便、指甲缝中的残留物、肌肉组织等。生物检材不仅可以留在犯罪现场，也可以从一个个体转移到另一个个体或物体上，因此，可以从犯罪嫌疑人、受害人或目击证人的身体、衣物或其他场所或物体上提取。

DNA 的质（是否存在严重的降解）、DNA 的量（即使是灵敏的 PCR 反应，也需要一定量的 DNA）、DNA 样本的纯度（是否存在污染）都会影响 DNA 分型结果。而 DNA 证据的收集、保存和送检的方法是否科学会影响随后的 DNA 分析。DNA 证据的收集过程应当按照质量保证体系的要求进行，以确保 DNA 分析图谱的有效性和证据的合法性。

DNA 的分析比对除需要收集犯罪现场的生物检材外，还需要提取犯罪嫌疑人或被告的生物参照样本。如果是进行失踪人口调查、亲权鉴定或灾难事故遇难者的个人识别，还必须提取家庭成员参照样本。参照样本的提取要求以快捷、无痛的方式收集，目前广泛采用以棉签擦拭口腔内颊黏膜收集口腔上皮细胞的方法收集参照样本。然后干燥拭子或将其压在经预处理的收集卡上以便转移上皮细胞并方便保存。也可使用口腔 DNA 收集器直接收集口腔上皮细胞。

在从样本提取 DNA 之前，应先进行预实验和确证实验，以确定可疑生物检材上是否是人的血液、精液等生物样本。预实验不会影响后继的 DNA 检测，且有助于决定怎样进一步处理生物样本。

血痕的预实验包括：四甲基联苯胺实验、鲁米诺试验等。精斑的预实验和确证实验包括：显微镜下检出精子、酸性磷酸酶检测、前列腺特异性抗原检测等。唾液的预实验是唾液淀粉酶检测法。

二、DNA 的提取

生物样本中除了包含 DNA 外，还包含蛋白质等其他物质，因此分析 DNA 前，必须将 DNA 和其他细胞成分分离。然后进行 DNA 质和量的检测，才能进一步对 DNA 进行分析。

常用的 DNA 提取方法包括：有机提取法、Chelex 法和 FTA 卡。提取 DNA 过程是实验室 DNA 样本最容易发生污染的阶段（样本间或外源 DNA

的污染），因此，实验室的质量控制非常重要。提取的DNA通常存储在-20℃的冰箱中，或-80℃的冰箱中长期保存。

三、DNA的定量分析

为了确保提取的DNA是人DNA而非其他来源的DNA，在提取DNA后必须进行人类特异的DNA定量分析。而且PCR反应要求确定样本中的DNA含量，因为PCR反应要求最佳模板浓度范围比较窄。模板过量会导致分析中的分裂峰或者峰高超出分析范围，模板过少会导致等位基因“丢失”，即有的遗传标记没有被扩增。

DNA定量的方法有多种，如斑点杂交法、荧光微量滴定法、实时定量PCR法等。

四、多STR遗传标记的PCR扩增

由于从犯罪现场生物样本中提取的DNA无论在质量还是数量上都受到限制，使用PCR体外扩增DNA的技术，可以获得更多的目标DNA片段用于DNA分析。PCR技术能在几个小时内复制数百万倍的特异DNA序列，扩增方法快速、灵敏。Kary Mullis因发明PCR技术而获得1993年诺贝尔化学奖。

PCR是一种酶促反应。特定的DNA区域反复复制，产生大量特异的DNA序列拷贝。每个复制过程（循环）包括变性、退火、延伸三个步骤，经过30次以上的循环，目标DNA产物可接近10亿个拷贝。

首先，PCR反应体系在94℃下，1分钟，DNA双链分开，变成单链，称为变性。然后，在60℃下，1分钟，引物连接到DNA模板上，称为退火；接着，在72℃下，1分钟，DNA聚合酶通过使引物延伸，复制目标区域。每个循环大约5分钟。变性、退火、延伸各1分钟，在3个温度之间有2分钟的升降温时间。

PCR反应体系主要包括复制的DNA模板、四种核苷酸、DNA聚合酶和引物，其中最重要的成分是引物。引物是设计好的一段短的DNA序列，引物的作用是识别或标定DNA的复制区域。只有引物与待复制的DNA区域的侧翼序列结合，才能在引物的3′端进行特异片段的扩增。

PCR扩增反应需要使用控制样本，阴性对照样本和阳性对照样本，以监控实验条件和实验技术的效果。阴性对照样本包含除DNA模板以外的全部PCR产物，使用水或缓冲剂代替模板成分，用于评估PCR成分是否被DNA污染，确认在DNA提取过程中不含其他模板DNA。阳性对照是一个已知序列的高质量标准DNA代替供检测的样本模板DNA。阳性对照样本与扩增的待检测的样本使用相同引物同时扩增，目的是确认反应成分和温度循环

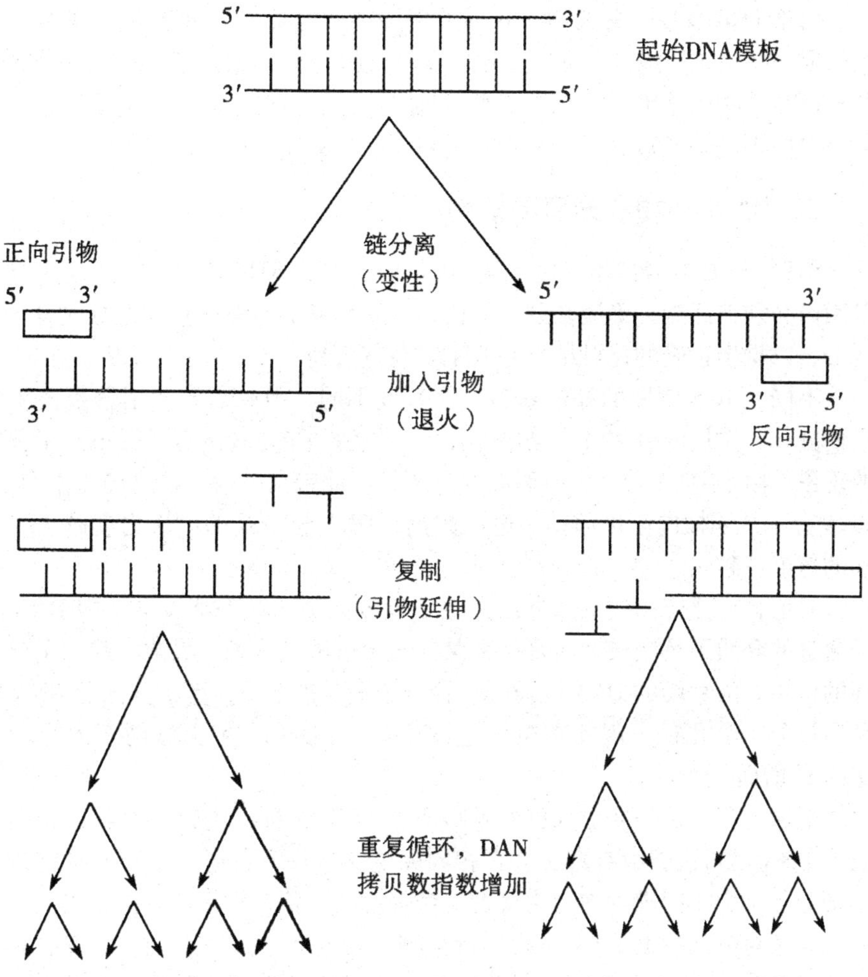

图 1－1　6　PCR 扩增特异的 DNA 序列

参数适宜扩增特定的 DNA 区域。

PCR 反应可在反应混合物中加入多对引物同时扩增多个遗传标记，同时扩增两个以上的遗传标记通常称为复合 PCR。复合 PCR 要求同时进行退火的多对引物不能互相干扰，避免形成额外的互补区域。有效的复合 PCR 反应需要首先通过精心设计、大量实验、成功的引物设计和反应成分浓度的调整以复制所有目标 DNA，获得平衡的 PCR 产物。

图 1－1－7　PCR 复合扩增

由于 PCR 反应非常灵敏，容易发生污染。为避免 PCR 污染，实验室应当采取一些措施以防止污染。例如，PCR 前后样本操作过程在空间上要分开；PCR 使用的移液器、试剂等物品应与实验室的其他器材分开防止；要戴一次性手套并经常更换；使用防气溶胶的洗头并更换等。

五、PCR 产物的分离和检测

STR－PCR 复合扩增产物中含有 20 个以上的 STR 等位基因。这些等位基因内必须彼此能准确地区分，即使相差一个碱基的等位基因也必须被正确区分，以得出正确的比对结果并便于实验室之间的比对。

不同 STR 基因座的等位基因片段长度不同，因此需要使用分离技术将它们分开。常用的分离方法是电泳技术。电泳指带电荷的分子在电场中泳动的现象。由于 DNA 分子带有磷酸根基团，因此带负电荷。在电场的作用下，DNA 分子从阴极向阳极泳动。电压越高，DNA 分子受的电场力就越大，移动的速度就越快。

目前，广泛应用的电泳方法是毛细管电泳法。在毛细管电泳中 DNA 分子通过的介质不是凝胶，而是一种黏性多聚溶液，这种多聚溶液起到了分子筛的作用。大片段的 DNA 在通过这种分子筛时被滞留，而小分子的 DNA 容易通过分子筛孔径，因此在电泳过程中小片段的 DNA 会泳动至大片段的 DNA 的前面。

电泳过程中，需要加入已知片段大小的 DNA 标准物进行比较，否则凝胶中 DNA 谱带位置没有意义。在相同的电泳条件下，通过未知样本谱带与已知分子量大小标准物中最为接近的谱带比较，估计样本的片段大小。

为了对分离后的 DNA 片段进行检测，在电泳分离技术之后，需要对分离后的 DNA 片段进行检测。目前，广泛使用的是荧光检测法，几乎所有商品化 STR 分型试剂盒中都含有荧光标记的 PCR 引物。通过将荧光染料标记在一条寡核苷酸引物 5′末端完成扩增。带有荧光的 DNA 片段在凝胶中从阴极向阳极迁移，按照片段大小排列，当迁移到阳极的激光扫描窗口，荧光染料受到激发，发出一定波长的荧光，按照荧光强度被记录下来。每一条带荧光染料的 DNA 片段电泳后按照各自通过激光扫描窗口的实际时间被记录下来，以荧光吸收峰来表示每一个片段。峰值越高，表示该片段量越多；峰出现得越早，表示片段越小。计算机会保存所有片段通过激光扫描串口的实际时间及荧光特征，然后，根据同一泳道内标准分子量（内标）的迁移率得到每一泳道迁移率的标准曲线，计算出待测样本的分子量大小，精确度为 0.5bp。通过分析软件自动完成基因分型。荧光标记自动分析系统能够分辨四色荧光，即使复合检测系统中有等位基因片段大小重叠的基因座也能同时得到检测。一次检测可获得较多基因座的遗传信息。

六、图谱解释和 STR 分型

分离和检测标记荧光染料的 STR 扩增产物，通过数据收集，获得一系列的峰或凝胶上的一些条带。分析者在取得这些峰值，即 DNA 片段大小和量后，还必须与各基因座等位基因分型标准物进行比较（就是基因分型），才能在不同实验室之间进行比较。基因分型使用数字形式表达，即等位基因中重复序列的重复次数。引物设计不同或应用不同的检测平台进行分析同一样本的 STR 等位基因会出现不同的片段大小。但是通过应用基因座特异性等位基因标准物（等位基因 ladder），等位基因的峰值大小就会准确地转化为基因型。等位基因 ladder 是各被检测的基因座的已知等位基因，通过将未知样本和已知等位基因 ladder 进行比较，以确定未知样本的基因分型。

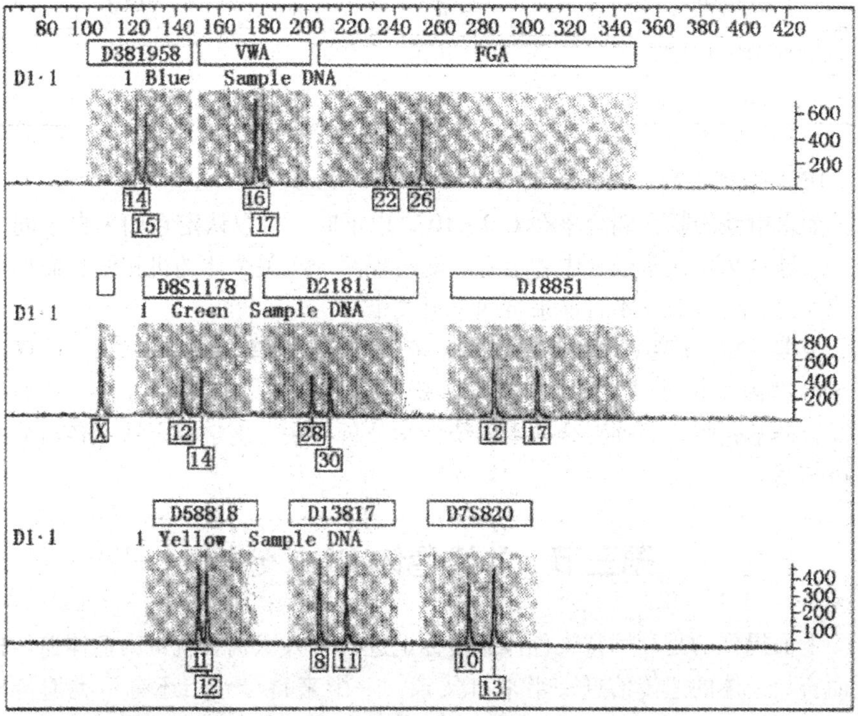

图 1－1－8　STR 自动分型结果

事实上，基因分型结果受一些因素的影响，包括生物学因素（如 Stutter 产物）和技术因素等。因此，尽管有基因分型分析软件，软件的运算法则依据人为设定好的参数和标准，在面对复杂的基因分型时软件有时不能进行有效的分析，STR 分型仍然需要有经验的鉴定人进行人工校对，对图谱进行解释论证。通常要求鉴定机构中有两名鉴定人独立进行数据分析核对，他们读取的基因型一致，才能出具报告。

七、DNA 分型频率计算见表 1－1－2 及鉴定意见的得出

首先估计每个基因座基因型出现的频率，然后将检测的所有基因座的基因型频率相乘，即得到 DNA 分型随机匹配概率。多基因座匹配概率的乘积被称为乘法原理。例如：

表 1－1－2　DNA 分型频率计算

DNA 分型		基因型频率
基因座	等位基因	数值
D13S317	11,14	0.03
TH01	6,6	0.05
D18S51	14,16	0.04

DNA 型频率为 $0.03 \times 0.05 \times 0.04 = 0.000060$。

如果检验的联合偶合率在 1.0×10^{-12} 以下时，可以认定它们来自于同一个体。这意味着在千亿人中才会有可能出现两个无关个体随机相同，而如今地球人口不足百亿，不可能来自两个无关个体。

根据 DNA 分型结果和鉴定要求，依据统计学计算原理和公式，计算出多 STR 基因座联合偶合概率，进一步确定两个样本的来源是否同一。如果是混合样本，则须依据混合样本的统计学分析方法，确定混合样本各组分的来源归属。

第三节　Y 染色体 DNA 分析

上面提到的是利用常染色体遗传标记进行个人识别。就常染色体遗传标记而言，个体的遗传信息一半来自父亲，一半来自母亲。还有一类遗传标记，除非发生突变，这些遗传标记世代相传，称为“家系遗传标记”，如母系遗传的线粒体 DNA 和父系遗传的 Y 染色体遗传标记。Y 染色体遗传标记连锁存在于 Y 染色体上，因此用单倍型而不用基因型表示。

一、Y 染色体在法医鉴定中的应用

（一）性犯罪案件中男性个体的个人识别

由于只有男性拥有 Y 染色体，因此在性犯罪案件中，混合斑女性 DNA 比例较大，而男性 DNA 较少时，常染色体 STR 分型结果会掩盖罪犯的分型，而 Y - STR 可单独分析男性成分。在轮奸案件中，Y 染色体 STR 遗传标记分析可以确定精液提供者的人数，与犯罪嫌疑人的 Y 染色体分型结果比对，可以获得作案人的线索。另外，Y 染色体分析已经被应用于鉴定牙釉质基因 Y 缺失的男性个体。但是 Y 染色体分析也有局限性。由于 Y 染色体是父系遗传，后代的遗传变异很小。当犯罪嫌疑人与现场物证匹配时，则意味着犯罪现场生物检材可能为犯罪嫌疑人所留，也可能是犯罪嫌疑人的兄弟、父亲、儿子、叔叔、堂兄弟等同一父系的男性亲属所留。

（二）父权关系鉴定

Y 染色体分析可用于缺少母亲样本的亲权鉴定中确定儿子与可疑父亲的关系，也可以用于在缺少父亲样本时，儿子与同一家系的男性亲属关系的鉴定。在失踪人员调查和灾难事故遇难者的身源关系鉴定中，具有相同 Y 染色体亲属的存在增加了参照样本的数量。由于常染色体 DNA 具有更高的识别概率，因此应当首先应用常染色体 DNA。

二、Y - STR 遗传标记

Y - STR 遗传标记分为两大类：双等位基因基因座和多等位基因基因座。前者一般只有两个等位基因，识别能力较低，其分型结果被称为单体簇；后者的分型结果称为单体型。在 Y - STR 遗传标记分析中经常检测的是小单倍型基因座。

第四节　线粒体 DNA 分析

一、线粒体 DNA 的特性

（一）多拷贝

人类基因组包括细胞核 DNA 和线粒体 DNA。线粒体是细胞质中生产能量的细胞器，线粒体 DNA（mtDNA）是在线粒体内的一套小的环状基因组。不同的细胞线粒体 DNA 分子的数目差异很大，平均每个线粒体含有 4 ~5 个 mtDNA 分子拷贝。mtDNA 大约有 16569bp。尽管 mtDNA 遗传信息少，每个细胞含有成百上千个线粒体，因此每个细胞中应该含有数千个 mtDNA 分子。

由于 mtDNA 拷贝数高，而且 mtDNA 的环状结构使它不易受降解 DNA 分子的核酸外切酶的影响，mtDNA 比核 DNA 更容易保存，因此对于由于环境因素破坏而高度降解的 DNA 样本，在利用核 DNA 无法检测的情况下，利用 mtDNA 获得分型结果的可能性更大。尤其是当生物检材已经腐败，骨骼、牙齿和毛发成为唯一可以提取 DNA 的生物检材时，mtDNA 在案件调查中发挥着重要的作用。

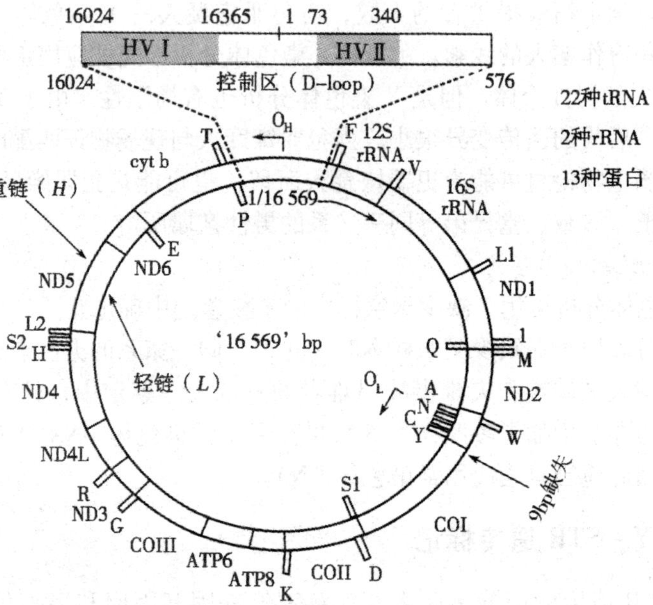

图 1－1－9　线粒体 DNA 基因组

（二）母系遗传

受精卵在形成过程中，由于精子头部含有极少的线粒体 DNA，而卵子则含有上百万个拷贝的线粒体 DNA，几乎所有的线粒体 DNA 都来自于卵子，因此 mtDNA 为母体遗传。在没有突变的情况下，母亲将她的 mtDNA 传递给子女。兄弟姐妹与母系亲属拥有相同的 mtDNA 序列，有助于确认失踪人口身份和灾难事故遗骨的个人识别。

（三）高突变性

线粒体 DNA 比核 DNA 具有更高的突变率，其非编码区在个体间表现出高度的差异性。

（四）异质性

一个个体的线粒体 DNA 有两种或两种以上不同碱基序列差异的现象称之为异质性或杂合性。一个个体的所有线粒体分子都相同，称之为同质性或同一性。

由于线粒体 DNA 彼此独立复制，无减数分裂，不发生基因重组，且线粒体 DNA 复制过程中比核 DNA 有更高的出错率，导致一个个体中线粒体序列存在差异。但是由于线粒体 DNA 的遗传瓶颈，线粒体的异质性在人群中的分布并不广泛，只有 2% ~8% 的人存在异质性。由于同一母系成员中线粒体 DNA 可能不同。因此，在用线粒体 DNA 分析方法进行母系亲缘关系鉴定中，需要考虑异质性的存在，以避免假排除。

二、mtDNA 的遗传标记和分析方法

线粒体 DNA 包含 37 个基因，编码 13 种蛋白质，2 种 rRNA 和 22 种 tRNA。另外线粒体 DNA 还有一个 1122bp 的“非编码”区，又称“控制”区或 D－环区，不编码任何基因产物，其序列会发生变异。通常 mtDNA 分析只检验非编码控制区的两个高变区 HV1 和 HV2。

mtDNA 通常通过 PCR 扩增和序列分析进行检验。mtDNA 测序通常包括以下几个步骤：（1）对整个或部分控制区进行 PCR 扩增；（2）去除 PCR 反应中残留的引物和 dNTP；（3）对 PCT 产物进行定量；（4）完成 PCR 测序反应，每个反应管中有一段不同的引物以及荧光标记的 ddNTP，这些引物可表明所检测的 DNA 链；（5）去除在测序反应中未结合的荧光标记终止剂；（6）对测序产物进行纯化分离；（7）进行序列分析及序列信息解释。

三、线粒体 DNA 结果的解释

一般测定每个样本在 HV1nt16024 －16365 和 HV2nt73 －340 的 DNA 序列，然后与 Anderson 序列或修正剑桥参考序列进行比较。记录出现不同碱基的位置及碱基类型。有时还测定 HV3nt438 －nt574 的碱基序列和类型。

现在，实验室检测的线粒体 DNA 序列都与修正的剑桥参考序列（revised Cambridge reference sequence，rCRS）L 链比较的差异报告结果，报告与 rCRS 不同的碱基序列。例如，如果一个样本线粒体 DNA 分析发现 nt16126 位置为碱基 C，而 rCRS 为碱基 T，则报告为 nt16126C。如果没有报告其他的碱基差异，则为其序列与 rCRS 序列一致。

表 1 －1 －3

检材	比对样本
14199C	14199C
14365A	14365T

表1-1-3表明，检材和比对样本在nt14199位置上的碱基相同，均为C，但均与rCRS不同，rCRS在nt14199位置上的碱基为T。检材和比对样本在nt14365位置上的碱基不同，检材为A，比对样本为T，均与rCRS不同，rCRS在nt14365位置上的碱基为C。

第五节 亲权关系鉴定

一、概述

亲子鉴定最早用于确定有争议的父母与子女之间的血缘关系，随着更多的遗传标记系统的发现与应用，被检测的对象已经不再限于父母与子女两代之间的个体，对同胞、隔代、旁系个体间是否存在亲缘关系也可以进行鉴定。

母—子—男三方均参加检验的亲子鉴定被称为三联体鉴定或双亲检验。被检验的男子称为假设父或被告父。真实存在的母—子—父关系的三联体，称为真三联体；不存在母—子—父关系的三联体称为假三联体。如果被检测者只有假设父或假设母和孩子两方时，称为二联体鉴定或单亲检验。

二、亲子鉴定使用的遗传标记

根据遗传方式不同，可以将亲子鉴定中适用的DNA遗传标记分为四类：

（1）常染色体上的遗传标记，按孟德尔规律遗传。

（2）线粒体DNA的遗传标记，母系遗传。可以用于确定样本是否来源于同一母系，适用于那些父亲不能参加鉴定的母子间的单亲鉴定，或同胞之间、隔代、旁系亲缘关系鉴定。

（3）Y染色体的遗传标记，父系遗传。可用于确定样本是否来自于同一父系，适用于母亲不能参加鉴定的父子间的单亲鉴定或男性同胞之间、隔代、旁系的亲缘关系鉴定。

（4）X染色体的遗传标记。可用于三联体的亲子鉴定或除父子关系外的其他单亲的亲缘鉴定。

三、亲缘关系结果分析

在亲缘关系鉴定中，通过分析受检者之间的基因型是否符合遗传规律，判定其血缘关系。如果亲代与子代之间的遗传基因型不符合遗传规律，可以直接排除亲缘关系；如果符合遗传规律，不能排除，需要进行亲缘关系概率的计算。

第二章 DNA 证据的审查规则

第一节 DNA 鉴定的必要性规则

所谓必要性，是指鉴定意见对于法庭理解证据或者决定争议的案件事实是必需的、有帮助的。必要性标准限制当事人、司法机关随意申请、委托鉴定，鉴定意见仅适用于解决案件争议事实合理必要之情形。

对于事实认定，无论是大陆法系法官的自由心证，还是英美法系陪审团秘密地对案件事实的认定，都是建立在普通人具有的常识和经验的基础之上。也就是说，任何具有常识、普通的经验和一般逻辑思维能力的正常的理性的人都足以胜任对案件事实的判断，事实审理者所要做的就是摒除偏见，凭借良心和理性（这里的理性就包含了常识和经验）作出任何常人都可以作出的判断。因此，事实审理者对案件事实的判断是普通经验层面上的问题，任何普通经验层面上的事实认定都是事实审理者职权判断的范围。但是，由于与案件事实相关的某些事项超出了一般生活经验的范围，只有凭借专门的知识和特殊的经验才能作出判断，在这种情况下，鉴定便成为必要。鉴定的根本目的是鉴定人根据超出一般常识范围之外的专门知识就专门问题作出专业性的判断和解释，以补充事实审理者在专门问题上认识能力的不足。

因此，必要性即是鉴定意见的帮助性，即鉴定意见能帮助法官理解证据或者决定争议的事实。帮助性是启动鉴定的前提，如果法官可自行对证据作出判断，自然无须鉴定。尽管 DNA 分析技术在刑事及民事案件调查中已经成为一种常规的检验技术，但并非只要现场提取到生物检材就进行 DNA 分析，通常根据案件具体情况，在其他证据不足以确定被调查人员的身份时，才启动 DNA 鉴定。例如，在强奸杀人案中，对精斑的 DNA 与犯罪嫌疑人 DNA 比对分析，以确定犯罪嫌疑人是否是犯罪人。对嫌疑车辆上提取的微量生物检材的 DNA 与被害人血样的 DNA 分型结果进行比对，以确定嫌疑车辆是否就是肇事车辆。这些 DNA 鉴定既与案件有关联性，又是超出法官的常识和经验之外的专门性问题，具有启动鉴定的必要性。

第二节　DNA 证据的关联性规则

DNA 鉴定意见的关联性规则，是指 DNA 鉴定与案件事实不具有关联性的，鉴定意见不可采纳。

关联性又称相关性，是可采性的前提条件。我们不能从纯粹哲学意义上去理解关联性，因为从哲学意义上看，事物之间具有普遍联系，在巴西一只蝴蝶翅膀的拍打能够在美国得克萨斯州产生一股龙卷风。如此一来，关联性的规定就无任何必要。在法律意义上，所谓关联性，是指诉讼证据与案件中争议的事实存在直接或间接的客观联系，诉讼证据能够直接或间接地证明案件中争议事实存在或不存在。如果证据不能对案件中争议事实的存在或不存在发生影响，则该证据不具有关联性。

因此，判断 DNA 证据是否具有关联性，首先需要明确 DNA 证据的证明的对象是什么，是否是争议的案件事实，争议的案件事实包括实体法事实和程序法事实，DNA 证据通常用于证明实体法律要件事实。DNA 证据属于间接证据，需要经过多步推论才能证明实体法律要件事实是否存在。例如，犯罪嫌疑人鞋上的血迹的 DNA 分型结果与被害人血液的 DNA 分型结果比对，比对结果可以直接证明犯罪嫌疑人鞋上的血迹是否来源于被害人，如果两者分型结果一致不能直接证明犯罪嫌疑人就是凶手，只能证明犯罪嫌疑人可能杀害了被害人。二是 DNA 证据必须使争议的案件事实更有可能或更无可能，即具有证明性。法官需对提供和未提供证据性事实的情况下对争议事实存在的可能性进行比较，与没有 DNA 证据相比，可能性都相同，该 DNA 证据就没有关联性。如果可能性是不同的，该 DNA 证据就是相关的。DNA 证据的证明性源于其科学原理和方法的科学性，因此 DNA 证据在个人识别和亲权鉴定中具有较高的证明价值。三是法律对这种关联性有没有具体要求。例如，重复性证据即使具有关联性，由于对事实认定没有价值，且可能导致诉讼拖延，通常被排除。

第三节　DNA 证据的合法性规则

一、DNA 鉴定主体的合法性规则

合法性，是指诉讼证据必须是按照法律的要求和法定程序而取得的事实材料。证据的合法性包含三方面的含义：一是证据的主体必须符合有关法律

的规定。二是证据的提供、收集和审查，必须符合法定的程序要求。三是证据的形式必须合法。关于鉴定意见的合法性标准必须以特定的法律规定为前提。

DNA 鉴定主体应当具有鉴定资格。DNA 鉴定意见存在下列情况，视为 DNA 鉴定主体不具有鉴定资格，鉴定意见不具有可采性：鉴定机构的执业范围不包括 DNA 鉴定的，或者鉴定的人不具有从事 DNA 鉴定执业资格的。

鉴定人如果不具备鉴定资格，则完全不能保证科学证据的可靠性，完全不可靠的鉴定意见不能对法官审查证据和案件事实有任何帮助。

鉴定主体资格的确认存在两种基本原则：一种是鉴定人主义，另一种是鉴定权主义。鉴定人主义原则又称“无固定资格原则”，即有关法律或者权力机关并不明确规定哪些人或哪些机构具有鉴定人资格，并不将鉴定权固定地授予特定的人或机构。鉴定权主义原则，又称为“有固定资格原则”，即有关法律或者权力机关明确规定哪些人或者哪些机构具有鉴定主体资格，或者将鉴定权固定地授予特定的人或机构。

我国实行的是鉴定权主义，相关的法律、法规和有关权力机关将鉴定权既授予某些机构，同时又按照相关规定对鉴定机构内部工作人员进行资格审查后，对符合条件的个人授予其鉴定权，即赋予其鉴定人资格，而没有获得鉴定资格的个人在鉴定机构内暂时只能作为鉴定人的助手，不能进行独立鉴定。

《全国人民代表大会常务委员会关于司法鉴定管理问题的决定》（以下简称《决定》）第 2 条规定：“国家对从事下列司法鉴定业务的鉴定人和鉴定机构实行登记管理制度：（一）法医类鉴定；（二）物证类鉴定；（三）声像类鉴定；（四）根据诉讼需要由国务院司法行政部门商最高人民法院、最高人民检察院确定的其他应当对鉴定人和鉴定机构实行登记管理的鉴定事项。法律对前款规定事项的鉴定人和鉴定机构的管理另有规定的，从其规定。”《决定》第 3 条规定：“国务院司法行政部门主管全国鉴定人和鉴定机构的登记管理工作。省级人民政府司法行政部门依照本决定的规定，负责对鉴定人和鉴定机构的登记、名册编制和公告。”如果没有得到省级人民政府司法行政部门登记、纳入国家名册并公告的，鉴定机构和鉴定人则没有鉴定资格。但是，省级人民政府司法行政部门只负责民间鉴定机构和鉴定人的管理。事实上对于隶属于公安部门和检察院的鉴定机构和鉴定人的管理、注册尚由公安机关和检察机关的主管部门负责。

DNA 鉴定属于法医物证鉴定。按照我国现行法律、法规、规章的规定，具有法医物证鉴定资格的鉴定机构分为：（1）公安系统内部的刑事技术鉴定机构。包括公安部的物证技术鉴定中心及其领导的全国各级公安部门设置的刑事技术鉴定机构，主要开展刑事案件中的法医物证鉴定。（2）人民检察系统内部的刑事技术鉴定机构。最高人民检察院及省、市、县级人民检察院均设置了鉴定机构，主要开展由人民检察院负责侦查的案件的法医物证鉴定。（3）依照《司法鉴定机构登记管理办法》登记、注册取得鉴定资格的法医物证鉴定机构。此类鉴定机构主要从事民事诉讼中的法医物证类鉴定，如亲权关系鉴定。

而如果鉴定机构和鉴定人没有鉴定资格，则其制作的鉴定意见会因鉴定主体不合法不可采纳。即使鉴定机构和鉴定人具有鉴定资格，鉴定机构和鉴定人的执业范围也应当符合法律的规定，并且与委托事项相符合，否则，鉴定意见也不可采纳。例如，《决定》第7条第1款规定："侦查机关根据侦查工作的需要设立的鉴定机构，不得面向社会接受委托从事司法鉴定业务。"如果侦查机关受理了由个人委托的民事纠纷案件中的亲子鉴定，则该鉴定意见将因鉴定机构的执业范围不符合法律规定而不可采纳。

目前，社会上有许多从事亲子关系确认的商业公司。如果有关人员在未进行诉讼的情况下，为了解决个人问题，选择这些公司进行亲子关系确认属于个人行为。但是，一旦进入诉讼，如果不是由鉴定资质的鉴定机构中有鉴定资格的鉴定人出具的DNA鉴定报告，不具有可采性。

二、DNA鉴定人的回避规则

DNA鉴定人应当依法实行回避而未回避的，鉴定意见不可采纳。鉴定人回避制度的规定是从鉴定人中立的立场作为出发点的。鉴定人作为事实审理者的辅助者，保持客观、中立是鉴定意见可靠性的重要保障。我国法律对鉴定人回避的情形作了相关规定。新《刑事诉讼法》第28～31条规定，鉴定人有下列情形之一的，应当自行回避，当事人及其法定代理人也有权要求其回避：（一）是本案的当事人或当事人的近亲属的；（二）本人或者是他的近亲属和本案有利害关系的；（三）担任过本案的证人、辩护人、诉讼代理人的；（四）与本案当事人有其关系，可能影响公正处理案件的；（五）接受当事人及其委托人的请客送礼，违反规定会见当事人及其代理人的。对于鉴定人应当回避而未回避的，鉴定人的中立立场将可能受到质疑，鉴定意见的真实性也同时将受到质疑，相应的鉴定意见不可采纳。

三、DNA鉴定人数的合法性规则

鉴定人数应当符合法律规定。对于DNA鉴定人数不符合相关法律、法规规定的，鉴定意见不可采纳。

我国三大诉讼法并未对鉴定人数作具体规定，但我国司法部2007年8

月7日颁布的《司法鉴定程序通则》第19条规定：“司法鉴定机构对同一鉴定事项，应当指定或者选择二名司法鉴定人共同进行鉴定；对疑难、复杂或者特殊的鉴定事项，可以指定或者选择多名司法鉴定人进行鉴定。”根据此规定，对于某一鉴定事项，鉴定人数不符合相关法律、法规规定的，鉴定意见不可采纳。DNA鉴定要求必须有审核人员对鉴定意见进行独立审核，因此鉴定人员不能少于二人，否则DNA鉴定意见不具有可采性。

四、DNA鉴定程序的合法性规则

DNA鉴定程序应当符合法律规定，对于鉴定程序存在瑕疵的，法官根据案件具体情况酌情是否排除鉴定意见。司法鉴定的启动，是指谁有权决定进行司法鉴定、何时针对何种事项进行司法鉴定以及由谁进行司法鉴定。司法鉴定的申请，是指谁有权向司法鉴定的决定主体请求鉴定。

新《刑事诉讼法》第144条规定：“为了查明案情，需要解决案件中的某些专门性问题的时候，应当指派、聘请有专门知识的人进行鉴定。”新《刑事诉讼法》第146条规定：“侦查机关应当将用作证据的鉴定意见告知犯罪嫌疑人、被害人。如果犯罪嫌疑人、被害人提出申请，可以补充鉴定或者重新鉴定。”在刑事诉讼中，犯罪嫌疑人、被害人对初次鉴定并无申请权和启动权，只有公安机关、检察机关和法院才有鉴定启动权，犯罪嫌疑人、被害人只有补充鉴定或重新鉴定的申请权。

《民事诉讼法》第72条第1款规定：“人民法院对专门性问题认为需要鉴定的，应当交由法定鉴定部门鉴定；没有法定鉴定部门的，由人民法院指定的鉴定部门鉴定。”最高人民法院《关于民事诉讼证据的若干规定》第25条规定：“当事人申请鉴定，应当在举证期限内提出。符合本规定第二十七条规定的情形，当事人申请重新鉴定的除外。对需要鉴定的事项负有举证责任的当事人，在人民法院指定的期限内无正当理由不提出鉴定申请或者不预交鉴定费用或者拒不提供相关材料，致使对案件争议的事实无法通过鉴定结论予以认定的，应当对该事实承担举证不能的法律后果。”

《行政诉讼法》第35条规定：“在诉讼过程中，人民法院认为对专门性问题需要鉴定的，应当交由法定鉴定部门鉴定；没有法定鉴定部门的，由人民法院指定的鉴定部门鉴定。”最高人民法院《关于行政诉讼证据若干问题的规定》第31条规定：“对需要鉴定的事项具有举证责任的当事人，在举证期限内无正当理由不提出鉴定申请、不预交鉴定费用或者拒不提供相关材料，致使对案件争议的事实无法通过鉴定结论予以认定的，应当对该事实承担举证不能的法律后果。”

在刑事自诉案件中，鉴定意见是保全证据的一种有效手段。如果一方自行委托DNA鉴定，人民法院经审查认为鉴定符合其他鉴定意见采纳标准的应当采纳。

在民事诉讼和行政诉讼中，一方当事人在审前为证据保全的目的或者为决定是否起诉而自行DNA委托鉴定的，如果起诉后对方当事人对鉴定事项、鉴定机构和鉴定人、送检材料和鉴定过程未提出异议，法官经审查，鉴定意见符合采纳标准的，鉴定意见可以采纳。如果对方当事人对鉴定意见提出异议，法官须审查提出异议的理由，如果对方当事人不同意自行启动鉴定一方当事人选择的鉴定机构和鉴定人，认为鉴定人可能具有倾向性的，可以重新委托双方认可的鉴定机构和鉴定人进行鉴定。如果对方当事人提出异议的理由是认为鉴定意见不具有相关性，或者检材、样本缺乏真实性或者鉴定程序违反法律规定等，但经审查认为对方当事人提出异议理由不成立的，鉴定意见符合采纳标准的，鉴定意见应当采纳。因为重新鉴定既浪费司法资源、降低诉讼效率，又增加当事人的诉讼负担。

五、DNA鉴定文书形式的合法性规则

DNA鉴定文书应当符合法律的规定。DNA司法鉴定文书没有鉴定人的签名和执业证号的，DNA鉴定意见不可采纳；DNA鉴定文书存在其他制作上瑕疵的，法官根据具体情况酌情裁量是否排除该鉴定意见。

我国最高人民法院《关于民事诉讼证据的若干规定》第26条和《关于行政诉讼证据若干问题的规定》第32条都对鉴定书的内容进行了规定。鉴定书应当包括以下内容：（一）委托人姓名或者名称、委托鉴定的内容；（二）委托鉴定的材料；（三）鉴定的依据及使用的科学技术手段；（四）对鉴定过程的说明；（五）明确的鉴定意见；（六）对鉴定人鉴定资格的说明；（七）鉴定人员及鉴定机构签名盖章。

司法部关于印发《司法鉴定文书规范》和《司法鉴定协议书（示范文本)》的通知第7条规定，司法鉴定文书正文应当符合下列规范和要求：（一）标题：写明司法鉴定机构的名称和委托鉴定事项；（二）编号：写明司法鉴定机构缩略名、年份、专业缩略语、文书性质缩略语及序号；（三）基本情况：写明委托人、委托鉴定事项、受理日期、鉴定材料、鉴定日期、鉴定地点、在场人员、被鉴定人等内容。鉴定材料应当客观写明委托人提供的与委托鉴定事项有关的材料和鉴定资料的简要情况，并注明鉴定材料的出处；（四）案情摘要：写明委托鉴定事项涉及案件的简要情况；（五）检验过程：写明鉴定的实施过程和科学依据，包括检材处理、鉴定程序、所用技术方法、技术标准和技术规范等内容；（六）检验结果：写明对委托人提供的鉴定材料进行检验后得出的客观结果；（七）分析说明：写明

根据鉴定材料和检验结果形成鉴定意见的分析、鉴别和判断的过程，引用的资料应当注明出处；（八）鉴定意见：应当明确、具体、规范，具有针对性和可适用性；（九）落款：由司法鉴定人签名或者盖章，并写明司法鉴定人的执业证号，同时加盖司法鉴定机构的司法鉴定专用章，并注明文书制作日期等；（十）附注：对司法鉴定文书中需要解释的内容，可以在附注中作出说明。司法鉴定文书正文可以根据不同鉴定类别和专业特点作相应调整。

第 8 条规定，司法鉴定文书附件应当包括与鉴定意见、检验报告有关的关键图标、照片等，以及有关音像资料、参考文献等的目录。附件是司法鉴定文书的组成部分，应当附在司法鉴定文书的正文之后。《司法鉴定程序通则》第 34 条规定，司法鉴定文书的制作应当符合统一规定的司法鉴定文书格式。司法鉴定文书可以反映鉴定机构的资质、鉴定人的资格、鉴定材料的真实性及充分性、鉴定检验过程、论证和最终的鉴定意见。无论是司法人员对鉴定意见的审查，还是当事人对鉴定意见认同与否，都始于对鉴定文书的阅读。因此，鉴定文书基本形式和内容必须符合以上法律的规定。实践中，有些鉴定人将自己的私章交其他鉴定人盖印，而本人并未真正参加鉴定。笔者认为，对于鉴定文书的落款处必须有鉴定人的亲笔签名，不能以印章代替，并且应写明鉴定人的执业证号否则鉴定文书不予采纳。对于鉴定文书存在其他瑕疵的，法庭应视具体情况酌情决定是否采纳该鉴定意见。如果只有个别地方存在打印错误或字迹的遗漏，对鉴定文书的完整性和科学性不会产生实质影响的，可要求鉴定人进行书面说明，不影响鉴定意见的采纳。由于鉴定本身需要消耗检材，并且花费时间、财力、人力，仅仅因为鉴定文书形式上较小的瑕疵就排除鉴定意见，成本未免过高。

第四节　DNA 证据的科学性规则

一、DNA 生物样本采集程序的科学性规则

DNA 容易降解和被污染，DNA 的降解和污染会影响 DNA 的分型结果。因此生物检材的提取、包装、保存、送检必须遵循科学原则。

导致 DNA 降解的因素包括：（1）水和可消化 DNA 的核酸酶，这两种物质无处不在；（2）机械外力、紫外线照射、潮湿保存、化学试剂如酸、碱、甲醛、漂白粉等强氧化剂因素，可以引起 DNA 降解，或者干扰 DNA 提取过程中的细胞溶解过程；抑制 DNA 聚合酶活性，降低 DNA 产量，限制 DNA 分析。潮湿环境不仅利于检材自身核酸酶活性的保持，而且潮湿环境有利于细菌和霉菌等微生物分泌核酸酶，进一步加速 DNA 降解。一些洗涤

剂或去污剂等化学试剂能够溶解细胞膜、核膜，使细胞通透性增加，DNA从细胞中释放出来，并且使组蛋白与 DNA 分离，使 DNA 易受各种外力作用发生降解。

因此，降解的 DNA 不适用于大片段 DNA 限制片段长度多态性分析。进行 PCR 扩增，需要完整的 DNA 模板序列和两侧完整的引物结合区。如果 DNA 降解严重，模板链断裂部位越多，引物延伸因在 DNA 模板的断裂点中断而失败，PCR 扩增获得的完整的 DNA 分子越少。研究表明 PCR 扩增的成功率与基因座的片段大小成反比。在扩展严重降解的 DNA 样本时，复合扩增体系中片段较大的 STR 位点容易发生 DNA 分型结果的缺失，而片段很短的 STR 基因座可以得到准确的扩增结果。

DNA 生物检材的污染除了包括非生物污染、动植物和微生物等非人类生物因素的污染外，还包括人之间的交叉污染。人之间的交叉污染可以导致一个样本中检测出两个或两个以上个体的 DNA，使检测结果分析变得复杂，得出错误的鉴定意见。DNA 的交叉污染可以发生在生物检材的采集过程中。例如，在提取生物检材过程中没有戴手套，使得手上的细胞成分脱落或黏附到其他生物检材上；采集人员没有戴口罩，因咳嗽导致唾液落到物证上；或者提取物证时造成 DNA 的交叉污染；或者将不同位置的物证混合包装导致交叉污染。

对于用于司法鉴定的某些检材，由于其理化特征具有特殊性，如血痕、精斑、唾液斑等生物物证都是容易污染、变质的物质，对其提取、包装、保存、送检过程有严格的科学要求，以确保 DNA 鉴定意见的可靠性。在辛普森案中，辩方有句名言，“进去的是垃圾，出来的还是垃圾”。因为鉴定对象一旦受到污染，其科学证据的准确性必然会受到质疑。

为了保证 DNA 鉴定意见的准确性，公安部在 1997 年 5 月 15 日出台了《法医学物证检材的提取、包装、保存和送检的公共安全行业标准》。该标准规定了法医物证检材提取的一般规则及对提取、包装、保存和送检的方法作了较为细致科学的规定。物证采集的原则：（1）提取或接触物证的人要戴工作帽、口罩和手套，杜绝用手直接接触物证。（2）所用采集器具要干净、无菌。要尽可能使用一次性器具。如需要连续使用，在提取每件物证前都要彻底清洗、冲净。（3）采集生物检材时，采集一个或多个斑痕及斑痕附近的客体一起切割下来送检。（4）血痕、精斑和其他斑迹在封入包装袋前需完全自然风干。采用浸湿擦拭法提取的斑痕物证，要立即晾干保存。（5）避免泥土、油脂等环境中其他物质的混入。如果斑痕在刀具、铁棍或其他铁制品表面，也要尽早将它们转移下来。（6）对于物理空间不在一起的物证应分开提取、分开包装。（7）一旦物证提取后，要分别正确包装，做好标记。（8）对于不会外流的物证，应当用纸袋包装。（9）采取的物证样品，小件的要放入冰箱保存，大件的不能放入冰箱的要保存在干燥通风凉爽低温的环境下。斑痕类物证一定要先晾干；组织类物证最好冰冻保存。（10）尽快送检。

二、DNA 证据保管链的完整性规则

证据保管链，是指证据从提取到提交法庭审查之前的整个保管过程和手续。保管证据的法律意义就在于按照科学要求和法律的规定，通过健全而完备的手续来证明该证据在提交法庭前未被替换、遗失、未发生变质或损坏，以此保护证据在诉讼中的证据价值。如果 DNA 证据保管链出现断裂，将无法证明在 DNA 证据提交法庭前，什么人以什么方式接触过该证据，该证据是否被替换、或发生了变质等，导致 DNA 的证据价值降低或消失。因此，保管链中断的 DNA 证据法庭将不予采纳。只有对 DNA 实验室实施质量控制才能保证 DNA 保管链的完整。证据保管链的间断可以导致科学证据无效。证据保管链是否完整也是控辩双方质证的要点之一。

三、DNA 鉴定对象的真实性规则

DNA 鉴定的主要任务是个人识别和亲权鉴定。个人识别属于同一认定的范畴。根据同一认定原理，“同一”，是指人或物自身的同一。同一认定就是指通过对先后出现客体留下的特征反映体进行检验，以确定先后出现的客体是否同一客体的方法。只有供比较的客体的特征反映体是真实地来自案件的客体，才能保证同一认定结论的正确性。DNA 同一认定的特征反映体是生物物证和对照样本。生物物证和对照样本的真实性是确保鉴定意见准确可靠的基础。如果用于 DNA 分析的生物物证是伪造的或虚假的，或者对照样本不是用于比对分析的有关人员本人的样本，则 DNA 鉴定意见不具有可采性。

例如，DNA 分析技术在 1986 年第一次应用于刑事案件调查时，险些由于 DNA 样本被调换而导致案件无法侦破。英国的两个女孩先后于 1983 年和 1986 年在英国的 Leicester 郡和 Narborough 附近被奸杀。由于作案手法相似，警方怀疑为同一凶手所为。为了查找凶手，警察收集了当地 3 个村庄超过 4000 名所有成年男性的血样进行 DNA 分析，但无一匹配。大约 1 年后，一位妇女听到有人炫耀说，自己的血样被朋友替代了，于是向警察说明了情况。警察随即采集了该人的血样，DNA 分析结果显示他的 DNA 分型与两起杀人案现场的精斑 DNA 分型一致。

四、DNA 实验室的认可规则

DNA 鉴定意见准确可靠与否取决于诸多因素，如鉴定人的职业训练和能力水平；检验方法的标准化；实验室操作的规范化；等等。归根结底，为了保证 DNA 鉴定意见的准确性，实验室需要进行质量保证和质量控制。质量控制，是指为达到质量要求而进行的日常操作或活动。质量保证，是指为了使产品（如商品试剂盒）或者服务（如司法鉴定）满足质量要求而制订的有计划或系统的实施过程。DNA 法庭科学实验室的质量保证体系包括了 DNA 检验的各个环节，如实验室组织与管理、人员资格和培训、实验室环境、证据管理、实验方法和程序确认、分析程序、设备的校准和维修、检验记录和报告、审查、能力验证、纠正措施、审计与安全等。每个工作环节都处于受控状态，确保 DNA 检验结果的正确性、数据的可比性和完整性。而实验室认可是通过认可机构的监督和考核，证明实验室遵守了这些标准，确保实验室正确有效地执行有关标准。

例如，美国休斯敦警察局犯罪实验室在尚未通过实验室认可前，存在诸多问题，如管理混乱、技术人员缺乏专业培训，技术落后，检材保管混乱等。以至于因其鉴定结果错误导致一名男子在 1998 年被错判。2003 年，另一个实验室在对休斯敦警察局犯罪实验室的 DNA 检验结果复核时发现了该案 DNA 分析结果的错误，这起错案才被纠正。

实验室认可要求实验室人员通过能力验证。能力验证又称熟练程度检测，是指评价 DNA 实验室的检测过程，需要定期对 DNA 分析人员或检验人员进行一次能力水平的检测。能力验证不仅评价鉴定人的水平，也可以证明实验室检测过程的成功率、可靠性和可重复性。①

能力验证包括外部能力验证和内部能力验证。外部能力验证，是指已知 DNA 分型的生物样本被送达被测试人员，以评价实验室人员应用实验室标准操作规程获得一致结果的能力。外部能力验证在被测试人员不知情的情况下进行时，称为盲测。盲测是考核一个实验室检验能力的最有效的方法。如果能力验证的组织者是实验室内的其他人员，则称为内部能力验证。能力验证是实验室进行质量保证的必不可少的项目。

实验室认可要求 DNA 鉴定的每一个新技术和方法都应当进行确认，并形成标准化的书面材料，这样实验室应用该标准化的操作方法后就能客观准

① 方法的有效性，是指使用该方法检出率高，很少需要重复检验。方法的可靠性，是指使用该方法检验所得到的结果正确，能够客观反映所检样本。方法的可重复性，是指同一样本多次检验都能得到相同或相似的结果。

确地检测待检样本。每个 DNA 法庭科学实验室都应该根据实验室的具体条件制定各自规范的实验室操作步骤以及数据解释原则，以此作为标准准确检验和分析样本。

由于新的 DNA 技术方法常常包括新 STR 基因座、新 STR 试剂盒、新引物、对新 STR 等位基因的新分型检验技术。这些新技术和新方法应当进行认证。法官应审查这些新技术方法的标准化的书面报告，具体包括：（1）组织的同一性研究报告。研究从同一个体的不同组织和体液中提取 DNA 是否得到相同的分型结果。因为犯罪现场的检材和嫌疑人提供的对照分析样本可能来自不同的人体组织。（2）一致性研究报告。不同实验室间及实验室内部反复检测以证明实验方法是否具有可重复性，以便于数据共享，使得跨地区、跨时间的检验结果具有可比性。（3）群体性研究报告。如果使用新的 STR 等位基因进行分型，应当确定不同群体的新 STR 等位基因频率，以用于群体统计学分析和计算匹配概率。（4）可重复性研究报告。不同的来自人体的生物检材如血痕、精斑、唾液的 DNA 分型比对，若两者来自同一个体则相互匹配。（5）混合样本研究报告。由于现场的生物物证常常为多人混合样本，因此要求 STR 试剂盒能对混合样本进行分离检测。例如，两个 DNA 分型一致的样本其 DNA 以 50∶1 到 1∶50 之间的不同浓度比例进行混合，通过研究其分型图谱来决定最小检出比例。（6）环境研究报告。已知样本暴露于不同的环境下，研究其是否能得到正确分型。环境应反映犯罪现场的实际情况，如日晒、温度、湿度对分型的影响。（7）模拟研究报告。用已知分型的样本与法医案例中常见的载体混合后再进行研究。如常见的载体为棉布、化纤类织物、皮革、金属、玻璃、羊毛、土壤等。（8）非检验证据研究报告。法医案件终结后，现场 DNA 检材检验分型应真实反映实际案例。（9）非人类种属研究报告。（10）最低检出量研究报告。以上称为发展认证。

在此基础上应对实验操作进行有效性验证，以证实实验室按照此方法进行操作能得到准确的结果，且不同实验室对同一样本的检验结果相同。对实验室操作的有效性验证称为内部验证。具体包括：重复性研究、准确性研究、灵敏度研究、混合样本研究、非案例检验样本的研究、片段大小的准确性研究等。

随着我国司法体制改革的深入，公众法律意识的日益加强，作为司法鉴定质量管理和质量保证的重要手段的法庭科学实验室认可工作也日益受到重视。2005 年 2 月 28 日第十届全国人民代表大会常务委员会第十四次会议审议通过《全国人民代表大会常务委员会关于司法鉴定管理问题的决定》（以下简称《决定》）。《决定》第 5 条在从业条件中规定，法人或者其他组织申请从事司法鉴定业务时应当“有在业务范围内进行司法鉴定所必需的依法通过计量认证或者实验室认可的检测实验室”。法庭实验室认可工作首次被写入法规中。此后，司法部于2005年9月29日颁布了95号部长令《司法鉴定机构管理办法》，公安部也于2005年11月7日颁布了83号部长令《公安机关鉴定机构登记管理办法》，这两个《办法》中均规定鉴定机构应是“有在业务范围内进行司法鉴定所必需的依法通过计量认证或者实验室认可的实验室”。

此外，《计量法》第20条、《国家认证认可条例》第16条、国家质检总局《实验室和检查机构资质认定管理办法》等法律、法规和规章中均规定，向社会出具具有证明作用的数据和结果的检查机构、实验室应当具备有关法律、行政法规规定的基本条件和能力，并依法经认定后，方可从事相应活动。法庭科学实验室认可工作已由自愿行为转变为一种强制性行为。如果从事DNA鉴定的鉴定机构没有通过实验室认可，则鉴定意见不具有可采性。

第三章 DNA 证据的采信标准

第一节 非混合样本 DNA 个人识别鉴定意见的采信标准

一、DNA 分型结果的类型及其意义

将物证样品与比对样品进行 DNA 分型检验后，可能有以下三种结果。

（一）匹配

匹配，即两个样本 STR 分型结果相同，不存在无法解释的差别。如果犯罪现场的生物物证与犯罪嫌疑人对照样本 STR 分型结果相同，并不意味着犯罪现场生物物证一定是犯罪嫌疑人所留，而是存在两种可能性：（1）犯罪现场生物物证是犯罪嫌疑人所留；（2）犯罪现场生物物证不是犯罪嫌疑人所留，只是碰巧这些 STR 分型彼此相同。对于是哪种可能性，需要计算随机匹配概率和似然比确定。

（二）不匹配

不匹配，即 STR 分型结果不同，表明两个样本来自不同个体。两个或两个以上的样本只要有一个 STR 基因座之间不一致，即为不匹配（父权鉴定除外，可能是突变的结果）。

（三）不排除

不排除，即分型的数据不支持匹配，也不支持排除结果。检验结果不太肯定样品是否有相似的分型，也就是说检验所得到的图谱不太清楚，无法判读，不能确定，这可能是由于样品降解、污染、试剂失效等多种原因引起的，可以重新进行检验。如果已经没有足够的样品，或者重新检验后的结果仍不能确定，则只能得出不排除的结论。

二、DNA 分型随机匹配概率和似然比计算及其证据价值

（一）群体遗传学基本原理

在进行随机匹配概率的计算之前，有必要了解随机匹配概率计算依据的

群体遗传学原理。群体遗传学主要通过观察等位基因频率和基因型频率在同一或不同群体中的差异，研究遗传变异及其在时间、空间上的变化规律。DNA 分型结果反映的是个体在检测的若干基因座上的基因型。基因型包括两类：纯合子和杂合子。纯合，是指同源染色体上相同基因座上的相同的等位基因的组合，如（A，A）、（15，15）。杂合子，是指同源染色体上相同基因座上的不同的等位基因的组合，如（A，B）、（13，21）、（12，19）。

随机匹配概率的计算需要通过群体数据库获得特定位点等位基因频率和基因型频率。等位基因频率指群体中某特定基因座上某一个等位基因内占该座位上等位基因总数的比率。该基因座上所有等位基因的频率之和为 1。等位基因频率是群体遗传结构中最基本的参数。STR 基因座等位基因 i 的频率 p 为：$P_i = n_i/2N = 2n_1 + n_2/2N$。$n_1$，是指含等位基因 i 的纯合子个体数；$n_2$，是指含有该等位基因杂合子个体数；N 为调查的群体个数。该基因座等位基因频率的总和为 1，$\sum p_i = 1$。例如，如果对某 STR 基因座等位基因 i 进行群体遗传学调查，调查人数为 200 人，其中纯合子（i，i）为 10 人，杂合子（i，X）为 50 人，则等位基因 i 的频率为：$P_i = 10 \times 2 + 50/200 \times 2 = 0.175$。基因型频率，是指群体中某特定基因型个体的数目占个体总数的比率。该基因座上所有基因型频率之和为 1。例如，调查的群体个数为 100 人，如果在这 100 人中某 STR 基因座的特定基因型（12，13）的人数为 5 人，则（12，13）基因型的频率为 5/100 = 0.05。

基因型的理论值可以根据 HW 平衡推导的结论计算。如果某遗传标记有两个等位基因内 A 和 a，则有 3 个期望的基因型 AA、Aa 和 aa，其频率为 p^2、$2pq$、q^2。其中 p 和 q 分别是等位基因 A 和 a 的频率。如果某基因座上有 n 个等位基因，其理论上基因型数目为 $n(n+1)/2$。由于有些等位基因在群体中出现的频率很低，因此其组成的基因型也很罕见，因此，实际观察到的基因型比理论上的数值小。

为确定犯罪样本的 DNA 分型与犯罪嫌疑人 DNA 分型之间的随机匹配概率，需对相关人群中等位基因频率和基因型频率进行可靠的估计。因此，通过大量研究采集群体数据，并用 HW 平衡和连锁平衡进行检验。在进行等位基因和基因座独立性检验后，一旦确定一个数据库具有“可信度”，它的等位基因频率就可以用来对特定 DNA 型进行估计。

Hardy－Weinberg 平衡定律和连锁平衡的基础是分离自由组合律。孟德尔遗传定律（又称自由组合律）：指的是同源染色体在减数分裂形成配子时，成对的等位基因彼此分离，分别进入不同的配子，因此配子只含有亲代一对等位基因内的一种，为单倍体。此定律被称为分离律。此外，不同基因座上的非等位基因是相互独立的。此定律被称为分离自由组合律。

Hardy - Weinberg 平衡定律内容为：在随机婚配的群体中，某遗传标记有两个等位基因内 A 和 a，则有 3 个期望的基因型 AA、Aa 和 aa，其频率为 p^2、2pq、q^2，其中 p 和 q 分别是等位基因 A 和 a 的频率。用等位基因频率得出的期望基因型频率与观察到的基因型频率进行比较。如果期望值和观测值相似，则可推断该基因座等位基因是稳定遗传的，即处于平衡状态。Hardy - Weinberg 平衡意味着等位基因和基因型频率从亲代到子代的稳定性，世代不变。HW 平衡的前提是群体足够大，无自然选择、无突变、无人群的迁徙，随机婚配。进行 HW 平衡检验，确定该群体处于 HW 平衡中，则被检测基因座的等位基因完全独立。由于 HW 平衡所要求的条件在现实的人群中是不存在的。尽管 HW 平衡检验没有能力证明独立性检验是真的，但是 HW 平衡检验作为检验无效等位基因的部分质量控制是有价值的，能帮助检出无效等位基因。

（二）基因座间等位基因独立性检验

基因之间按照随机原则进行组合，呈不连锁遗传，这种状态称之为连锁平衡。反之，则为连锁不平衡。进行无关个体随机匹配概率的计算要使用多个基因座，因此要求这些基因座相互独立。遗传标记独立性，是指不同遗传标记相对独立，遗传过程中遗传标记可随机组合，遗传标记或基因座之间没有统计学意义上的关联，相互独立。独立性检验可通过精确性检验进行分析。只有基因座和等位基因独立遗传，才能使用乘法原则进行匹配概率计算。通常不在同一染色体上的遗传标记是相互独立的，位于同一染色体上物理距离大于 100Mb 以上的遗传标记也相互独立。位于同一染色体上物理距离小于 10Mb 的标记存在连锁关系，不相互独立。

（三）群体数据库

群体 DNA 数据库在进行 DNA 分析中具有十分重要的地位。通过群体 DNA 数据库可以计算出来自犯罪现场检材的 DNA 分型在一个特定人群中出现的概率。也就是说，随机匹配概率经常等同于所检测 DNA 分型的群体频率。群体频率可根据多个群体数据库的等位基因频率进行估计。群体数据在应用于常规估计 DNA 分型频率之前，已经进行了广泛的研究。群体 DNA 数据库的建立包括以下几个步骤：（1）确定样本数和种族。为了保证抽样满足统计学检验需要的代表数。对于拥有 5 ~ 15 个等位基因的 STR 基因座通常采集 100 ~ 150 个无关个体的 DNA 样本就足够了。（2）匿名采集样本。（3）分析特定基因座 DNA 分型，如分析样本 D13S317 基因座上各基因型及其计数。（4）计算每个基因座的等位基因频率。例如，样本中 D13S317 基因座的等位基因 9 观察到的计数为 40 次，样本数为 250 人，则 D13S317 基因座的等位基因 9 的频率为 $40/250 \times 2 = 0.08$。（5）对数据进行统计学检验，包括 Hardy - Weinberg 平衡确定等位基因独立性，连锁平衡确定基因座独立性，并检测群体间遗传关系。

用等位基因频率得出的期望基因型频率与观察到的基因型频率进行比较。如果期望值和观察值相似，则可推断该基因座等位基因是稳定遗传的，即处于平衡状态。所有基因型频率的独立性可通过精确检验来分析。如果等位基因间和基因座间的独立性得到论证，就可以使用乘法规则计算随机匹配概率。

（四）随机匹配概率计算及其证据价值

首先估计每个基因座基因型出现的频率，然后将检测的所有基因座的基因型频率相乘，即得到 DNA 分型随机匹配概率。多基因座匹配概率的乘积被称为乘法原理。

随机匹配概率既不是指被告有罪的概率，也不是指被告无罪的概率，而是指从一个人群中随机抽取一个样本，会出现特定 DNA 分型的理论概率。如果某样本 DNA 分型概率为 1/100000，则意味着对于检测的基因型，由无关个体组成的群体中随机抽取到所观察到的 DNA 分型的可能性预期为 1/100000，不是指被告无罪的概率是 1/100000，也不意味着有 1/100000 的可能性样本来自犯罪嫌疑人以外的其他人，或者有 1 - 1/100000 可能性被告有罪。值得强调的是，DNA 证据只是案件中的一个证据和调查工具，而不是证实无辜或有罪的唯一、绝对的证据。

当检验的 DNA 基因型的联合偶合率在 1.0×10^{-12} 以下时，可以认定它们来自于同一个体。这意味着在千亿人中才会有可能出现两个无关个体随机相同，而如今地球人口不足百亿，不可能来自两个无关个体。

目前已有软件可以同时计算出一个特定 STR 分型在不同人群数据库中出现的频率。如果犯罪嫌疑人和犯罪人之间有亲缘关系，那么两者之间的基因不是独立遗传，应采用不同的计算方法，有亲缘关系个体的 STR 分型比一个随机个体与犯罪嫌疑人 STR 分型相似的概率要大。

（五）似然比计算及其证据价值

似然比是对同一证据在不同假设条件下的两个概率的比值。似然比的数学表达式为：

$$LR = H_p / H_d$$

H_p 指原告的假设，即犯罪现场生物检材的 DNA 来自犯罪嫌疑人的概率。

H_d 是指被告的假设，即犯罪现场生物检材的 DNA 与犯罪嫌疑人 DNA 一致仅是一种巧合，犯罪嫌疑人没有留下生物检材的概率。

由于原告的假设是建立在被告与犯罪现场的生物样本有关联的基础上，

因此，$H_p=1$；而 H_d 即为检测的基因座的基因型频率。例如，如果只检测一个基因座，则 $LR=H_p/H_d=1/2pq$（杂合子）或 $1/p^2$ 或 $1/q^2$（纯合子）。

可见，似然比等于被检测的所有基因型估计概率乘积的倒数。如果 LR = 100，说明犯罪现场的生物样本为被告所留的概率是汉族人中一个无关个体所留的概率的 100 倍。

表 1－3－1　似然比与证据支持度之间的关系

似然比范围	证据支持强度
1 ~ 10	有限程度支持
10 ~ 100	中等程度支持
100 ~ 1000	强有力支持
>1000	极强有力支持

第二节　混合样本 DNA 个人识别鉴定意见的采信标准

混合样本，是指被测样本来自两个或两个以上的个体。例如，在性犯罪案件中，一名或多名罪犯的 DNA 与受害人的 DNA 混合或多名罪犯的 DNA 混合。通常在一个或多个 STR 基因座出现 3 条或 3 条以上的谱带，可以考虑是混合样本。如果混合样本中的个体在特定基因座上均为纯合子时，从谱带的数目上即定性分析无法确定是否为混合样本，用荧光方法定量检测时会出现峰高或峰面积增大的现象，指示样本可能为混合样本。

一、混合样本 STR 图谱分析的步骤

（一）确定是否为混合样本

根据 STR 图谱中出现的峰数目与峰面积的平衡情况确定，是否是混合样本。一个个体的一个基因座最多有两个峰（杂合子），二个峰以外的峰称为额外峰。在任何一个基因座出现三个峰通常直接表示为混合 STR 图谱。如果是涉及近亲的案件或者个体为纯合子，一个基因座上没有额外峰，但可以从等位基因峰面积不对称现象推断为混合 STR 图谱。

（二）确定等位基因分型

确定每个基因座的等位基因分型。在对混合样本结果解释和确定其等位基因时，最大的困难是 stutter 峰。确认 stutter 峰的普遍原则是 stutter 产物比相应的等位基因少一个重复单位，峰面积小于相应等位基因峰面积的 15%。stutter 峰是 PCR 过程中的非特异性产物，不是个体的等位基因。

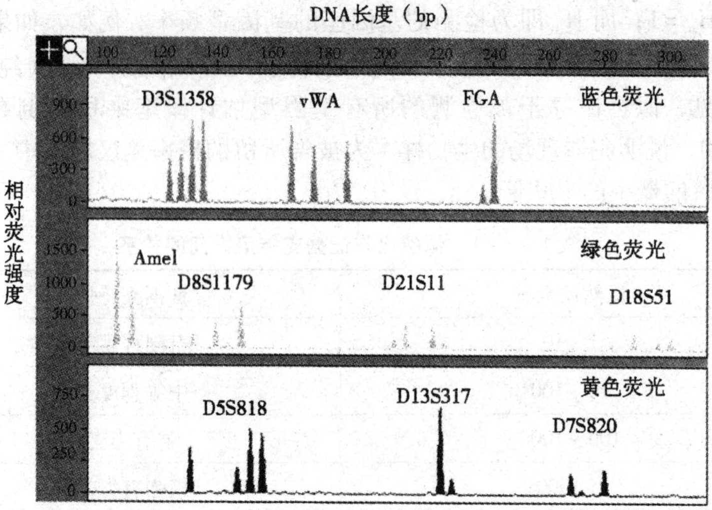

图1－3－1　男性和女性的DNA混合样本

（三）确定混合样本中个体的数目

确定为混合STR图谱后需要评估混合样本中可能的个体数目。每一个基因座的等位基因数目及它们之间的比例可用于评估样本中个体的数目。两个杂合子的个体的最大等位基因数为4，在一个基因座出现5个或6个等位基因则表明有三个或三个以上的个体。两个个体的混合样本在日常检验中较为常见。来自两个不同个体的混合样本在一个基因座可能出现1～4个峰形。4个峰形：杂合体＋杂合体。3个峰形：杂合体＋杂合体，存在一个重叠的等位基因，如（12，13）＋（13，15）；杂合体＋纯合体，不存在重叠的等位基因，如（11，21）＋（13，13）。2个峰形：杂合体＋杂合体，存在两个重叠的等位基因，如（9，14）＋（9，14）；杂合体＋纯合体，存在一个重叠的等位基因，如（9，14）＋（9，9）；纯合体＋纯合体，不存在重叠的等位基因，如（9，9）＋（14，14）。1个峰形：纯合体＋纯合体，重叠的等位基因，如（9，9）＋（9，9）。

（四）确定混合样本中各组分的大致比例

通过计算峰面积之比，确定各混合组分的可能比例，尤其是混合样本中的两个个体共有一个或多个等位基因时。例如，两个个体一个基因座的基因型分别为（10，10）和（9，10），如果两者DNA比例为1∶1时，等位基因9和10的峰面积比例应为1∶3。通过分析其他没有共享等位基因的STR基因座分型结果，如果每个基因座存在3个或4个峰形，就能够准确区分不同的组分。在绝大多数样本中，根据电泳图谱的峰面积及峰高可以反推出混合样本中各组分所占的比例。利用计算机软件可以分析混合样本成分构成，并计算出混合比例。例如，在一个男女混合样本中，性染色体的等位基因 X 和等位基因 Y 的峰面积比值为 2∶1，则可推算出该混合样本是由 2 份男性 DNA 和 1 份女性 DNA 组成。此混合样本中，如果基因座 D21S11 有四个等位基因，分别为 A、B、C、D，它们的峰面积值分别为 1611、3122、3193、1158，则可推算出 B + C/A + D = (3122 + 3193)/(1611 + 1158) = 2.3∶1，则 D21S11 基因座，男性基因型为（B，C），而女性基因型为（A，D）。

（五）分析混合样本中所有可能的基因型组合

根据前一步测定的被测样本的混合比例，分析不同基因座的每种特定等位基因组合。

表 1－3－2　两等位基因、三等位基因、四等位基因模式可能的配对组合

4 个等位基因（A，B，C，D）		3 个等位基因（A，B，C）		2 个等位基因（A，B）	
A，B	C，D	A，A	B，C	A，A	A，B
A，C	B，D	B，B	A，C	A，B	A，B
A，D	B，C	C，C	A，B	A，A	B，B
A，B	A，C	A，B	B，B		
B，C	A，C				
A，B	B，C				

（六）与比对样本 DNA 分型进行比较

根据推断的混合样本各组分的基因型与犯罪嫌疑人的基因型比对，如果犯罪嫌疑人 DNA 分型与混合样本的主要或次要来源个体分型相匹配，那么此人就不可能被排除为混合样本中的可能供体。通过似然比，确定混合样本中的组分是否来源于犯罪嫌疑人。

并不是每个基因座的混合比例都能完全准确地算出，特别是有两个或三个等位基因峰，个体间有共享等位基因的基因座的情况。如果纯合子是混合样本的次要来源时，所有三种可能的情形都是三个平衡的荧光峰信号，无法推测各自的基因型。因此，当混合样本中各提供者的成分接近均等时，不能明确判定主要提供者的分型，或者提供者的等位基因被非特异性产物或其他人的等位基因遮盖时，混合结果中基因型分型的解释非常复杂。

二、似然比的计算

似然比（LR），是指一个由控方假设成立概率除以辩方假设成立概率的比值：$LR = P(E/H_p)/P(E/H_d)$。

E 指的是物证，H_p 即犯罪嫌疑人是罪犯的控方假设，H_d 是人群中随机个体为罪犯的辩方假设。由于混合样本来源的可能性不同，LR 有不同的计算公式。

例如，一种可能是混合样本来自受害人和犯罪嫌疑人。H_p 表示混合样本为受害人和犯罪嫌疑人所留。H_d 表示混合样本为受害人和一个随机的无关个体所留。

（1）当混合样本为四等位基因 A_1、A_2、A_3、A_4，犯罪嫌疑人基因型为 A_1A_2，受害人基因型为 A_3A_4，在 H_p 下，$P(E/H_p)=1$，在 H_d 下，犯罪嫌疑人基因型 A_1A_2 的频率为 $2P_1P_2$，$P(E/H_d)=2P_1P_2$。$LR=P(E/H_p)/P(E/H_d)=1/2P_1P_2$。

（2）当混合样本为三等位基因 A_1、A_2、A_3。如果被害人为纯合子（A_3，A_3），犯罪嫌疑人为（A_1，A_2）。$LR=P(E/H_p)/P(E/H_d)=1/2P_1P_2$。如果被害人为杂合子（$A_2$，$A_3$），犯罪嫌疑人为纯合子（$A_1$，$A_1$），$LR=P(E/H_p)/P(E/H_d)=1/2P_1P_2+2P_1P_3+P_1^2$。

（3）混合斑为二等位基因 A_1、A_2。如果被害人为杂合子，$LR=1/2P_1P_2+P_1^2+P_2^2$。如果被害人为纯合子，$LR=1/2P_1P_2+P_1^2$。

第二种可能是混合样本为犯罪嫌疑人和未知个体的混合斑。H_p 表示混合样本为犯罪嫌疑人和另一未知个体所留。H_d 表示混合样本为两个随机的无关个体所留。第三种可能是混合样本为两个犯罪嫌疑人所留。H_p 表示混合样本为两个犯罪嫌疑人所留。H_d 表示混合样本为两个随机的无关个体所留。当混合斑为四等位基因，或三等位基因，或二等位基因时，分别有不同的似然比公式。可使用计算机软件进行似然比的计算。混合样本的结果解释有时需要考虑提供者的人种来源或者亲缘关系的 DNA 混合样本提供者。

第三节　线粒体 DNA 鉴定意见的采信标准

线粒体 DNA 的结果解释分为三种可能：

（1）排除。如果在检材和比对样本之间有两个或两个以上的碱基不同，排除样本来自同一个体或同一母系。

（2）不确定。如果未知和已知样本只有一个碱基不同，则为不确定，因为可能存在突变或异质性。

（3）不排除。如果检材和比对样本的序列在比对区域的每个碱基都相同或者在 HV2 区多聚 C 区具有相同的长度多态性，则不能排除样本来自同一个体或同一母系。有三种可能，检材可能来自于犯罪嫌疑人；检材可能来自于犯罪嫌疑人同一母系的亲属；检材也可能来自于与犯罪嫌疑人无母系关系的无关个体。

当结果解释为不排除时，需要进行匹配概率的统计学分析。线粒体碱基序列为连锁遗传，以单倍型表示。统计无关个体间线粒体 DNA 单倍型频率的方法为计数法，即计算数据库中某一单倍型出现的次数。P = X/N。N 表示数据库中的样本数，X 表示特定单倍型被观察到的次数。数据库中样本数越大，线粒体单倍型匹配概率估计值越精确。现在绝大多数 DNA 分型的群体概率是未知的，因为在数据库中只出现一次。

由于线粒体 DNA 整个序列只是一个基因座，不像核 DNA 可分析多个基因座，因此线粒体 DNA 分析的个人识别概率较低，达不到同一认定水平。而且由于线粒体 DNA 为母系遗传，因此也不能区分同一母系的个体。

第四节　Y 染色体 DNA 鉴定意见的采信标准

Y－STR 鉴定意见有三种可能的结果：

（1）排除：表明 Y－STR 遗传标记分型结果不同，不同样本的 Y－STR 来源于不同的个体。

（2）不能确定：分析结果没有足够的数据作出解释或者获得的图谱不清楚，无法判读。

（3）确定或不能排除：两个样本 Y－STR 分型结果相似，可能来源于同一个体。由于 Y 染色体突变率低，其个人识别概率不如常染色体 STR 高，例如，在一项 Y－STR 群体分布调查中，82 名成都汉族个体的 5 个 Y－STR 基因座观察到 58 种单倍型。因此精确而保守的结论为：犯罪现场的样本的 T－STR 分型与犯罪嫌疑人一致，不能排除犯罪现场样本来源于犯罪嫌疑人；同时不能排除来源于所有与犯罪嫌疑人有父系关系的亲属和数目不详的无关男性。具体匹配概率需要计算单倍型匹配概率。单倍型匹配概率可用计算法：$P_X = n/N$。P_X 代表单倍型 X 的频率；n 为单倍型 X 的计数；N 为个体数。或者使用参考数据库中单倍型不匹配的分布来计算两个随机抽取的单倍型偶合概率。

第五节　亲权关系鉴定意见的采信标准

在亲缘关系鉴定中，通过分析受检者之间的基因型是否符合遗传规律，判定其血缘关系。如果亲代与子代之间的遗传基因型不符合遗传规律，可以直接排除亲缘关系；如果符合遗传规律，不能排除，需要进行亲缘关系概率的计算。

一、标准三联体亲子鉴定

母子关系已经确定，需要鉴定假设父亲与孩子之间是否存在生物学亲子关系，可以使用常染色体遗传标记。通过比对母子的遗传标记，找出孩子的生父的等位基因。如果假设父不具有生父的等位基因，则可排除其为孩子的生物学父亲。如果假设父具有生父的等位基因，则不能排除其为孩子的生物学父亲，通过计算父权指数，判断为孩子生物学父亲的可能性。

二、女一子一男三联体亲子鉴定

父母与子女的关系均不能确定，可以使用常染色体鉴定父母与孩子的亲生关系。比对孩子与假设父和假设母的遗传标记，如果孩子不具有假设父和假设母的等位基因，则可以排除他们之间的亲生关系。如果孩子的等位基因可以分别从假设父、假设母那里得到，则他们之间不能排除亲生关系。可进一步通过双亲不定的模式计算出 PI 和 RCP 值，判定亲生关系。

三、单亲亲子关系鉴定

（1）使用常染色体遗传标记分析，比较假设父或假设母与孩子的基因型，如果孩子的等位基因与假设父或假设母的等位基因完全不同，可以排除他们之间的亲生关系。如果孩子与假设父或假设母有相同的等位基因，不能排除他们之间的亲生关系，可以按照单亲模式计算出 PI 或 RCP 值，进行定量评估，判定亲生关系。

（2）使用母系遗传的线粒体 DNA 遗传标记，可以鉴定母子（女）关系。如果分型不同，可以排除母子（女）关系。如果分型相同，不能排除，计算单倍型频率确定亲生关系的概率。

（3）使用父系遗传的 Y－STR 遗传标记鉴定父子关系。如果两者分型不同，可以直接排除。如果分型相同，不能排除，计算单倍型频率确定亲生关系的概率。

第二篇

指纹证据的审查规则与采信标准

指纹具有人各不同、指指相异、终身不变、触物留痕等特征，具备极好的同一认定条件，因此在很长时期内位居“证据之首”。然而，指纹鉴定意见只是一种证据，对法官并不具有必然的约束力和优先的证明力。法官不应该无条件采信指纹鉴定意见并使其高居其他证据之上。

第一章　指纹证据概述

第一节　指纹运用简史

一、指纹运用渊源

有关指纹学论著表明，中国是世界公认的指纹运用发源地。[①] 从内蒙古、辽宁、青海、甘肃等地出土陶器上的原始指印画来看，中国对指纹的认识与运用已有数千年的历史。[②] 现在美国芝加哥菲尔特博物馆，还珍藏着一枚中国古代的泥印，泥印的反面留有一个拇指印痕。考古学家认为，这枚泥印属于中国周朝或前汉时期的稀物，是世界上最古老的指纹凭证。[③] 在西安半坡遗址出土的距今6000多年的陶器上，人们也发现了留有作为装饰或标记用的指印。可见，6000多年前，人类就会利用指纹来代替签名，是最古老的“身份证”。据说印度、波斯、土耳其、俄国、北非等国家都有较早使用指纹的记载，但没有中国和日本使用得那样广泛。从我国大量的出土文物和有关中外学者的著作可知，指、掌纹在中国古代的借贷契约、买卖文凭、婚约休书、狱词供状和军队名籍等方面都有广泛应用，反映了我国古代人民已经根据经验，认识到了指、掌纹可以代表一个人，而且是终身不变的。[④]

著名德国指纹学家罗伯特·海因德尔博士（Robert · Heind）在其所著《指纹鉴定》一书中认为，中国唐代作家贾公彦是世界上最早提出用指纹鉴别人身的作家。而我国学者认为，贾公彦只不过是根据我国长期应用指纹的实践经验对“质剂”和“下手书”作了进一步解释而已，中国正式应用指

① 刘少聪：《新指纹学》，安徽人民出版社1984年版，第1～14页。

② 刘持平：《中国原始指印画的发现与研究》，载《公安大学学报》2001年第1期。

③ 赵向欣：《中华指纹学》，群众出版社1997年版，第2页。

④ 赵向欣：《中华指纹学》，群众出版社1997年版，第6～20页。

纹远早于此。

随着对外文化的交流，中国应用指纹的传统习惯传播到了世界上许多国家，对世界指纹学的形成和发展产生了深远的影响。但长期闭关自守的封建统治及近代遭受的各种内外战争，使指纹在中国的运用和发展受到很大限制，近代以来，中国对指纹的研究和运用开始逐渐落后于国外。

二、指纹学的兴起

资料显示，指纹学兴起于近代欧洲。[①] 17 世纪，资本主义生产推动了自然科学和应用技术如人体解剖学、组织学和生理学的发展，为指纹学的诞生和发展打下了科学的理论基础。1684 年，英国解剖学家和生理学家内赫米亚·格鲁博士在向皇家学会递交的一份报告中首次描述了汗孔、皮肤脊纹及其排列方式；之后，荷兰解剖学家 G. 比得洛和意大利的 M. 马尔皮吉教授详细研究了摩擦皮纹的脊和汗孔及其由脊纹组成的不同形式的图案；1788 年，J. C. A. 梅耶第一个清楚地阐述了摩擦脊纹在外观上有相似性，而在微小特征之间有特异性；1823 年，J. E. L. 珀克杰依据自己观察到的指纹纹理形式不同，将指纹分为九类，为以后的指纹分类打下了基础。1856 年，人类学家韦尔克拿出了他在 34 岁和 75 岁时的指印进行比较，认为指印具有终身不变的性质。1877 年，法国医生奥伯特在研究皮肤病和腺体分泌过程中，发现将硝酸银溶液涂在纸上能够显出汗液指印，成为创立指纹显现法的第一人。同时期，英国派驻印度的官员威廉·赫谢尔受中国商人在契约上按大拇指印的启发，尝试在合同、狱犯登记、居民证及各种收据上使用手印作为印记。经过十几年的实验和研究，他确认指纹是不会重复的。并于 1877 年写出了《手之纹线》，他将这篇论文和一封信寄给了孟加拉监狱总监，想请求批准在其他监狱进行同样的实验，但遗憾的是他的请求未获批准，甚至被监狱总监看做是神经错乱。以至于他的发现没有被更多的人知道。1880 年，英国皇家内外科医师学会会员亨利·福尔茨在《自然》杂志上发表文章，报道了他在日本做传教士期间所做的关于人体指纹终身不变方面的研究及大量实验结果，提倡将指纹用于识别罪犯。他认为“当血污的指印在泥土、杯子等东西上留下痕迹时，它们就能导致用科学方法来证明罪犯的身份”。并深信他发现的这种识别人身的方法，必将在全世界警察工作中引起一场革命。但由于当时各国警察机关已开始应用法国警察官阿方斯·伯蒂朗创立的人体测量法，指纹识别几乎被遗弃。

英国著名科学家弗朗西斯·高尔顿借用赫谢尔的发现，1891 年提出了

---

① 赵向欣：《中华指纹学》，群众出版社 1997 年版，第 6～20 页。

以个人识别为目的的《指纹分类法》——原始的高尔顿分类系统，将指纹分为拱、箕、旋涡（斗）三种典型。1892 年出版专著《指纹学》，提出了以“三角形”作为分类界限，之后，又进行了细目分类实验，1895 年，发表了《指纹分类细目》。1894 年，指纹作为人体测量法的补充在英国用于犯罪识别。

1888 年，阿根廷警官胡安·武塞蒂赫发表了《比较指纹学》的论文，论述了指纹鉴定法的实用价值，提出了指纹分类系统，创造了一套实用的指纹分类方法。1892 年，武塞蒂赫利用犯罪现场上的血手印成功破获了一桩谋杀亲子案，创造了手印破案的奇迹，并在利用十指指纹卡片分类存查的实验过程中，又创造了一天之内查证 23 名累犯的纪录。1896 年，阿根廷成为世界上第一个以指纹为依据鉴别身份的国家。此后，沃塞蒂希分类系统成为西班牙语言国家广泛应用的系统，巴西和智利 1903 年采用指纹法，玻利维亚 1906 年采用指纹法，秘鲁、巴拉圭和乌拉圭 1908 年也相继采用指纹法。从此，近代指纹鉴定风行世界警坛。目前，世界各国的法庭都认可指纹鉴定证据，并把它当作“证据之首”。

1891 年，英国人爱德华·理查德·亨利任印度孟加拉警察总监，1893 年得到高尔顿的指纹学著作后，开始从事指纹识别和分类实验，1897 年，其指纹鉴定法由全印总监会议通过，同年印度放弃人体测量法，采用亨利指纹法。随着此法在罪犯管理和案件侦破上的成功和论证，1899 年，印度修改了有关法律，承认指纹鉴定的证据作用。同时规定指纹亦可用于其他事务，包括军人、职员登记和借贷合同等。

1900 年，亨利系统正式被英国政府承认，因其是在高尔顿基础上制订的，定名为高尔顿—亨利指纹鉴定系统，该系统明确规定了指纹的三角洲外端点与中心点以及两点间的计线关系。1901 年该分类系统被英国苏格兰场正式采用。奥地利于 1901 年，埃及、瑞士于 1902 年，美国、丹麦于 1903 年，德国、挪威、俄国于 1906 年，荷兰、意大利于 1907 年，西班牙于 1909 年，比利时于 1911 年也相继采用了高尔顿—亨利分类系统，指纹鉴定法迅速在世界各国得到推广。直到 1974 年，美国运用计算机技术开发出指纹自动识别系统，以计算机指纹档案自动分析系统取代了长期以来指纹人工分析的工作，不但省时省力，亦增加档案数量。①

20 世纪初，指纹分类和鉴定技术正式传入我国。1909 年，上海英租界工部局设立指印间，高尔顿—亨利式指纹分析法被引入中国。以后，德、法租界相继实施指纹鉴定法，汉堡式指纹分析法、爱蒙培尔式指纹分析法随之

---

① 朱富美：《科学鉴定与刑事侦查》，中国民主法制出版社 2006 年版，第 310 页。

传入。1914年，孙中山先生在《批释加盖指纹之意义》一文中强调指出："欲防假伪，当以指模为证据。盖指模人人不同，终身不变，无论如何巧诈，终不能作伪也，此本党用指模之意见也。他日革命成功，全国人民，亦当以指模为识别，以防假伪，此至良之法也。"并主张国民党党员都要在登记表上按指印为证。1930年，南京中央大学教授刘紫菀设计了中华式指纹分析法。[①] 但是，由于当时我国处于半殖民半封建社会，各地警察机构采用的指纹分类法极不统一，更谈不上全国统一的指纹鉴定体系。

三、新中国指纹学的发展

新中国成立后，我国指纹工作者在对旧中国遗留的各种指纹分类法进行仔细研究的基础上，结合中国人指纹纹型出现的规律和特点，于1956年制定了全国统一的《十指指纹分析法》。随后，各地又陆续建立了单指指纹和掌纹鉴定系统，为各类案件的侦破和诉讼发挥了积极作用。1980年后，我国开始研究指纹的人工分析和计算机自动识别相结合的新的指纹分类识别法，使指纹的管理和运用向自动化方向迈进。2003年，公安部颁布了最新的《刑事犯罪信息管理代码　第36部分：指印分类和代码》（GA 240. 36 - 2003），将指纹分为弓型纹、箕型纹和斗型纹三大基本类型和弧形纹、帐形纹等十几种纹线形式。长期以来，指纹证据作为我国刑事诉讼证据之一，在侦办案件和诉讼活动中发挥着重要作用。

第二节　指纹证据的表现形式和证据属性

一、指纹证据的表现形式

关于指纹，不同版本的教科书对其所下定义各不相同，相关著作和文章对其的描述也不统一。尽管如此，我们仍可以从这些对指纹的描述中看出，无论是学界还是实务界，对指纹的理解基本有两种：一种认为指纹，是指人的指掌皮肤花纹，另一种认为指纹既包括人的指掌皮肤花纹，也包括人的指掌所留痕迹。为了在本章的论述中对指纹证据有一个统一的认识，在此对几个概念作统一的规定：所谓指纹，是指人的手指、手掌正面皮肤花纹的总称。在这些皮肤花纹中，乳突纹线是一种最主要也是最重要的皮肤花纹，除此之外，还有屈肌褶纹、皱纹、伤疤、脱皮等皮肤花纹。按照指纹在手指、手掌上所处的位置和表现形态不同，可将指纹分为指头纹、指节纹和手掌纹

---

① 赵向欣：《中华指纹学》，群众出版社1997年版，第408～409、563页。

三种。所谓指印，也称手印，是指手指、手掌正面皮肤接触不同客体时留下或形成的痕迹或印迹。按照这些痕迹遗留部位的不同，可将指印分为指头印、指节印和手掌印三种。由此可见，指纹与指印是有区别的，指纹指的是手指、手掌正面的皮肤花纹，指印指的是手指、手掌正面皮肤接触客体时留下的痕迹；指印是指纹的一种载体和反映形象，指纹是形成指印的基础并通过指印反映其花纹形态、面积、类型及特征等。

所谓指纹证据，顾名思义，就是由指纹产生的证据。纵观指纹证据在刑事诉讼活动中的运用情况，可知指纹证据一般有三种法定表现形式：第一种表现为痕迹物证，即在案件现场或与案件有关的场所或相关物件上发现并提取的指印检材，也称为原始指印。此时的指纹证据指的是原始指印（手印），属于物证的证据形式。① 第二种表现为原始指印的勘验记录，即以文字、照片、绘图等形式记录原始指印的寻找、发现、提取、包装、保管等采集和保全情况，此时的指纹证据是对原始指印发现和处理情况的记录，一般包含在勘验类记录之中，属于勘验记录的证据形式。第三种表现为鉴定意见（新《刑事刑诉法》将其称为鉴定意见），即对案件调查中所获得的原始指印与嫌疑人或被告人的样本指印进行同一认定而得出的判断，此时的指纹证据是鉴定人对指印是否同一问题作出的判断或意见，属于鉴定意见的证据形式。

在上述三种形式的指纹证据中，本篇主要讨论指纹鉴定意见的审查和采信问题。这是因为：一方面证据必须与案件事实具有相关性，与案件事实没有客观联系的任何事物不能成为证据。作为案件中原始痕迹物证的指印本身不能说明其与案件事实的关联性，只有通过相关的现场勘验记录和经指纹鉴定人员检验鉴定并产生鉴定意见后才能说明其与案件事实的关联性，从而证明案件的某种事实。也就是说，没有经过勘验记录和检验鉴定的原始指印没有证据资格。同时，在审查指纹鉴定证据时必须审查作为鉴定检材的原始指印，因此，本篇不再单独讨论原始指印的审查和采信问题，而将其相关内容并入指纹鉴定意见的审查和采信中；另一方面，按照本书对科学证据所下的定义，包括指印勘验记录在内的勘验记录类证据不属于科学证据的范畴，② 因此本篇也不单独讨论指印勘验记录的审查和采信问题。

---

① 虽然我国法律没有对物证给予明确的界定，相关的专著、教材和专题文章对物证的描述也不尽相同，但均认可痕迹属于物证的范畴。原始指印是一种痕迹，因此，指印属于物证，具有物证的证据属性。

② ［美］乔恩·R. 华尔兹：《刑事证据大全》，何家弘等译，中国人民公安人学出版社 2004 年版，第 460 ~ 582 页。

综上所述，笔者所指的指纹证据仅指指纹鉴定意见。

二、指纹鉴定意见的证据属性

指纹鉴定意见，是指鉴定人运用同一认定的科学原理和特征比对等技术手段对案件原始指印进行检验鉴定并作出的认定或否定的判断意见。其证据作用在于案件中所检验鉴定的原始指印与其他案件中的原始指印或嫌疑人或被告人的样本指印具有关联性——两个指印是（或不是）同一人所留，从而使某个特定的人与一定的案件事实产生肯定或否定的关联性。可见，指纹鉴定意见是从原始指印中派生出来的特殊言词证据，其证据属性可从以下几方面理解。

（一）指纹鉴定意见是一种证据，而非裁决

一方面，经合法程序形成的指纹鉴定意见与其他形式的证据一样具有同等的法律效力，都必须经过查证属实才能作为定案的根据，并不具有优先采信或必须采信的证据地位。[①] 从证据形式上看，指纹鉴定意见是在指纹特征比对的基础上运用判断力得出的判断，是一种意见证据，应将其置于与其他证据形式同等的地位。另一方面，虽然指纹鉴定专业性较强，其鉴定人与普通人相比具有专业知识上的优势地位，并因此使指纹鉴定意见具有较高的权威性。但是，这并不意味着指纹鉴定意见具有天生的证据效力。其证明力仍然要通过法官的审查判断才能获得。这是因为，首先，作出指纹鉴定意见的是鉴定人而不是案件事实的裁判者。其次，虽然指纹鉴定意见的得出具有科学性，但这种科学性就目前来说还不够完善和精准，人们对指纹鉴定科学性的认识还没有达到绝对真理的程度，对此我们将在本章第二节进行论述。也就是说，指纹鉴定意见具有相对科学性，但没有绝对权威性，不是必须采纳和采信的证据。其科学性只是赋予了其证据能力，而能否采纳和采信还应取决于一定的审查规则和采信标准。我们不能把“必须加以证明的东西（这是每一个案件中的法律要求）与证明所要依赖的证据混为一谈。在法律工作者的心中，必须将这两者区别得十分清楚”。[②] 因此，指纹鉴定意见的证明力并非无懈可击。再次，指纹鉴定意见只能说明案件事实的一部分内容——某人接触过与案件事实有关的客体，而这并不能说明就与案件事实有关，法官需要审查判断所有证据才能定案，而不能仅凭指纹鉴定意见定案。

---

① 江一山：《司法鉴定的证据属性与效能》，载《证据学论坛》（第1卷），中国检察出版社2000年版，第30页。

② ［英］J. W. 塞西耳·特纳：《肯尼刑法原理》，王国庆等译，华夏出版社1989年版，第494页。

最后，指纹鉴定意见是鉴定意见的一种，表达的是鉴定人的主观判断，因此就有可能由于各种主客观因素使该证据发生错误的可能性。就指纹鉴定意见而言，其在诉讼中的效力仅在于为法官认定案件事实提供了一个可资参照和借鉴的“意见”，至于这个“意见”所判断的事实是否就是案件的事实，需要法官根据全案的具体情况进行判定。也就是说，指纹鉴定意见对事实问题的分析和判断对法官并不具有必然的约束力，法官对事实的认定完全可以同指纹鉴定意见所认定的事实不一致。[①] 但在司法实践中，指纹鉴定意见一直被普遍认为是“证据之首”，几乎都被法官无条件采纳并采信，这实际上将指纹鉴定意见置于高于其他诉讼证据的位置，在理论上和实践中都是不适当的。

（二）指纹鉴定意见具有专业性、法律性、科学性和主观性四个基本特性

指纹鉴定，是指在诉讼过程中，由司法机关指派或聘请或当事人委托具有专门知识的人对涉及指纹这一专门性事实问题作出判断的一项专门工作。其专业性主要体现在两个方面，一是指专门的鉴定人，即指纹鉴定必须由司法机关指派或聘请或当事人委托具有专门知识的人进行；二是指专门的鉴定对象。指纹鉴定的对象是案件中作为痕迹物证的原始指印和嫌疑人或被告人的样本指印。其法律性也体现在两个方面：一是其符合法律规定的证据形式；二是在诉讼活动中，对原始指印和嫌疑人样本指印获取的全过程必须符合有关法律的规定。其科学性是指：第一，对案件中原始指印的发现、提取、检验及鉴定都离不开一定的科学技术手段，即指纹鉴定意见的获得对科学技术具有较强的依赖性；第二，指纹鉴定所依据的科学原理和特殊的规范性经验已得到世界上大多数国家的认可，在司法实践中也一直发挥着重要的作用；第三，指纹证据是公认的科学证据之一。[②] 其主观性是指：虽然指纹鉴定活动本身是根据科学原理或者特殊技能来进行同一认定的，但鉴定中的观察、解释、评断却均是人的主观活动，指纹鉴定意见作为证据使用，可以说是意见证据规则的一个例外。[③] 鉴定是对科学知识的运用，鉴定意见必然

---

① 汪建成：《司法鉴定基础理论研究》，载《法学家》2009 年第 4 期。

② 在国外，比较早的对科学证据进行系统研究的是美国的豪森斯、英博和斯塔斯，他们在 1986 年所著的《刑事案件中的科学证据》一书中，介绍了科学证据的十三个主要领域中包括指纹鉴定；美国著名证据法学家乔恩·R. 华尔兹在其著作《刑事证据大全》一书中，对科学证据的论述也包括指纹在内；国内学者对科学证据也有不同的表述甚至争论，但绝大多数学者都认同指纹证据是科学证据之一。

③ 意见证据规则是一般情况下针对言词证据的排除规则，即在言词证据中能够作为证据使用的只能是证据提供者对有关事实的客观陈述而不能是分析、判断和推理。

包含了鉴定人的主观判断。如果鉴定人自身或其利益牵涉于案件之中，人性的弱点就会使他难以客观地进行事实的鉴别和断定。①

（三）指纹鉴定意见的证据能力和证明力受到一定条件的限制

证据能力，是指纹鉴定意见能够在法庭上当作证据使用所必须具备的条件；证明力，则是指纹鉴定意见对于证明对象所具有的证明作用。本章中，指纹鉴定意见的证据能力由相应的审查规则对其作出规制，其证明力则根据相应的采信标准加以认定。

1. 指纹鉴定意见的证据能力

指纹鉴定意见须具备以下几个条件，才具有证据能力：（1）鉴定机构和鉴定人必须具有鉴定资格，且鉴定活动只针对指纹的同一认定问题作出回答。（2）鉴定人应当中立。指纹鉴定意见是一种意见证据，如果鉴定人不处于中立的位置，就有可能在进行判断并作出鉴定意见的过程中受到各种外界因素的干扰，从而有可能影响指纹鉴定意见的客观真实性。（3）鉴定过程正当。包括：原始指印来源合法、② 鉴定手段正当③和鉴定程序正当等。

2. 指纹鉴定意见的证明力

证据的证明力属于事实认定的范围，法律一般不作规定，而交由法官或陪审员依自由心证原则加以判断。由于指纹鉴定意见的科学性、客观性在现阶段具有相对性、局限性，④ 因此，其作为证据的证明力也是有限的。即对指纹鉴定意见的证明力既不能无条件认可又不能一概否认，确定指纹鉴定意见的证明力决定了办案人对案件事实的审查所能到达的地步。

对于指纹鉴定意见来说，以下几个因素可能会影响其作为证据的证明力。一是鉴定人知识水平高低、从事指纹鉴定的经历和年限等影响指纹鉴定意见证明力的重要因素。在同样的鉴定人准入资格条件下，从事指纹鉴定20 年的鉴定人显然比从事此项工作 5 年的鉴定人所作的鉴定意见结论具有更高的证明力。二是符合点特征的数量和质量的具体情况，一般来说，在具

---

① 汪建成：《司法鉴定基础理论研究》，载《法学家》2009 年第 4 期。

② 长期以来，我国司法实践对非法证据特别是物证、书证一直采取比较迁就的态度。最高人民法院的司法解释认为，物证、书证由于其具有不可替代性，即使是一些非法手段得来的也不予排除，而只排除那些以刑讯逼供或其他非法手段获得的言词证据。按照这个解释，在一些特殊情况下，用非法手段取得的以原始指印为基础的鉴定意见在我国自然也就具有证据能力。

③ 如果鉴定人在鉴定中不择手段，违反指纹鉴定起码的职业道德如标示假特征、鉴定人虚假签名等，不论其结论是否正确，都应当排除其鉴定意见作为证据的资格。鉴定手段正当在各国法律中很少有明确规定，但在审查规则中应有所体现。

④ 对该问题的相关论述请看本节第三个问题和本章第二节、第三节的相关内容。

有较多数量和较高质量符合点特征的情况下，其鉴定意见的证明力也较高。三是指纹鉴定所使用的仪器设备的先进程度。如当前我国普遍使用的计算机自动识别系统和人工比对相结合的指纹鉴定手段，比以前单一的人工比对识别所得到的鉴定意见具有更高的证明力。因为先进的计算机自动识别技术能够保障被鉴定指纹和样本指纹在最大范围内进行特征匹配，最大限度保证指纹样本的可靠性，使指纹鉴定意见具有较高的真实性和不可重复性，其证明力自然也高。四是同案中其他证据对指纹鉴定意见的补强作用也是认定指纹鉴定意见的证明力的重要标准。具体案件中，法官应根据个案的具体情况，将指纹鉴定意见与其他所有证据放在一起综合考虑才能确定指纹鉴定意见的证明力。事实上，在这方面由于自由心证原则的存在，法律很难就指纹鉴定意见证明力的确定制定任何完全确定的标准。但是，指纹鉴定意见毕竟在其科学性、客观性及主观性等方面具有自身独特的特点，而裁判者作为普通人的知识与经验，相对而言必然有一定的局限性。因此，为防止裁判者在有关专门问题上的恣意擅断，作为自由心证原则的补充，各国往往“通过一些例外规则限制对其证明力的任意裁量或心证的滥用”。[①]《俄罗斯联邦刑事诉讼法典》第80条规定：“鉴定人的意见对于调查人员、侦查员、检察长和法院，不是必须采信的，但是他们必须说明不同意鉴定意见的理由。”这一规定意味着，法官在不能提出拒绝理由的情况下必须承认该证据的证明力。上述规定是各国根据其对鉴定意见的理解，并结合本国具体情况作出的。这些规定同样适用于指纹鉴定，它可使指纹鉴定意见的证明力与法官权力之间形成一定程度上的制约，实现本国诉讼追求的目的。[②]

在我国刑事诉讼实践中，不管是司法人员还是当事人往往对指纹鉴定意见持有几乎是绝对相信的心态。在这种过度信赖的心态下，认为只要有指纹鉴定意见，那么其所证明的事实就“铁证如山”，甚至在一些案件中仅凭唯一的指纹鉴定意见就认定被告人有罪。如有调查报告显示，在2004年广东省某区人民检察院办理的案件中，有11起是除了指纹鉴定证据以外没有其他证据证明其犯罪的案件。这些案件中犯罪嫌疑人拒不承认侦查机关追诉的任何犯罪事实，其中有9起案件被批准逮捕，有5起案件被检察院提起公诉，另外4起被公安机关撤销案件或检察院作不起诉处理。提起公诉的5起案件在审查起诉阶段犯罪嫌疑人承认了犯罪事实，最后法院对这5起案件也

---

① 汪建成：《司法鉴定基础理论研究》，载《法学家》2009年第4期。

② 汪建成：《司法鉴定基础理论研究》，载《法学家》2009年第4期。

都作出了有罪判决。① 这种对待指纹鉴定意见的依赖和矛盾心态正是我国指纹证据运用现状的集中体现。

第三节　指纹证据的科学性和可靠性

一、指纹鉴定的理论依据

指纹鉴定，是指司法鉴定人在诉讼中运用自己的专业知识和技能，对案件中的原始指印和嫌疑人或被告人样本指印进行检验，以确定原始指印与嫌疑人指印是否同一，原始指印与作案行为是否有关的一种技术手段和司法鉴定工作。经过指纹鉴定而得出的鉴定意见是诉讼证据之一，指纹鉴定的主要任务是解决人身同一认定问题。

（一）指纹终身基本不变（稳定性）和人各不同（特定性）

1. 终身基本不变

指纹终身基本不变，是指每个人的指纹从生到死具有相对稳定性。其含义主要包括以下三个方面。

一是遗传学告诉我们，胎儿 6 个月时就形成了完整的指纹，经出生、成长、死亡直至真皮乳突层腐烂。在这段时间里，除非人的生理发生病变或受到各种人为、自然因素的影响，指纹在其基本类型、具体形态及细节特征的分布、数量、形状、位置和相互间的关系等方面基本不变，只在指纹面积、纹线粗细及局部形态等方面发生变化。

英国指纹学家威廉·赫射尔（William J. Herschel）被认为是第一个认识到指纹具有人身识别价值的欧洲人，从 1859 年开始，他在不同的时间段对自身和他人的指纹进行捺取并进行比较，以研究指纹的稳定性。他对同一人前后两次捺取指纹的时间间隔有 29 年、30 年甚至 54 年，结果发现指纹具有终身基本不变的特性。德国人类学家威尔克（Welker）也曾于 1856 年和 1897 年两次捺取自己的掌纹进行比较，同样也证实了指纹具有终身基本稳定的特点。

二是指纹具有极强的再生复原性或难以毁灭性。苏格兰医学传教士亨利·福尔兹通过一项实验发现了指纹的难以毁灭性。他在捺取了被试验者的指纹后，使用小刀、砂纸及酸溶液等手段去除他们手指上的乳突纹线，等被试验者手指乳突纹线重新出现时再捺取其指纹并与第一次捺取的指纹进行比

① 张文娟：《审查逮捕阶段单独指纹证据应用情况的调查报告》，载《中国刑事法杂志》2005 年第 5 期。

较，结果发现前后两次捺取的乳突纹线在总体和细节形态等方面都没有发生变化。现代医学也证明：只要不伤及真皮，不毁坏真皮乳头和表皮细胞组织，即使外伤致表皮大面积剥脱，手掌面也能逐渐恢复原来的花纹结构形态以及全部细节特征。

三是生活和办案实践中没有发现指纹随时间和年龄变化而发生改变的实例。如无数案例可以证明，人的相貌随年龄增长会发生很大变化，甚至判若两人，但其指纹特征依然如故，没有变化。近百年来，各国在侦查、审判中也从未发现由于时间、年龄变化使指纹完全改变的实例。

2. 人各不同

指纹人各不同，是指每个人的指纹只与其自身同一，而与其他任何人的指纹相区别。

第一，辩证唯物主义认为：世界上的万事万物都是千差万别、各不相同的，作为客观事物存在的每个人的指纹，也同样具有各不相同的特殊性。

第二，遗传学认为：人各不同是指纹与生俱来的特殊性，这种特殊性是由每个人不同的遗传密码决定的。生物的遗传物质是核酸。人体中的核酸量约可组成30亿个核苷酸碱基对，碱基对在细胞中呈双螺旋形态组合长链，简称为核苷酸长链或DNA长链，遗传密码就是核苷酸碱基对具体的排列组合。当若干个相连的遗传密码组合成一个基因时，就具有了遗传功能。由于核苷酸碱基对排列组合的极端复杂性，使每一个遗传基因都表现出不同的遗传性状特征。在受精卵内，父母双方的遗传基因要重新排列组合，重组后的DNA与父母原来的DNA部分相同、部分不同。在胚胎成长和后天发育过程中，指纹受重组后的DNA结构基因和调节基因的控制，形成指纹在亲子两代和各子代之间的差别。多数学者认为，指纹遗传受多基因控制，由于指纹遗传基因排列组合数字大得惊人，人各不同成为指纹遗传变异的必然结果。

第三，1910年，法国巴黎大学教授勃太柴氏用数学方法证明指纹具有人各不同的特点。他将指纹的细节特征分为起点、终点、分歧和结合四种，每一枚指纹按100个细节特征计算，其排列组合数是 $4^{100}=1.6\times10^{60}$，按一个世纪生存50亿人，每人10指计算，即有500亿枚指纹（5×10^{10}），将500亿除以上述细节特征组合数，得出一个50位数长的数字，即（1.6×10^{60}）/（5×10^{10}）$=3.2\times10^{49}$，也就是指纹重复出现的概率是50位数的世纪。

英国优生学鼻祖弗朗西斯·高尔顿经过对指纹数十年的研究，利用数理统计模型统计出两个人拥有相同指纹的概率是640亿分之一。这意味着无论是按照当时还是现在的世界总人数，要找到拥有相同指纹的两个人几乎是不可能的。

第四，司法实践中，从指纹鉴定法被正式采用至今，世界上积累的指纹卡片数量惊人，但在查询、比对及鉴定中从未发现两个完全相同的指纹。相反，两个人在体态和相貌上可以长得很像，但其指纹却相差甚远。如1903年美国堪萨斯州 Levenworth 监狱的 Will west 和 William west 两名案犯，依据相貌结合的贝蒂隆人身测量法确实难以将他俩区分开来，但他们的指纹却完全不同。

上述可见，对指纹终身基本不变特性的证明基本充分，但指纹人各不同的证明至今仍不够充分和精确。尽管如此，指纹终身基本不变的稳定性和人各不同的特定性，仍然是当今运用指纹进行人身鉴别的重要理论依据。

（二）触物留痕（反映性）

从指掌皮肤结构上看，表皮指纹主要由乳突花纹组成，在凸起的乳突纹线（以下简称乳突线）上分布着许多排列各异的汗孔，从汗孔中不断分泌的汗液不仅具有滋润皮肤、调节人体温度等重要生理功能，而且对指印的遗留具有重要的意义。当手接触物体时，沉积在乳突线上的汗液或其他黏附物（如灰尘、油脂、血液等）就会因静电作用而脱落到物体表面，从而反映出手接触部位的乳突花纹结构形象——指印。因此，只要手部皮肤的新陈代谢没有问题，汗液就会源源不断地从汗孔中分泌出来并布满整个手掌面，当手指、手掌与物体接触时就一定会在其表面留下指印。

指纹触物留痕的反映性为我们采用各种物理、化学、光学等技术手段与方法，发现提取指印并对其进行人身鉴别提供了客观的物质基础和现实可能。

（三）认定人身（直接性）

认定人身，是指若发现两枚指印有相当数量的特征点在其数量、形态、相互关系等方面都匹配（即为符合点）时，即可认定这两枚指印是同一人同一手的同一个部位所留。认定人身的基础是因为指纹具有人各不同、终身基本不变和触物留痕的特性。在司法实践中，如果能认定原始指印是某人所留，就可以直接证明这个人到过案件现场或接触过与案件相关的有关物品，从而成为揭露作案和证实作案的重要证据。指纹鉴定意见也因此享有“证据之首”的美誉。

（四）排列有序（规律性）

各国指纹管理人员在数以亿计的指纹管理工作中发现，绝大多数人指纹（主要指乳突花纹）的排列方式是有规律的，而不是杂乱无章的。在一定区域内，一定数量的乳突纹线虽然长短不一，但流向基本相同，并按照一定的顺序，彼此有规律地组合成一定的图形，构成弓、箕、斗等不同的纹型并表现出千姿百态的花纹形态。这种排列有序的规律性为我们进行指纹花纹的分类、编码、存储和查对奠定了良好的基础。

二、对指纹鉴定科学性和可靠性的认识

指纹鉴定或指纹识别是以手指、手掌表面的乳突线细节特征为主要依据识别个人的科学技术。自1896年阿根廷警方首次将指纹作为人身识别的依据后，世界各国也陆续承认了指纹证据的合法地位，其科学性得到世界各国执法机构的普遍认可。100多年来，指纹都是进行人身识别的重要依据，指纹鉴定意见的科学性和可靠性几乎从未受到质疑，其“证据之首”的地位被世界各国司法界普遍认可。在不计其数的案件特别是刑事案件中，指纹鉴定意见对于认定犯罪嫌疑人有罪与否具有重要甚至是决定性作用。很多指纹鉴定成功运用的案例也令人心悦诚服。因此，世界各国的指纹鉴定人员都将主要精力用于案件原始指印的发现提取并将其与嫌疑人或被告人的样本指印进行比对，且其认定结果几乎都被法官不加审查地无条件采信。

然而，从20世纪90年代以来，随着科学证据的提出，一些国家如美国的法庭科学组织里的主流声音开始怀疑指纹鉴定的科学基础，特别是一些因指纹鉴定错误而产生的冤假错案的出现，使人们发现指纹鉴定可能不像长期以来人们想象得那么可靠。其“证据之首”的地位逐渐受到越来越严格的审视，甚至出现被法庭拒绝接受为证据的情况。

（一）美国对指纹证据的审查和采信

对于指纹证据的审查和采信，美国多数法院基本遵循1923年的弗赖伊（Frye）判例规则或“普遍接受”规则，即一个科学原理或科学发现只有得到该领域内专家的普遍认可，这个原理或发现才能够被法庭采纳，也称为“在该技术领域中被普遍认可”规则。[①] 有少数几个没有采用该规则的州是用联邦证据规则第702条作为替代。[②] 根据Frye判例规则，被告人一方很难对指纹鉴定证据进行有力挑战。因为指纹鉴定证据一直以来都被包括司法界在内的社会各界“普遍接受”，法庭几乎没有理由对其不予采信。

然而，世界各国因指纹鉴定相继发生的错案使指纹证据在美国不断受到质疑，指纹鉴定意见的科学性和可靠性开始受到挑战。

一是1991年发生在美国宾夕法尼亚州的United States v. Mitchell案，嫌

---

① 罗亚平、柳佳：《指纹证据地位在美国面临的挑战——多伯特审听》，载《中国人民公安大学学报》2003年第3期。

② 1975年生效的美国联邦证据规则第702条规定：“如果科学、技术或其他专业知识将有助于事实审判者理解证据或裁决争议事实，则凭其知识、技能、经验、训练或教育而够格为专家的证人，可以以意见或其他方式作证。”

疑人 Mitchell 因留在犯罪现场的指纹证据而被定罪。但是，当同样的指纹检材被送到多家指纹鉴定机构鉴定后，在总共 34 位鉴定专家作出的鉴定中，有 9 位鉴定人员没有作出认定结论，失败率高达 26%。[①] 二是 1997 年发生在苏格兰的罗斯案。51 岁的老处女马里恩·罗斯在浴室遇刺身亡，当时正在罗斯家工作的戴维·阿斯伯里被列为犯罪嫌疑人，女警官雪莉·麦凯在对阿斯伯里家进行调查时发现了一个装有 1800 英镑的罐子。苏格兰犯罪记录办公室 4 位专家的鉴定表明，罐子上有罗斯的指纹，而案发现场的门框上却留有麦凯的指纹，麦凯因此被指控作了伪证，麦凯却声称从未去过现场。那么，这是怎么回事，难道指纹证据也会出错？麦凯身边的朋友，包括她从警 30 年的父亲都觉得她不可理喻。麦凯却执著地请来了美国指纹专家帕特·沃特海姆。经沃特海姆及其他一些美国专家鉴定，认为案发现场的指印不是麦凯所留，麦凯成为苏格兰第一位在法庭上成功挑战指纹鉴定技术的人，司法部长吉姆·华莱士在苏格兰国会当众向麦凯道歉。而事情到此并未结束，经沃特海姆鉴定，阿斯伯里家罐子上的指纹并不是罗斯的。2000 年 8 月，苏格兰犯罪记录办公室的 4 位专家被停职，阿斯伯里在监狱蒙冤 3 年多后被释放。三是 2004 年发生在西班牙马德里的火车爆炸案。美国俄勒冈州波特兰市的一名律师布兰顿·梅菲尔德被怀疑是这场爆炸案的嫌犯，因为美国联邦调查局的调查人员将在现场发现的指印和梅菲尔德的指印“匹配成功”，而且当时还有一名中立检查者对这一指纹匹配结果进行了校验。但西班牙警方却坚持认为原始指印不是梅菲尔德的，并最终由指纹确定了另外一个嫌疑人。事后，美国联邦调查局承认了自己的失误，梅菲尔德被无罪释放。对这些因指纹认定错误而发生的错案，美国犯罪学者西蒙·科勒认为：这些广受瞩目的案例不过是众多错案中的冰山一角。其他一些研究曾显示，比对指纹的出错率为 0.8%，照此计算，2002 年，由美国各个犯罪研究室经手处理的全部案件中，可能存在高达 1900 例的指纹鉴定错误。[②]

这些指纹鉴定错案的相继发生，使美国一些地方法院和巡回法院对是否采信指纹证据出现了不同的裁定，甚至对同一个案件，地方法院和巡回法院在是否采信指纹证据上，意见也不统一，给案件审判造成很大的混乱。[③]

---

① 宋远升：《论指纹鉴定证据的法律冲突与抉择》，载《中国司法鉴定》2009 年第 6 期。

② 宋远升：《论指纹鉴定证据的法律冲突与抉择》，载《中国司法鉴定》2009 年第 6 期。

③ 李昌博、张渝玲：《判断“科学证据”的科学性标准——中美有关证据制度的比较研究》，载《河南司法警官职业学院学报》2004 年第 2 期。

1993年，在一起民事案件多伯特（Daubert）案中，最高法院认为，根据《联邦证据规则》，原告的专家证据缺乏科学性，没有得到科学协会的普遍接受，因而不具有可采性。并作出了著名的Daubert裁决：在是否采信新的科学证据方面，由联邦证据规则取代弗赖伊（Frye）“普遍认可”规则。最高法院认为，联邦证据规则第702条的“科学知识”，是指依据科学方法产生的推论或主张，这与“普遍认可”规则相互矛盾。因此，法庭裁定：（1）法官必须审查科学证据，以确保科学证据与案件的相关性以及可靠性；（2）审查的重点必须放在对科学证据运用的科学原理和方法上，而不是得出来的结论；（3）法庭还应当考虑下列因素：检测及证明正确、同行评价、错误率及“普遍认可”。Daubert裁决之后，法官虽然对科学证据的“专家证言”承担实质性审查义务，但对“技术或者其他专业知识”却没有此义务，于是指纹鉴定证据往往被控方列入“技术或者其他专业知识”，以规避法官的审查。直到1999年，在库赫·泰尔公司诉卡麦克海尔（Kumho Tire v. Carmichael）一案中，法庭规定Daubert规则（标准）适用于包括专家、技术或者其他专业知识在内的所有专家证言，如今这一标准已被美国绝大多数法院所接受。与此同时，各级法院开始利用Daubert标准重新评估其他长期被使用的法庭鉴定技术，指纹鉴定技术位列其中。

从此之后，指纹鉴定证据在法庭上没有了特权。作为证据，它必须接受法官的审查并形成内心确认。具体案件中，举证方被要求重新刻画指纹鉴定证据具有“技术”或“专门知识”的属性，而不能仅仅声称它有科学性。举证方要么通过Daubert标准，要么选择其他标准证明指纹鉴定证据的可靠性。

1999年，时任美国宾夕法尼亚州费城公共辩护者协会联邦公共辩护助理的罗伯特·爱泼斯坦首次在法庭上指责指纹鉴定技术的不确定性，虽然遭到拒绝，但后来有许多辩护律师都采纳了他的观点。在美国诉利若·普拉兹案件中，爱泼斯坦作为被告的辩护律师，他再次坚持认为，指纹鉴定意见的认定应当符合Daubert标准。即法官必须在采纳专家证词之前断定其可靠性，某个专家不能就某种法医技术的科学性、可靠与否作肯定性证明，除非它的精确性经过测试，其误证率为人们所知。负责本案的是宾夕法尼亚州东区联邦地方法院的路易斯·波拉克法官，他受理了爱泼斯坦提出的上诉。经过认真分析和调查，波拉克法官于2002年1月7日作出了一项轰动性的裁决：指纹鉴定不科学，该案检察官所呈送法庭的指纹证据不予采纳。波拉克法官在一份长达47页的判决中认为：指纹鉴定人员不能“提供特定指纹与被告人捺印的指纹相匹配……的专家证据”，换句话说，指纹鉴定人员可以指出在两枚指纹之间“发现了几个符合点（差异点）”，但不允许鉴定人员依据这些符合点宣称两者相匹配。因为“在指纹鉴定的可靠性研究测试方面，政府几乎没有什么成就”。对于指纹证据的科学性，他明确反对“在证明提供的专家证据本质上具有科学性时，‘对抗性’测试过程可以替代科学性测试”……“在缺乏科学性测试的情况下，应当给指纹从业人员建立出错率”；对于Daubert标准中的“控制标准”，波拉克法官评说道，由于指纹鉴定人员的专家证据具有“如此高的主观性，要知道指纹鉴定——用潜在指纹与某人的指纹进行比对——是如何被一套可描述的、绝大多数鉴定人赞同的标准所控制是非常困难的”；对于同行评价和“普遍认可”，由于现有文献中，“指纹鉴定领域内同行的有价值的评论非常罕见”……“没有建立起指纹鉴定的可靠性”。所以，“指纹鉴定人员普遍接受指纹鉴定的可靠性这一仅有的事实并不能自然地支持在《联邦证据规则》第702条的约束下，政府应当承担证明专家证据具有可采性的责任。”

该判决是美国司法判决中对指纹鉴定提出异议的首例判决。判决一公布，很快引起了各国司法界的广泛关注。2002年1月8日，美国费城《法律情报员报》报道说，作出“指纹鉴定不科学”裁决的法官路易斯·波拉克，声名显赫，知识渊博，曾先后担任宾夕法尼亚大学法学院和耶鲁大学法学院院长，并曾一再应邀担任上诉法院法官。因此，美国一些法学教授和专家称他的判决“非常有道理”，一些法律专家认为，波拉克上述字斟句酌的判决将会使其他法官很难在今后的判决中无视这个问题，可能会使指纹鉴定这一法庭科学的基石出现动摇。如加州地区律师协会执行主任劳伦斯·布朗说：一名联邦法官仅仅一次判决并不意味着指纹鉴定术的死亡。但如果波拉克法官的判决成为判决的标准，那么，这将使检察官今后的工作变得更为困难。事实证明，波拉克法官的判决使指纹鉴定意见作为证据使用时遇到了两个主要问题。一个是对指纹证据的挑战不断增多，尤其是在表明某个被告有罪的其他证据软弱无力或者缺失的案件中；二是如果指纹失去其科学地位，其他如笔迹鉴定、枪弹痕迹鉴定等一些长期使用的传统法庭证据也可能会失去其科学地位。甚至使目前处于证据“金本位”的DNA证据也可能面临挑战。好在DNA鉴定意见已经被认为是统计概率，而不是确定的事实。法庭采信DNA证据的理由正是基于承认DNA测试可能出错，而不是认为DNA测试绝对可靠。

（二）Daubert标准对指纹鉴定证据的质疑

在Daubert案件中，美国最高法院提出了判断专家证据可采性的5条标准——Daubert（多伯特）标准：（1）这些理论和技术……是否能够被（或者已经被）证明；（2）通常情况下，这种技术应当有已知的或可能的出错率；（3）具有控制这项技术操作的标准；（4）“普遍地接受”在质询时有其作用；[①]（5）这一理论或技术是否接受过同行评论并发表过。[②]

对照这 5 条标准，指纹鉴定证据遭到质疑的主要内容包括以下几点。

1. 指纹鉴定的方法或技术没有得到可靠的证实，认定两个指纹同一的条件因人而异，主观和经验色彩较浓

第一，指纹鉴定理论缺乏基本的可靠性研究。实验验证是科学理论的根本标准，而长期以来，指纹鉴定的科学性缺乏可靠的科学实验验证。司法实践中，鉴定人员往往是通过对现场提取的残缺的、具有不同变形程度的指纹进行检验，找出一定数量的细节特征点并与嫌疑样本指纹相比对，如果符合点特征达到一定的数量，差异点特征得到合理解释，则作出认定结论，否则作否定结论。这个鉴定过程得到的鉴定意见被几乎所有鉴定人认为是可靠的。但通过两位英格兰学者关于评估 16 个特征能否作为认定标准的研究，这种鉴定方法的可靠性显得不能让人信服。作为研究的一部分，这两位研究人员找出了 10 对指纹和捺印样本照片，分别送到英格兰和威尔士指纹局，要求按以下条件完成实验：（1）具有 10 年或 10 年以上鉴定经验的专家各自独立地进行检验；（2）对每例鉴定作出认定或否定结论；（3）如果认定，能够发现多少个符合点。结果显示，在 10 个指纹鉴定中，有 9 个是苏格兰场的专家已经鉴定过的案例，其中 6 个完全可以认定，3 个可认可否，第 10 个鉴定中的两枚指纹分别来自两个不同手指的印痕。当这两位研究人员对收到的 130 份调查答卷进行统计后，发现结果差异很大。比如，对于能否作出认定结论，其中一例有 44% 的鉴定人员认为可以作出认定结论，56% 的人认为不能作出认定结论；对于特征符合点的标示，在一例鉴定中标出的符合点从 10 个到 40 个不等，在另一例鉴定中其符合点的数量从 14 个到 56 个不等。因此，研究人员认为："鉴定意见的巨大差异，说明特征点的确定受很大的主观因素影响"，"专家们的个人判断有很大的差距"。实验表明，指纹分析和鉴定不像大多数人想象得那么可靠。数据显示，专家可能对同一份鉴定得出完全不同的结论。更确切地说，至少当他们不知道以前执法机构的鉴

---

① 美国最高法院认为，"在判断某一证据是否具有可采性时，广泛地接受是一个重要的因素"。因为"一个在协会内只有少数人支持的已知技术'可能被以怀疑的态度看待'"。而例外的情况是："对相关科学协会出具的明确的鉴定意见和一个在该协会中有相当程度接受的明确的决定，可靠性评估就不需要了，尽管这种评估是允许的。"

② 美国最高法院认为，"提交科学协会进行详细审查是一个好的科学的组成部分，部分原因是它能增加发现其技术方法上存在真正缺陷的可能性"。因此，在行业性评论刊物上是否发表过，是评估专家证据所依据的特定技术和方法是否科学有效的一个重要因素，尽管不是决定性因素。

定意见时是这样。①

第二，前述可知，人各不同是指纹鉴定的基本前提。但从理论上讲，这种仅停留在前人粗略的数学计算和有限经验积累之上的认识虽已深深根植于我们的大众文化之中，但却从来没有得到足够的实验验证。即指纹人各不同的特性至今没有被科学证明。另外，从逻辑上讲，指纹人各不同这一前提并不能证明指纹鉴定证据具有可靠性。然而，多年来，指纹鉴定人员正是运用这一前提来证明指纹鉴定意见具有可靠性。这一点与相对较新的 DNA 分析技术形成鲜明对比。在 DNA 技术中，人们在科学实验的基础上算出了相符合的概率。②

第三，指纹鉴定同一的结论只是一种意见，而不是建立在科学研究基础上的结论。因为科学的结论应当建立在科学计算的基础上，以显示两枚不同指纹无差别地相同的概率是如此之小，以至于逐渐接近零……即指纹鉴定的科学结论必须以经过检验的概率模型为基础，而这些在指纹鉴定领域是不存在的。③

美国司法部承认：在指纹鉴定领域，对其正确性研究从来没有进行过。2000 年 3 月，美国司法协会对“法庭乳突纹线（指纹）检验可靠性”进行了一项研究，其目的是为了避免法庭按照 Daubert 标准审查指纹鉴定专家证据。该研究报告认为指纹鉴定领域需要进行两个基本实验：第一个实验是“依据特征测量法、量化法和统计分析法所得出的乳突纹线特定性是是否科学有效的基础研究”。在这一点上，司法部承认，“对指纹具有特定性的理论基础只作过一些有限的研究，需要做进一步的工作来证明指纹鉴定的统计基础”。第二个实验是指纹比对中需要建立“标准”程序，这些“程序必须从统计学方面得到证实，以保证按照规定的程序操作，可以使鉴定人员得出可以接受出错率的正确结论”。可是，由于这些试验“还没有做”。因此，指纹鉴定失去了基本的科学标准，延伸一步，按照 Daubert 标准，指纹鉴定失去了证据的可采性。④

为此，司法部进行了一些以验证指纹证据可靠性为目的的实验，其中一

---

① ［美］罗伯特·爱泼斯坦：《揭开指纹科学之谜——指纹鉴定与多伯特标准》，胡卫平译，载《中国刑事法杂志》2003 年第 2 期。

② ［美］罗伯特·爱泼斯坦：《揭开指纹科学之谜——指纹鉴定与多伯特标准》，胡卫平译，载《中国刑事法杂志》2003 年第 2 期。

③ ［美］罗伯特·爱泼斯坦：《揭开指纹科学之谜——指纹鉴定与多伯特标准》，胡卫平译，载《中国刑事法杂志》2003 年第 2 期。

④ ［美］罗伯特·爱泼斯坦：《揭开指纹科学之谜——指纹鉴定与多伯特标准》，胡卫平译，载《中国刑事法杂志》2003 年第 2 期。

项实验是在没有告知认定结论的情况下，分别由53个鉴定机构选择“有资格”的专家对两枚有争议的指纹进行鉴定，其结果却“令人瞠目”。在34个作出结论的鉴定机构中，有9个（27%）出具的是否定结论。和上面介绍的两位英格兰学者的研究一样，此项实验进一步证实了指纹鉴定的主观性和不可靠性。另一个实验是通过联邦调查局的指纹自动鉴别系统（AFIS）确定两枚指纹“认定同一”的可能性。结果是，当AFIS用一枚指纹与其自身比对时，会产生一个非常高的分值；当不同的指纹进行比对时，会产生一个非常低的分值；某些情况下，同一枚手指的两枚不同指印比对时也会产生非常低的分值，甚至低于不同指纹比对时产生的分值。因为AFIS认为，有些不同手指的指纹比同一手指的不同指纹具有更大的相似性。[①] 实验结论是：“不匹配的指纹进行比对时，相符合的概率是1/1097……细节特征的数量很少时（≤4），某一指纹的局部细节特征与特定指纹被认定同一的概率小于1/1027……如果特征数量很多，被认定同一的概率会降到不足1/1097。”由此专家承认，即使是用同一个手指捺印两枚指印，也可能因为在捺印过程中产生的各种变形而不能认定同一。与此相应，如果两个人的指纹具有相同图案，用AFIS比对时，产生的分值也可能远低于一枚指纹与自身相比时的分值。[②] 由于这些概率都是从最低分值中计算出来的，而这些分值是AFIS在用指纹和自身比对时产生的。因此，爱泼斯坦认为，AFIS通过指纹与自身比对的方法所建立起来的“同一”只具有将指纹与自身相对比的含义，不适用于同一手指的两枚指印比对，在指纹的同一认定方面没有说明任何问题。换句话说，在指纹鉴定所进行的“同一认定”中，AFIS显得毫无意义。

2. 指纹鉴定的出错率至今未知，指纹认定的依据是基于一种概率统计和主观判断，但其出错率至今未知并被不正确地解读

长期以来，几乎所有的指纹鉴定人员都认为他们在对比指纹方面的出错率是零，但这个结论一直没有得到有力的证据支持。这方面存在的问题是：一方面，由于缺乏实验验证，所以指纹鉴定没有一个确定的出错率；另一方面，指纹鉴定人员确实作出过错误的鉴定，上述指纹错案就是例证。而且，不可否认，“收集错误的鉴定案例非常困难，因为这些案例几乎从不向公众

① ［美］罗伯特·爱泼斯坦：《揭开指纹科学之谜——指纹鉴定与多伯特标准》，胡卫平译，载《中国刑事法杂志》2003年第2期。

② ［美］罗伯特·爱泼斯坦：《揭开指纹科学之谜——指纹鉴定与多伯特标准》，胡卫平译，载《中国刑事法杂志》2003年第2期。

报道，相关的组织和机构也不愿意公开讨论”。[①] 另外，一些法院认为：“辩方从没有提供出错率的证据，甚至没有提供任何出错的证据。”然而，爱泼斯坦认为，专家意见的可靠性应当由专家证据的支持者来承担证明责任。即控方应当承担证明出错率低的责任，而不应当由辩方提供出错率高的证据。

为了搞清指纹鉴定的出错率，美国联邦调查局曾将一起案件中的两份指纹分送全美35家鉴定机构，结果有8家不能认定其中一枚指纹，另有6家不能认定另一枚，平均失败率为20%。1995年，由国际鉴定协会授权进行了一次熟练程度测试，内容是对7枚原始指印和4名嫌疑人指纹及其他一些指纹卡片进行比对鉴定。在156名参与鉴定的人员中，只有68名（44%）能够对5个可以认定的和2个可以排除的鉴定作出了正确的结论，有34名（22%）对一个或多个被鉴定指纹作出了48份错误的鉴定意见。要求鉴定的7枚原始指印中每个都有错误结论出现，其中有5个可以作出认定结论的，有13个人（0.08%）作出了错误鉴定；在两个可以排除的鉴定中，有29个人（19%）对其中一个出具了认定结论。[②] 对于这种令人感到“吃惊”和“尴尬”的测试结果。法庭指纹专家戴维·格瑞弗认为，这次测试“对于实际案件情况来说，既不是过分的要求，也不是不现实的”，但却是一个“不能令人满意的表现”。1996年在同类测试中出错率降为3%，1997年和1998年又增至10%以上，2001年急跌至0.3%。虽然这些比例忽高忽低，但都说明了出错率的存在且没有得到很好的控制。由此可见，指纹鉴定人员“在职业测试中糟糕的表现过去是，现在依然是一个值得十分关注的问题”。测试表明，指纹鉴定有可能存在一个稳定的出错率，而控方至今还不能明确这个出错率。虽然不明确的出错率并不必然代表很高的出错率，但如果指纹鉴定证据想得到科学的认可，搞清楚这个出错率是必要的。但至今，几乎没有任何办法知道指纹鉴定人员出具的结论正确与否。因为，一是没有人亲眼看到原始指印检材遗留的过程；二是上述指纹鉴定实验和研究显示，指纹鉴定意见的可靠性还需进一步研究和实验验证；三是原始指印检材绝大多数是局部（或残缺）或变形的，其实际包含即鉴定中所依据的特征数量是有限或变形的，这种以小面积或变形指印及有限的特征认定同一是缺乏数据说明的。因为有案例证明不同人的指纹是可以有少数特征相同的，如以色列的指纹鉴定人员曾发现两个人的指纹有7个特征相同，美国指纹鉴定专家史蒂文·

① ［美］罗伯特·爱泼斯坦：《揭开指纹科学之谜——指纹鉴定与多伯特标准》，胡卫平译，载《中国刑事法杂志》2003年第2期。

② ［美］罗伯特·爱泼斯坦：《揭开指纹科学之谜——指纹鉴定与多伯特标准》，胡卫平译，载《中国刑事法杂志》2003年第2期。

凯瑟斯克也承认其知道一例两个人的指纹具有 10 个特征符合点。

3. 指纹鉴定没有客观标准控制检验过程

在指纹鉴定中，到底需要有多少个符合点特征才能作出认定结论，这个问题至今没有得到解决。结果是至今世界各国均没有一种科学合理的、可供控制检验的指纹鉴定标准。包括美国、中国等在内的一些国家认为，没有必要确立一个认定结论需要的最少特征数量标准。因此，不同国家、不同鉴定人在指纹鉴定中使用不同的特征数量标准是一个普遍的现象，指纹鉴定意见的得出基本由特定的鉴定人员去主观判断。许多指纹鉴定人员要么根据传统或经验使用长期以来形成的个人标准，要么使用他们所在机构的标准。国际鉴定协会确认授权的指纹鉴定专家史蒂文·凯瑟斯克认为："在这一领域，每个人基本上都有各自独立的标准。"

那么，在指纹鉴定过程中，到底是否需要一个最少特征数量标准，需要多少个符合点特征才是作出认定结论的充分条件？在缺乏最少特征数量标准时，指纹鉴定人员又如何知道是否具备了认定结论的足够基础？对于这些问题，各国的学者和实务界一直是众说纷纭。坚持特征数量标准的人认为，建立标准可以更好地防止出现鉴定错误，而反对者认为这样没有科学依据。如指纹学家戴维·阿世巴格认为："在现代法庭科学领域，运用单纯的特征数量观点是不可接受的。"因为"选择任何一种特征数量标准都不是基于科学的概率研究，而是通过一种可以被称为经验的推测"。但同时他又承认，指纹鉴定人员出具的鉴定意见"非常主观"。这表现在四个方面：第一，司法实践中，几乎所有的指纹鉴定人员都是依据个人的知识、能力和经验，在判断指纹具有相同纹型和形态的基础上，找到一定数量他认为是特定的细节特征，并认为这些细节特征足以形成唯一性和排他性后，这些特征的数量就具有足够性和特定性，即可作出同一认定结论。这种由指纹鉴定人员在比对时根据形态特征相符合而形成的意见的有效性和为其观点辩护的理由是同样的，即个人的知识、能力和经验。这种相互解释的理由显然不够科学也很难被接受。而且不同的鉴定人员在作出结论时所依据的特征数量有很大的差距。如在具体鉴定中，到底是 8 个特征还是 12 个特征可以认定，不同的鉴定人员完全可能作出不同的"主观"意见，这种特征符合点数量标准的可变性使鉴定意见的可靠性受到影响。甚至在整个指纹比对过程中，由于缺乏客观标准，不同的指纹鉴定人员对于在比对过程中应该寻找什么特征都没有形成统一的意见，鉴定人员对特征的数量、命名和一些特征的出现率意见分歧很大。第二，对差异点的处理也因人、因情况而异。如按照所谓"一个差异点学说"，即如果两枚指纹出现一个明确的差异点，就不能作出认定结论。这一学说已被指纹鉴定协会广泛接受，但在实践中却经常被忽视。如一旦鉴定人员相信他所发现的符合点有足够数量，可以作出认定结论时，他就会将发现的差异点笼统地解释为变形或人为因素来合理化这些差异点。① 而事实是很多时候指印变形的原因并没有得到科学实验的验证，因此这种对差异点的解释实际上是鉴定人员没有特殊依据的推测。另外，美国指纹鉴定专家史蒂文·凯瑟斯克认为，考虑到特定指纹的自然状态，有时一个差异点很可能未被发现，根据前述两个人的指纹可能具有10个特征符合点的情况，当依据8个特征作出认定结论时，指纹鉴定是一个“危险的领域”。因此，一些法官认为：除非你得到一枚清晰完整的指纹，否则你不能排除在某处存在一个你没有发现的差异点的可能性。当你仅有5个、6个、7个或8个特征时，所得出的指纹认定结论是不科学也很难让人信服的。② 第三，指纹鉴定人员在聘用和培训时没有一个客观标准和最低资格条件，使得一些不能胜任这项工作的人混迹其中。一位美国著名的指纹评论人员说：“鉴定机构在聘用鉴定人员时，甚至不需要其看过一枚指纹。”有资料显示，许多鉴定人员在从事鉴定工作之前和在工作中均缺乏集中、统一、严格和系统的学习和训练，他们接受的往往只是一些最基本的培训。培训内容主要包括理论讲授、实验验证和鉴定的基本技能训练；培训时间一般根据教学计划安排，而不是根据培训目的安排；培训考核通常是由具体培训机构或个人设计考试内容和形式，被培训者由培训者给出的成绩来决定其是否具有鉴定人资格。这说明指纹鉴定人员在从事指纹鉴定工作之前没有经过任何客观的统一考试，因为这被认为不是必须的。如在美国，虽然指纹专业协会——国际鉴定协会早在1980年就开始执行一个认证程序，但这并不影响许多没有通过认证的人员仍在从事指纹鉴定工作，因为这个认证程序被认为不是必须的。一位美国著名的指纹鉴定专家指出，“没有资格和不精通业务的鉴定人员在从事鉴定活动”已成为“不争的事实”。③ 第四，由其他鉴定人独立进行复核检验是指纹鉴定的一个必要组成部分，但在这方面同样缺乏客观标准，而且在很多时候复核已变成一种形式。

4. 指纹鉴定没有完全满足多伯特标准所提出的“普遍接受”

爱泼斯坦认为，普遍接受不仅存在于普通公众之中，也应包括司法机

---

① ［美］罗伯特·爱泼斯坦：《揭开指纹科学之谜——指纹鉴定与多伯特标准》，胡卫平译，载《中国刑事法杂志》2003年第2期。

② ［美］罗伯特·爱泼斯坦：《揭开指纹科学之谜——指纹鉴定与多伯特标准》，胡卫平译，载《中国刑事法杂志》2003年第2期。

③ ［美］罗伯特·爱泼斯坦：《揭开指纹科学之谜——指纹鉴定与多伯特标准》，胡卫平译，载《中国刑事法杂志》2003年第2期。

构。而按照Daubert标准提出的"相关科学协会是否普遍接受"这一质询，"……除了指纹鉴定人员之外，没有一个科学协会表示普遍接受指纹鉴定"。如对于一个被主流科学家忽视的问题——能否根据一小块变形指印可靠地进行人身认定，一些著名的法庭科学评论家在对其进行考察时发现指纹鉴定的科学性存在缺陷。其中迈克尔·赛克在一篇著名的论文《现代科学证据——专家证据的规则和技术》中写道："对指纹的可采性进行表决，是对传统科学作为证据可采性标准的拒绝。"该文的另一位作者大卫·弗格门也希望法官在以后几年内排除指纹在法庭上作为证据使用，因为"对指纹的研究太薄弱，不能让其进入法庭"。[①]

5. 在指纹鉴定的理论或技术方面，其接受同行评论和发表的文章很少

纵观指纹学方面的教科书及有关论文，涉及鉴定技术和方法的较少。爱泼斯坦在谈到这一问题时认为：指纹鉴定协会的内部人员也承认这一事实。……《法庭鉴定杂志》上面刊登的绝大部分文章是关于提取和显现潜在指纹方法的，只有很少一部分文章涉及指纹鉴定的基本前提，而且只对比对和鉴定提供了很少的分析。在联邦调查局出版的211页《指纹科学》教科书中，只有3页涉及指纹比对。[②] 即使当指纹鉴定的前提在指纹鉴定文献中受到重新考虑时，这些前提也很少受到批评眼光的审查。如艾伦·麦克罗伯特在《特性永远不会重复》的一篇评论文章中同意并引用了这样一段话："……不管是指纹专家还是分析家，如果他仔细研究并取得了第一手资料，就对指印的不可重复性不会有一点怀疑，甚至是很小的一点怀疑。只有那些不愿意下工夫去观察，以及那些对指纹鉴定基础存在偏见和先入为主思想的人才是真正的怀疑者。"

事实上，对于中外指纹专家和鉴定人员来说，指纹鉴定一直被认为是不容怀疑的科学，几乎所有对此提出的挑战都被看做是没有必要和根据的猜疑。对此，爱泼斯坦认为，这种信徒般的行为是在鉴定专家普遍缺乏科学知识、理解和自信的环境下培养出来的。他们担心对指纹鉴定科学可靠性的怀疑会导致这一学科的毁灭，也会损害支持这门学科人的可信度。

综上所述，按照最高法院在Daubert标准中建立的各种可靠性指标，指纹鉴定目前不能成为一种可靠的证据。

---

① ［美］罗伯特·爱泼斯坦：《揭开指纹科学之谜——指纹鉴定与多伯特标准》，胡卫平译，载《中国刑事法杂志》2003年第2期。

② 在我国具有代表性的《中华指纹学》、《新指纹学》等专著中，有关指纹比对和鉴定方面虽设专节论述，但基本前提也是建立在人各不同、终身基本不变的基础上，且理论上与国外相比并无明显突破。

6. 除 Daubert 标准外，是否还有其他标准可以保证指纹鉴定的科学性和可靠性，或能否使用其他标准使其具有可采性

面对 Daubert 标准提出的挑战，许多指纹鉴定人员和法官都在极力抵制按照 Daubert 标准提出的指纹鉴定意见不符合证据可采性的观点，大家都试图从司法实践、实验测试和相关专业著作中，找到令人信服的其他标准。但迄今为止，一是由于指纹鉴定的标准和程序存在缺陷，不同鉴定人员很可能对某个特定指纹作出不同的鉴定意见，且指纹鉴定的出错率至今没有确定；二是没有权威实验证明或算出同样数量的符合点组合不可能在其他人的手指上重复出现的概率，所以依据几个符合点特征所作出的指纹鉴定意见的可靠性必然受到怀疑；三是对一些指纹鉴定人员所作测试中暴露出来的问题使运用现场局部变形指纹所作出的鉴定意见的可靠性大打折扣。基于“证据的可靠性必须基于科学的有效性”，在指纹鉴定方面由于缺乏让人信服的科学实验数据，所以缺乏科学的有效性，即要证明指纹鉴定具有科学性和可靠性确实缺乏充分的理由。

有人认为，指纹鉴定“已经被 100 多年来的经验所验证”。但是，这 100 多年里，确实很少有人考查过究竟有多少因此发生的错案未被发现。在美国，不断曝光的指纹错案足以使这种“经验之谈”的理由不攻自破。

还有人认为，可通过辩方聘请指纹鉴定专家的方式对控方提供的指纹鉴定证据进行检查核对，以确定指纹鉴定证据的可靠性。对此，爱泼斯坦认为，控方不能认为他的对手有权保留相同类型的专家并出具一个互相矛盾的意见，来代替他应当承担的这种证明责任。如果是这样的话，任何专家，甚至占星家和心理专家均可得到法庭的认可。因此，这种方式也不能解决指纹鉴定证据的可靠性问题。就像用两个波道测谎仪在测定某人是否说谎时可能得出错误的结论一样，因为测谎仪有缺陷。①

指纹鉴定的科学性和可靠性问题也引起了美国国家科学院的注意和介入，经过 2 年多的研究，美国国家科学院于 2009 年 2 月 18 日发布了一个历史性的报告，题为《加强和推进美国法庭科学技术》。报告在承认法庭科学技术在侦破案件、起诉审判中发挥重要作用的同时，也提到包括指纹检验技术在内的一些法庭科学技术并没有如人们想象得那样完全可靠、毫无瑕疵，并要求对法庭科学技术（以指纹检验技术为首）的科学性和可靠性开展研究，以充分实现法庭科学技术在司法实践中的价值。

由此可见，除了 Daubert 标准外，至今还没有任何其他标准来保证指纹

① ［美］罗伯特·爱泼斯坦：《揭开指纹科学之谜——指纹鉴定与多伯特标准》，胡卫平译，载《中国刑事法杂志》2003 年第 2 期。

鉴定证据的科学性和可靠性，即指纹证据的可采性还需进一步研究。

在美国，面对越来越多向指纹鉴定证据提出挑战的案件，控方已在寻求避免出现这种诉讼的途径——要么通过提供更多的其他证据，要么撤回指纹鉴定证据。

纵观美国指纹鉴定证据发展的历史，从弗赖伊（Frye）裁决的“普遍接受”和绝对相信，到 Daubert 标准以及 Kumho 案件中法官对指纹审查义务的确立，表达了美国对于指纹鉴定证据的采信由盲从到回归理性的过程，这其中既有美国指纹鉴定错案造成的影响，但最主要的是反映了人类对指纹证据的深度审视和今后指纹鉴定证据在理论研究和实践运用上的发展方向。正如美国耶鲁大学法学院的达马斯卡所说：“站在 20 世纪末思考证据法的未来，很大程度上就是要探讨正在演进的事实认定科学化的问题。伴随着过去 50 年惊人的科学技术进步，新的事实确认方式已经开始在社会各个领域（包括司法领域）挑战传统的事实认定法。越来越多对诉讼程序非常重要的事实现在只能通过高科技手段查明。随着人类感官感觉的事实与用来发掘感官所不能及的世界的辅助工具所揭示的真相之间鸿沟的扩大，人类感官在事实认定中的重要性已经开始下降。”

Daubert 标准是指纹鉴定历史上的里程碑，它改变了过去一味对指纹鉴定证据盲目迷信的现象，确立了法官在指纹鉴定证据中的重要实质审查地位，是对司法最终审查原则在科学证据方面的一次重大落实。但是，由于法官在指纹鉴定证据方面专业能力的不足，因此，如何审查，审查的效果如何，仍然是值得考虑的问题。①

（三）对指纹鉴定科学性和可靠性的重新认识

1. 指纹鉴定科学性和可靠性不能轻易否定

首先，用于指纹鉴定的原始指印是以客观存在的痕迹来证明案件真实情况的，即原始指印是以其自身的物质属性，特征的数量、质量、形态结构、相互关系和存在的场所等发挥证明作用的，具有客观性和稳定性，在这方面不受种种主观因素的影响。只要依法用科学技术方法及时提取和固定并经科学鉴定确认后，具有较言词证据更强的客观性和稳定性。即使指纹鉴定人由于其技术水平、主观故意或仪器设备等因素影响了正确鉴定意见的产生，只要妥善保存原始指印材料，仍可通过补充鉴定、重新鉴定等获得正确的鉴定意见，从而发挥证据作用。

其次，由于原始指印中储存的某人与案件事实有关的信息，如此人是否

① 宋远升：《论指纹鉴定证据的法律冲突与抉择》，载《中国司法鉴定》2009 年第 6 期。

到过现场或与案件有着怎样的联系，需要科学的检验鉴定活动来解读，即原始指印的证明价值是由科学的检验鉴定来确认的。因此，指纹鉴定意见的可靠性取决于鉴定方法的科学性和鉴定人的水平。虽然在这方面还存在尚待解决的问题，但随着检验技术方法的改进和诉讼中证据审查规则和采信标准的建立，我们有理由相信，指纹鉴定意见的出错率可以降至人们可以容忍的低点，使其可靠性得到最大限度的保障。事实上，在当前的科学技术水平下，包括 DNA 在内的任何一种科学证据都存在出错率。另外，司法实践中，哪些原始指印有鉴定价值，可以作为证据，哪些不具备鉴定价值，不能作为证据使用，各国都有一些相关规定，这就从技术角度保证了指纹鉴定意见的可靠性。

再次，虽然指纹直接认定人身的基础——“人各不同”这个命题至今没有得到充分的证明，但这是因为当前的科技水平还达不到这个程度。犹如人类的起源，我们都相信达尔文的进化论假说——人类由猿进化到人经历了千百万年，可科学家至今却无法找到这千百万年的中间过程。指纹识别技术发展至今，已广泛应用于公安、监狱、法院、保安、金库、机房等各行各业，指纹考勤等正走进人类的工作和生活，带来了高等级安全、方便的新概念。故此，轻易否定指纹鉴定的科学性，给人类社会带来的负面影响不言而喻。

最后，尽管在以美国为首的一些国家不断有案件质疑指纹鉴定证据，但在当今各国的司法实践中，指纹鉴定证据的科学可靠性仍被大多数诉讼各方所接受和确认。1999 年 7 月，在美国费城的合众国诉 Byron C. Mitchell 案件中，美国政府与辩护方对传统指纹证据的可采性问题进行了第一次激烈争论，被称为美国 70 年来进行的第一次指纹证据的多伯特（Kumho）审听。这是美国指纹证据运用最重要的一次审听，在这次审听中，指纹证据的科学性被再次确认，其证据效力被广为接受。在这次指纹证据的多伯特审听中，美国政府提供了很多证据来支持指纹鉴定科学性的三个前提：

（1）人体乳突纹线具有特异性和稳定性。胎儿期皮肤的生长决定了其手掌面乳突纹线的结构，对乳突纹线的生理学研究为其特异性和稳定性奠定了科学理论基础。每一条乳突纹线都是独一无二的。

（2）人体乳突纹线的排列位置具有特异性和稳定性。包括纹线的整体流向及纹线结构类型、纹线的细节特征和纹线的偏折、宽度、形状、汗孔、边缘形态、中断、皱纹、伤疤及其他永久性特征。

（3）只要指纹检验的方法和过程遵守一定的规则和标准，肯定或否定的鉴定意见就能够通过比对一定数量和质量的乳突纹线细节特征而得出。标准的检验程序包含分析、比对、评断及核对。……正确的鉴定必须依据乳突纹线细节特征的质量和数量，这两个方面是相互关联的。①

以上三点指纹技术的科学理论基础和方法证明了指纹证据具有相当的科学性和可靠性。

另外，在这次审听中，美国政府还提供了以下证据：在5万枚指纹之间利用自动识别系统进行相互比对；双胞胎的指纹研究；在过去100年间关于指纹的特异性和稳定性方面的经验知识以及其他各种支持指纹证据科学性的证据。……这次指纹证据的多伯特审听最终以压倒性的优势获胜，指纹被广为接受。②

虽然美国联邦法官波拉克（Pollak）在2002年1月7日审判被指控贩毒并涉嫌杀人的3名波多黎各人案件中作出了指纹证据不予采信的惊人裁决，但到3月13日，波拉克在请教了英国著名的指纹专家后发表声明撤回了1月7日的裁决。这也从另一个侧面说明波拉克对指纹证据的科学可靠性没有完全否定。

2. 指纹鉴定的科学基础还需进一步实验验证

纵观指纹应用、发展的历史，可以看出人们已从对指纹证据盲目的崇拜回归到理性的思考。以美国为代表，从1923年Frye标准和1993年Daubert标准，到2002年波拉克法官关于指纹证据不予采信的判决，指纹鉴定证据，无论是作为一门科学，还是“证据之首”的侦查手段，在标准化、方法论以及技术水平各方面，都正在经历一场不小的考验。

首先，无论是Frye标准还是Daubert标准，用其作为衡量指纹鉴定证据是否科学、可靠的理由并不充分。从科学发展的历史来看，被普遍接受的理论并不一定是科学的理论。科学史上，有许多当时人们认为是正确的知识后来被证明是错误的，如古代地心说等。对司法实践而言，Frye标准在科学性和可操作性之间取得了一个平衡，是一个可操作性的标准。但随着时间的推移和科学本身的进步，“普遍接受”标准作为判断指纹鉴定证据是否科学、可靠的权威性不断削弱，最终，Daubert标准取代了Frye标准。但是，Daubert标准也不完美。一是要法官充当“守门员”来判断包括指纹鉴定证据在内的各种科学证据的可靠性，这一方面可理解为法律对法官能力的信任，但另一方面也隐藏着对法官职责的过重期望。由于这个职责履行的好坏直接关系到各种科学证据的可采性，这对绝大多数法官来说都是一件难事。

---

① 罗亚平、柳佳：《指纹证据地位在美国面临的挑战——多伯特审听》，载《中国人民公安大学学报》2003年第3期。

② 罗亚平、柳佳：《指纹证据地位在美国面临的挑战——多伯特审听》，载《中国人民公安大学学报》2003年第3期。

正如美国法院所认识到的，不能将 Daubert 标准看做是“对联邦证据法翻天覆地的改变”。[①] 二是 Daubert 标准要求法官在判断指纹鉴定证据时应考虑其科学原理的可试验性和有效性、出错率、检验标准、普遍接受程度及同行审查和公开发表情况等几个方面，[②] 这在司法实践中很难解决一些问题。如对于指纹鉴定“科学理论的可试验性”而言，指纹鉴定意见科学可靠的可实验性是一个世界性的难题，法官很难胜任这项工作；对于“出错率”而言，虽然目前确实不知道指纹鉴定的出错率是多少，但无数利用指纹鉴定成功侦办的案件都有力地支持着指纹鉴定意见的科学可靠性；对于“同行审查和公开发表”而言，绝大多数的专业指纹鉴定人员都不怀疑指纹鉴定的科学性和可靠性，而且，是否公开发表也并不是决定指纹鉴定理论是否科学的标准，只能说明这种理论可能是科学的；对于“普遍接受”而言，指纹运用的历史说明指纹鉴定的科学可靠性历来都是被“普遍接受”的，少数对指纹鉴定证据不接受的挑战只能说明法官在审查判断指纹鉴定证据时应遵照更加严格的规则和标准，而不是将其一概排除。因此，用 Daubert 标准作为否定指纹鉴定证据科学性和可靠性的理由并不充分。

其次，在判断指纹鉴定意见的科学性时，可借鉴 20 世纪著名的科学哲学家卡尔·波普尔的“证伪说”。从科学哲学史上看，判断一种理论是否科学，卡尔·波普尔的“证伪说”被普遍认为是一种科学的标准。他在回答“一种理论什么时候才可以称为科学的?”或者“一种理论的科学性或科学地位有没有标准?”等区分科学和伪科学的标准时，认为“衡量一种理论的科学地位的标准是它的可证伪性或可反驳性或可检验性”。[③] 他同时还认为，“知识，特别是我们的科学知识，是通过未经证明的（不可证明的）预言，通过猜测，通过我们对问题的尝试性解决，通过猜想而进步的。这些猜想受批判的控制；就是说，由包括严格批判检验在内的尝试的反驳来控制”。这是科学进步的规律。“对我们猜想的批判极为重要：通过指出我们的错误，使我们理解我们正试图解决的那个问题的困难。就这样，我们越来越熟悉我

---

① 赵西巨：《专家证言、新科学理论与法官角色——以美国法中的 Daubert 标准为中心》，载《证据科学》2010 年第 1 期。

② 为此，1998 年 8 月 8 日，新修订的美国联邦证据规则第 702 条规定：“如果科学，技术或其他专业知识，将辅助事实裁判者理解证据或裁断有争议的事实，因其知识、技能、经验、训练或教育而具备专家资格的证人，可以意见或其他形式对此作证，但须符合下述条件：（1）证言基于充足的事实或数据；（2）证言是可靠的原理或方法的产物，并且（3）证人将这些原理和方法可靠地运用于案件的事实。”

③ ［英］卡尔·波普尔著：《猜想与反驳》，傅季重等译，上海译文出版社 1986 年版，第 52 页。

们的问题，并可能提出越来越成熟的反驳——始终是使我们接近真理的前进的一步。”① 波普尔的“证伪说”给我们的启示是，对指纹鉴定意见科学性的判断是需要时间的。因为一种理论在没有证伪之前，我们不能百分之百地肯定该理论一定是科学或不科学的。② 因此，要判断指纹鉴定意见的科学性，应首先以判断指纹鉴定的一般理论是否是科学的一般标准为基础，而指纹鉴定运用的实践和由此产生的推论已在一定程度上证明了其理论具有科学的合理性。

再次，从唯物论的角度看，总体上说，人类的实践空间是无限的，人类通过实践所获取的经验和知识也是无限的，因此人类可以无限地认识物质世界。但在一定的历史阶段，人类对许多事物的认识是有局限性的。特别是对于某个特定的问题如指纹鉴定的科学性来说，在当前的认识能力和科学技术水平下，人们还不能对其进行充分的证明。这种认识的局限性可能会随着人类社会和科学技术的发展而逐渐得到改善。事实上，在指纹运用的历史进程中，人们对指纹的认识也是逐渐深入和提高的，如在人工比对时期，对指纹进行鉴定的范围、速度和准确性等方面都受到很大的限制，而计算机时代的到来则大大提高了指纹存储、查询、比对和鉴定的效率和速度，使指纹的运用有了更加广阔的前景。因此，指纹鉴定的科学性还需时间的积累和研究的深入。

最后，面对那些已经曝光的指纹错案和对指纹鉴定意见可靠性的质疑，有关的职能机构和专家学者应该引起高度重视，加强相关的科学基础理论和实验研究，用更精确的数据进一步论证指纹鉴定技术的可靠性。事实上，美国已有多个部门已开始着手这方面的工作，如美国国家科学院于 2009 年 2 月 18 日发布的一份报告，掀起了对指纹证据可靠性研究的热潮；美国司法部已拨专款研究有关法院以指纹论罪的准则；美国联邦调查局也发布了科研经费为 50 万美元的课题招标，这些举措都是为了一个共同的目的——进一步肯定指纹鉴定意见的科学性和可靠性。2010 年 1 月，加利福尼亚大学洛杉矶分校法学院获得了美国司法部研究和发展机构提供的 866764 美元的课题经费，用以全面而系统地研究如何用科学的方法来评估指纹鉴定意见的准确率和错误率。

---

① ［英］卡尔·波普尔著：《猜想与反驳》，傅季重等译，上海译文出版社 1986 年版，第 1 页。

② 李昌博、张渝玲：《判断“科学证据”的科学性标准——中美有关证据制度的比较研究》，载《河南司法警官职业学院学报》2004 年第 2 期。

3. 制定针对指纹鉴定意见的审查规则和采信标准是发挥其证据作用的有效途径

由上可知，Daubert 标准的确立，使其成为法官衡量包括指纹鉴定意见在内的专家证据可采性的严格标准。学者在此基础上对指纹鉴定证据的全面分析，不仅反映出指纹鉴定技术在理论和实证研究中的缺陷和不足，也使其遇到了在司法实践中指纹鉴定证据不予采信的尴尬。因此，仅靠坚信指纹鉴定具有科学性是不够的，为了保证指纹鉴定意见在司法活动中被最大限度地采信，除了必须对指纹鉴定理论进行更加深入和全面的研究外，建立相对科学的符合指纹鉴定技术现状并具可操作性的审查规则和采信标准，是充分发挥指纹鉴定意见证据作用的最好途径。这是因为：第一，鉴于上述判断指纹鉴定意见科学可靠性的复杂性，我们显然不能依靠 Frye 标准或 Daubert 标准作为采纳和采信“指纹鉴定证据”的规则；第二，由于法庭上对科学真实的追求和实验室里对科学真实的追求具有不同的目的和内容，而法律的目的是最终和快速解决争端，它对证据判断标准存在时间性、明确性、可操作性的要求。因此，要充分发挥指纹鉴定意见在法庭审判中的证据作用，就必须设立法律上审查判断指纹鉴定意见的规则和标准，而且这些规则和标准必须在对指纹鉴定证据科学性的价值追求和对法律解决争端的价值追求之间取得某种平衡。①

第四节　指纹证据审查规则和采信标准的意义

一、建立指纹证据审查规则和采信标准的必要性

目前，在指纹证据的审查和采信中主要存在两类问题：一是案件的裁判者不理解或不懂指纹鉴定方面的专业技能；二是指纹鉴定的科学基础还不够牢靠，指纹证据受到的质疑还没有得到较好的解决，其鉴定意见的科学性和可靠性不够充分。为了在司法活动中既体现审判公正，又能最大限度地发挥指纹证据的作用，尽力避免因指纹鉴定错误而产生的错案发生，建立相对科学而又具有可操作性的审查规则和采信标准很有必要。

（一）指纹鉴定者接受的指纹认定理论依据与法庭审查认定证据的条件存在差异

一方面指纹鉴定的主要理论依据——人各不同和终生基本不变至今没有

① 李昌博、张渝玲：《判断“科学证据”的科学性标准——中美有关证据制度的比较研究》，载《河南司法警官职业学院学报》2004 年第 2 期。

得到精确的论证，而鉴定者一直是依据该理论基础对需要鉴定的指纹进行特征对比，然后作出认定或否定意见；另一方面，诉讼需要在有限的时间内评估该证据的可靠性和有效性，法律裁决的时限性、终局性与权威性特征使法官有理由认为这样得出的结论并不可靠而失去可采性。在这种情况下，解决这个问题的相对合理的方法就是在人们认识所能达到的阶段，为了平衡诉讼各方利益，设计一定的规则和标准。

（二）相关的审查规则和采信标准可有效弥补法官在指纹鉴定知识方面的欠缺，正确审查和采信指纹证据

指纹鉴定方法的科学性和结论的可靠性可增强法官对案件事实的认识能力。司法实践中，指纹鉴定方法涉及指纹学、司法鉴定学等方面的专门知识，但并不是每个法官都熟知或精通这些专业知识。一方面，对案件作出裁判要求法官必须对指纹鉴定意见的可靠性作出判断，另一方面，法官自身的知识和经验对该问题无能为力。此时，相关的审查规则和采信标准可以有效地弥补法官在指纹鉴定知识方面的欠缺，最终对是否采信指纹鉴定意见作出正确的认定。

（三）建立指纹证据的审查规则和采信标准是世界各国指纹技术理论研究和实践运用的发展方向

长期以来，在世界各国的司法实践中，未经严格审查的“指纹证据”几乎被无条件地大量采信，甚至当作定案的关键证据。但是，随着对科学证据的深入研究和庭审活动进一步向当事人主义模式转化，人们发现，确定指纹鉴定意见证明力的科学标准一直模糊不清，一些指纹错案的发生，使人们对指纹鉴定意见科学性和可靠性的怀疑与日俱增。因此，在司法审判中，辩方可能提出自己对指纹证据可采性的质疑，特别是当不同鉴定人对同一个“指纹证据”得出完全相反的结论时，法官只有依据相关的审查规则和采信标准才能确定指纹鉴定意见的证据价值。

二、建立指纹证据审查规则和采信标准的可行性

庭审制度的改革和发展趋势为建立指纹证据的审查规则和采信标准提供了实践基础和判例资料。随着职权主义的弱化，控辩双方平等对抗的当事人主义庭审模式成为今后审判制度发展的必然趋势。在当事人主义庭审模式下，为了使控辩双方和法官共同发现和认定案件事实，规范法官在查证、质证和采证等各个环节的行为，世界各国都根据本国的审判实践和具体判例制定了不同证据的审查规则和采信标准，这对建立指纹证据的审查规则和采信标准都具有积极的借鉴作用。

其他科学证据的审查规则和采信标准为指纹证据的审查和采信提供思

路。无论是上述美国的 Frye 规则和 Daubert 标准，还是除指纹鉴定意见之外的其他科学证据的审查认定规则，都是建立指纹证据的审查规则和采信标准的重要参考资料。

三、建立指纹证据审查规则和采信标准的现实意义

（一）可以促进指纹鉴定工作的规范化建设，提高指纹鉴定意见的科学性和可靠性

在美国，包括指纹证据在内的专家证言受 Daubert 标准、美国联邦证据规则及 Kumho 规则的制约和规范，即不能满足上述规则要求的专家证言，没有可采性。我国至今没有制定完善的对指纹证据的审查规则和采信标准，虽然司法实践中指纹鉴定意见基本没有受到质疑，但这并不等于所有的指纹鉴定意见都是正确的，也不等于今后不会有人对指纹鉴定意见产生质疑。为了适应庭审制度的深化改革和与世界接轨的发展趋势，制定指纹证据的审查规则和采信标准，对于指纹鉴定工作的规范化建设具有促进作用。

（二）可以最大限度减少因指纹鉴定发生错案的可能

近年来，美国的许多州都建立了"无辜者救助中心"（Innocence Center），这个民间机构的主要职责之一是通过 DNA 鉴定技术对可能的错案进行复查，以帮助无辜者纠正错案。据说，从 20 世纪 90 年代中期到现在，美国已经通过这种方法发现并纠正了 242 起错案。[①] 在这些错案中，有些原来也做了 DNA 鉴定，但是错了。既然 DNA 鉴定技术都有可能出错，那么指纹鉴定技术也有这种可能。因此，建立指纹证据的审查规则和采信标准，对于减少冤假错案件的发生具有积极的现实意义。

---

① 何家弘等：《科学证据的采信规则和标准——我们的声音》，载《证据学论坛》第 16 卷，法律出版社 2011 年版。

第二章　指纹证据的审查规则

第一节　指纹鉴定的基本程序、步骤和方法

指纹鉴定是鉴定人员按照法定程序，通过对案件原始指印检材与样本指印检材的各种特征进行比对，以确定原始指印检材和样本指印检材是否来源于同一个留痕人的一项专门工作。

一、指纹鉴定的基本程序

按照司法部《司法鉴定程序通则》和公安部《手印鉴定程序》（GA/T 724－2007）的有关规定，指纹鉴定的基本程序有以下几个环节。

（一）预备检验

预备检验是指纹鉴定工作的基础，是进行指纹鉴定前的一些准备工作。主要内容包括以下三点。

1. 受理送检指纹检材，了解案件相关情况

鉴定人员在收到指纹委托鉴定之后，必须向送检人员详细了解需鉴定指纹及案件的相关情况，包括案件原始指印遗留的位置、方向、状态和处理提取方法、固定、包装及数量等，样本指纹的提取方法及数量等，初步判断各种检查在数量上、质量上是否满足指纹鉴定的要求和条件，如发现不符合鉴定要求的，应向送检人员说明情况。

2. 明确鉴定要求，清点并记录各类检材

鉴定人员在明确指纹鉴定的要求后，应认真核对所有鉴定检材并详细填写受理委托检验鉴定登记表。登记表的主要内容包括案别、送案日期、发案日期、发案地点、送检人、送检机关及联系电话、鉴定委托公函的文号、基本案情，原始指印检材与样本指印检材的名称、数量、提取日期、提取地点、提取及保存方法、送检要求、送检人和收案人的签名等。

3. 制订鉴定工作计划，准备鉴定设备

根据送检指纹的种类、特性等，制订相应的鉴定工作计划，设计为完成

该项鉴定所需采取的方法和手段。同时，要准备和调校好放大镜、立体显微镜、铅笔、彩色笔、分规、指纹比对仪、图像处理设备等相关鉴定设备。对原始指印检材上的附着物等其他物证要进行预先处理，为相关证据的保存、鉴定、审查和采信提供必要的依据。

（二）分别检验

分别检验就是分别对原始指印检材和样本指纹检材进行仔细观察，进一步分析原始指印检材与样本指纹检材的形成条件是否相同或相似。在确定具备鉴定条件的基础上，分别发现、寻找原始指印检材和样本指纹检材的种类特征与特定特征。

（三）比较检验

比较检验是在分别检验的基础上，对原始指印检材和样本指纹检材的种类特征与特定特征进行比较，确定符合点和差异点特征的数量、位置及相互关系等。

（四）综合评断

综合评断是在比较检验的基础上应用辩证唯物主义的观点和方法，对所确定的符合点和差异点特征进行全面、综合的分析、评断，找出它们形成或产生的根本原因，判断在符合点和差异点这对矛盾中，谁处于矛盾的主要方面，如果符合点处于矛盾的主要方面，是本质的，同时差异点能得到合理解释或实验验证，就作出认定意见。反之，如果差异点处于矛盾的主要方面，是本质的，同时符合点被证明为某种原因造成的偶合，则作出否定意见。

（五）制作指纹鉴定书

制作鉴定书是指纹鉴定的最后一道程序，是记录指纹鉴定全过程和结果的一种正式文件，它既是指纹证据法定的重要载体，又是审查、研究该鉴定过程和结果科学性和可靠性的客观依据。其具体制作方法及相关内容见本章第二节鉴定程序和鉴定意见合法性的相关内容。

二、指纹鉴定的基本步骤和方法

（一）检验原始指印检材

主要包括分析原始指印的遗留情况、测量原始指印的面积大小、判断原始指印的花纹类型、寻找确定原始指印的各种特征等内容。

1. 分析原始指印的遗留方位

原始指印的遗留方位，是指原始指印在承痕体上的指尖朝向和具体的遗留部位。弄清原始指印的遗留方位，是正确认识原始指印特征，明确鉴定部位、使鉴定工作得以顺利进行的基础。主要方法是根据原始指印在承痕体上的位置和方向，观察形成原始指印的物质情况、新鲜程度及作用力的大小、方向、作用点等进行分析判断。

2. 确定原始指印的痕迹类型

原始指印的痕迹类型，是指原始指印是平面指印还是立体指印，是乳突线痕迹还是小犁沟痕迹，弄清乳突线的凸凹像或颜色等。如果是立体指印，要分清凸线为乳突线还是凹线为乳突线。如留在原物上的立体指印，凹线为乳突线，凸线为小犁沟；而制模法提取的指印，凸线是乳突线，凹线是小犁沟，且指印原状与指印模型花纹的左右像相反。如果是平面指印，应弄清是平面加层指印还是平面减层指印，以判断是乳突线痕迹还是小犁沟痕迹，或二者的混合痕迹。此外，还要弄清原始指印的遗留背景、显现材料及提取方法等，以便区分乳突线痕迹和小犁沟痕迹的颜色。

3. 确定原始指印的花纹类型和形态反映

原始指印与样本指印的花纹类型和形态反映是否相同，关系到鉴定工作能否深入下去。如其花纹类型或形态反映明显不同，即可作否定结论，鉴定工作不再进行；如果相同，则需进行细节特征的进一步比对。

在原始指印留痕全、面积大、中心花纹清晰等情况下，用常规方法即可观察和判断原始指印和样本指印的花纹类型和形态，但在原始指印残缺或中心花纹不清、样本指印收取情况不理想等条件下，通常根据纹线的倾斜流向和形态表现判断花纹类型。如指头箕型纹的中心花纹一般由开口或闭口箕形线构成，多数只有一个三角，位于中心箕形线靠箕头一侧的下方，即箕头朝三角一侧倾斜，箕枝流向三角的另一侧；而指头斗型纹的中心花纹一般由环形线或螺形线或曲形线构成，多数具有两个三角，分别位于中心花纹的左、右下侧，三角部位的中心花纹通常呈凸面朝向三角的弧形线或具有朝上、朝内的弯转流向。据此，如果根基线上方出现凸面朝下、两端向上流向的弧形线，或三角部位具有凸面朝向三角并有环状弯转趋势的纹线，可推断为斗型纹，如图 2－2－1 和图 2－2－2 所示。如果中心纹线一侧表现为基本平行并有向左下侧或右下侧延伸趋势的，可推断为箕型纹，如图 2－2－3 所示。如果根基线两侧上方的纹线均反映出向两侧延伸的趋势，则可推断为弓型纹，如图 2－2－4 所示。

图2－2－1　斗型纹

图2－2－2　斗型纹

图2－2－3　箕型纹

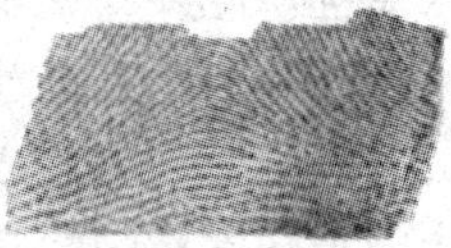

图2－2－4　弓型纹

以上方法在使用时，应注意到一些特殊情况的存在，如双箕斗、长环斗在中心花纹不全的情况下，有时会被误认为箕型纹，如图2－2－5所示。出现这类情况时，应根据纹线的具体反映，作全面的分析，切不可一味用前述方法简单推断。

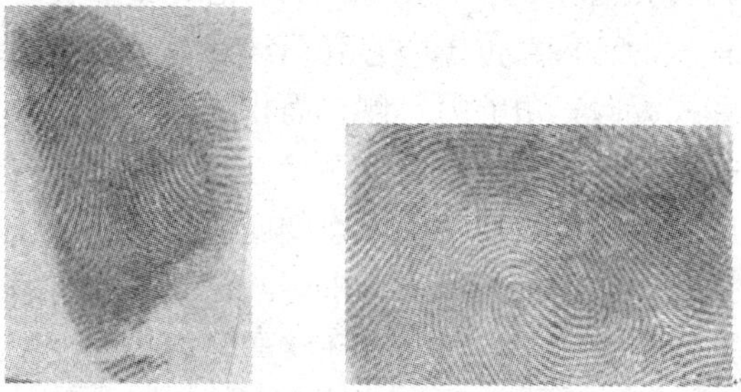

图2－2－5　中心花纹不全的双箕斗、长环斗

在确定原始指印的花纹类型后，还应观测其形态反映是否与样本指印相同，具体内容包括花纹的具体形状、面积大小、长宽尺寸、倾斜方向、花纹中心与三角的位置关系等种类特征。

4. 寻找、确定原始指印的特征

（1）原始指印的预处理。目的是增强指纹的清晰度。主要方法有：使用放大镜、立体显微镜、投影仪或电子显微镜将指印放大到一定倍数，或直接制成指印放大照片；使用不同光源（如普通灯、紫外灯、红外灯等）或调整不同光线或视线角度，增强乳突线和小犁沟的颜色反差；用一定的化学试剂对乳突线进行染色。

（2）寻找、确定原始指印细节特征。主要方法有：由点到面、逐步扩展，即从一个最稳定、清晰的特征开始，然后沿此特征所在纹线逐步向周围纹线扩展，寻找、确定其他特征。从重点到一般，即从原始指印的重点部位开始（如中心花纹、三角、伤疤部位等），找出那些清晰、稳定、稀有的特征，然后从上、下、左、右逐步扩展到其他部位（如外围系统、根基系统），尽可能找出所有特征。先易后难，循序渐进，即先寻找、确定清晰、稳定的特征，逐步扩展到其他部位（如模糊、残缺、重叠、变形部位等）的特征。沿纹线流向"追踪"，即随着纹线流向一根一根地寻找特征。同一指印的不同形象相互对照发现。

（3）对几种疑难指印细节特征的寻找、确定。现场疑难指印的种类主要有模糊、残缺、重叠及变形等指印。遇到这类指印，在用上述方法寻找、确定特征时，常常需要进行一些特殊的处理。

模糊指印，是指局部纹线不太清晰的指印。此时，应先用常规方法寻找、确定清晰部位的特征，对于模糊部位的纹线，可用平行线法寻找特征，即沿一条纹线的弯曲弧度和流向逐段进行追踪寻找。在追踪过程中，认真观察其与相邻纹线间的间隔关系，若此间隔突然变宽，且可容纳一根以上纹线时，即认为此处可能有特征存在；若此间隔突然变窄，也说明可能有特征存在；若此间隔自始至终基本平行，说明中途无特征。也可用两头查线法寻找特征，即从与纹线垂直的方向截住一组模糊纹线的两端，然后清查所截纹线两端的纹线数量，若两端纹线数量不等，即可认为中间有特征存在，如图2-2-6所示。至于模糊部位是什么特征，可根据具体情况先作出可能的假设，然后与样本指印进行比对核实，但前提必须是原始指印清晰部位与样本指印相应部位的特征基本同一。

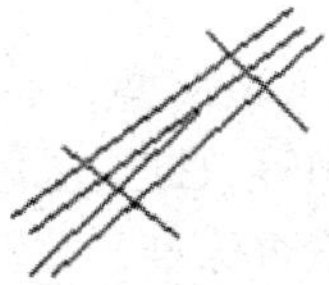

图2-2-6　两头查线法

残缺指印，是指部位遗留不完整的指印。其特点是花纹不完整，纹线和特征数量均较少等。对于这类指印，首先应准确判断其指尖的朝向和遗留部位，然后用上述相应的方法去寻找、确定特征。此外，针对残缺指印细节特征少的特点，注意寻找其他皮肤花纹特征，如褶、皱纹、伤疤、细点线、汗孔等。

重叠指印，是指两个以上指印交错层叠而形成的印痕。这类指印通常有以下表现：指印边缘有重边；花纹面积变大；纹线相互交叉或纹线衔接不自然；出现多个花纹中心和三角；纹线密度变大；纹线表面色泽不均；等等。在处理此类手印时，首先，通过仔细观察，判断重叠次数，是一指重叠还是多指重叠；其次，在放大镜或显微镜下顺纹线进行流向分离，同时用特征描绘法将不同流向的纹线描绘下来；再次，用前述方法寻找、确定特征；最后，寻找、确定重叠指印特征时，应先从清晰、不重叠部位开始，逐步扩展到重叠部位。

变形指印，是指由于造痕体、成痕体或作用力的大小、方向或作用点等因素的影响，使指印发生不同程度变形而形成的印痕。如在力的作用方向，纹线被拉伸、变长，间隔变宽；在力的反方向，纹线被压缩、间隔变窄；等等。处理变形指印时，首先，应根据现场的具体情况，结合科学实验，分析留痕人当时的动作姿势，判断产生变形的原因。其次，用一定的方法确定压力的大小和方向，推断指印的变形程度。实际工作中，一般用带有平面坐标刻度的放大镜对变形指印进行观察测量，即将坐标原点对准花纹中心，观察各方向上每单位刻度内纹线数量的变化，从而判断力的方向和指印的变形程度。再次，先寻找、确定不变形或变形程度相对较小部位的特征，然后寻找、确定变形较重部位的特征。对于变形较重部位的特征，要根据其变形程度，假设特征可能产生的变化，如起点可能变为分歧，终点可能变为结合等，然后与样本指印对照比较，最终确定特征的性质。

实际工作中，受现有技术水平的限制，对那些严重残缺、模糊、重叠及变形，无法看清特征的指印；或细节特征数量太少（二个、三个），特征质量不稳定及无法将重叠指印纹线进行分离的指印，一般认为无鉴定条件，应向送检部门说明情况并退回全部材料。

（二）检验样本指纹检材

（1）观察样本指纹检材的花纹类型、形态结构、痕迹种类、留痕部位等种类特征并测量其长宽、面积等数据，了解其收取方式等。如果为公开捺印，注意纹线是否清晰、部位是否捺全，纹型是否与原始指印检材相符，有无变形等；如果为密取，则注意形成条件、作用方式、遗留部位、花纹形态、显现提取方法是否与原始指印检材基本一致，有无比对条件等。

（2）若样本指纹检材的花纹类型、形态结构、留痕部位等种类特征与原始指印检材不一致，即可作否定结论，无须继续鉴定；若种类特征基本相同，则要作进一步检验。

（3）寻找、确定样本指纹检材特征的方法和次序与原始指印检材基本相同，关键是所收取的样本指纹检材，其寻找、确定特征的部位一定要与原始指印遗留部位相同。若无法准确确定原始指印的遗留部位，可将寻找、确定样本指纹检材的特征部位适当扩大。由于样本指纹检材一般由公开捺印或用各种方式密取而来，其留痕部位的花纹特征大多完整而清晰，对其特征的寻找和确定相对容易。

（4）将样本指纹检材特征与原始指印检材的特征相对照，有时能帮助验证原始指印特征的准确性和稳定性，条件好时还能发现新的特征。

（三）比较检验

1. 比对的部位和特征

应重点选择花纹的重点部位（如花纹中心、三角部位等）和那些稳定、清晰、特定性较好的特征进行比对。因为这些部位特征的质量较高，认定价值较大。

2. 比对的内容

主要是特征的种类、形态、分布、位置、方向、角度、面积、大小、数量及特征相互间的关系；特定区域的疤痕，褶、皱纹，汗孔及脱皮等的一般形态、位置、数量等。

3. 比对的方法

主要有特征直接比对法、特征连线比对法和特征重叠比对法等。

（1）特征直接比对法。找出原始指印检材和样本指纹检材相同部位的一两个符合点作为开始，逐步向周围扩展，将二者的所有特征一一比对，并用不同色笔将符合点和差异点区别标示（见图2－2－7）。

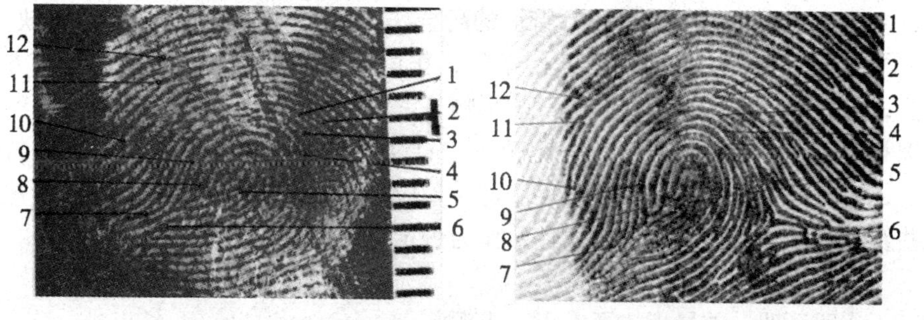

图2－2－7　原始指印（左）和样本指印（右）细节特征的标示和比对

（2）特征连线比对法。首先将原始指印检材和样本指纹检材制成同倍放大的照片，标出所要比对的特征，然后用色笔和直尺分别在其照片上将相邻的特征两两相连，使其构成一个多边形的几何图案，比对这两幅图案的形状、面积、边长及边与边的夹角等，从而确定符合点和差异点。此法不适合变形严重的原始指印。

（3）特征重叠法。将制成同倍放大的原始指印检材照片和样本指纹检材照片或描绘在透明薄层上的原始指印和样本指纹在相同的部位上重叠在一起，透光观察二者的花纹形态、面积大小、特征位置、纹线流向及其粗细间隔等。此时，重叠的特征即为符合点，不重叠的特征为差异点。此法适用于变形小、特征清晰的指印。

如果在比对过程中发现种类特征或一些特定性较强的个别特征具有明显差别，则不必进行进一步检验即可作出否定结论。

（四）综合评断、作出意见

1. 分析符合点的来源

实践中，发现符合点的来源主要有以下三种情况。

（1）同一手的同一部位反映的同一特征。在这种情况下，原始指印和样本指印不仅花纹类型、形态表现相同，而且在细节特征的具体形态、大小、方向、角度及相互关系等方面都是相符的，这是指纹本质属性的正常反映。此时，符合点居于矛盾的主要方面，为其他指印所不能重复，可作为认定意见的主要依据。

（2）不同手或不同部位少数特征的偶然相符。这是由于指纹纹线在生长过程中其局部少数纹线或特征出现的偶然相符的情况。此时，观察比较原始指印检材和样本指纹检材的所有特征，往往会发现符合点少，差异点多，在这种情况下，将其与周围差异点联系起来，从整体上进行综合分析，认清其本质：即符合点不是本质的，不能作为认定的依据。

（3）某些因素引起的少数特征的巧合。此情况大都出现在模糊、残缺、重叠或变形指印中，由于受遗留条件，作用力大小和方向，显现、提取方法，检材收取条件和方式等因素的影响，常常使指印的花纹类型、纹线的粗细和弯曲度、细节特征等在一定范围内产生一些变化，有时甚至出现假特征，比对时往往被认为是符合点。这时，应根据案件原始情况，认真分析这些符合点的表现形态及本质属性，作为否定意见的主要依据。

2. 分析差异点的来源

实践证明，差异点主要有以下来源。

（1）不同手或不同部位反映的不同特征。这种情况下，观察原始指印检材和样本指纹检材的整体形态，它们或花纹种类不同，或形态表现不同，或细节特征总体不符，或一些清晰稳定、稀有少见等特征明显不同。此时差异点成为矛盾的主要方面，对事物的本质起支配作用，应作为否定意见的主要依据。

（2）指印形成过程中受某种因素影响使部分特征产生的变形。由上所述，影响指印特征变化的因素很多，分析时应认真观察指印的遗留条件，考虑有无特征变形的可能，同时结合周围符合点综合评断，认清差异点的非本质属性。

（3）处理指印检材（显现、提取、保存等）过程中引起的特征变化。有时由于显现物质的粗细和显现试剂的浓度不同，或操作方法不当，或指纹检材的保存时间太长等原因，导致花纹特征产生一定的变化。此外，样本检材在收取时受被捺人手指、手掌的清洁程度、油墨的均匀程度等影响，也会使特征出现差异点，分析时应充分考虑，这些都是非本质差异的表现。

（4）指印形成后，手或承痕客体本身的变化所引起的特征变化。如原始检材的遗留时间和样本检材的收取时间间隔过长，作为造痕体的手本身就可能发生生理、心理、病理性及生活环境、人为因素造成的特征变化，承痕客体表面的光滑程度、倾斜程度及自身的弹性、塑性等条件也会使检材特征发生变异。此时的差异点也是非本质的。

3. 作出意见

通过对符合点和差异点来源的具体分析，可以看出，判断原始指印检材与样本指纹检材是否同一的过程，实际上就是分析符合点和差异点谁是本质的过程。因为“事物的性质主要是由取得支配地位的矛盾的主要方面所规定的”，如果符合点是本质的，居于矛盾的主要方面，同时差异点能得到合理的解释或实验验证，则可作出同一的认定意见。反之，如果差异点是本质的，居于矛盾的主要方面，同时符合点被证明为某种因素造成的偶合或巧合，则作出不同一的否定意见。

（1）认定意见的基本条件：花纹类型相同；细节特征总体相符，符合点为本质属性的反映；少数差异点是非本质的，可以得到合理解释或实验验证。

只有上述条件都具备时，才能作出认定意见。

（2）否定意见的基本条件：花纹类型不同；花纹类型虽然相同，但细节特征总体不符，差异点是本质属性的反映；少数符合点被证明是某种因素造成的偶合或巧合。

只要具备以上条件之一，即可作出否定意见。

有些指纹，由于受遗留条件和鉴定条件的限制，在综合评断后，仍不能作出是否“同一”的意见，应实事求是地向送检部门说明情况或提出倾向性意见，切不可主观臆断，作出不负责任的结论。

第二节　指纹证据的相关性规则

一、原始指印的相关性规则

原始指印的相关性规则：原始指印必须来源于案件现场或与案件事实有关的某个环节，且可能与作案行为相关。

原始指印，是指在案件现场或在与案件事实有关的某个环节发现的指印。其相关性，是指原始指印是否来源于案件现场或与案件事实有关的某个环节，是否可能是作案行为所留，应从以下几方面进行审查。

（1）现场勘验检查记录对原始指印的记录是否真实、完整、可靠。现场勘验记录是侦查人员在勘验现场过程中，将所见的可能与作案有关的客观情况和整个勘验过程，运用笔录、绘图、照相、录像等方法如实记录而形成的一种法律文书。原始指印的记录是现场勘验记录的一部分，记录的内容是否真实、完整、可靠是保证原始指印相关性的基本条件。为此，首先，关于原始指印的记录应该与现场勘验记录的几个部分都能相互对应，相互补充和相互印证；其次，各种记录方式能真实反映原始指印的原始状态和寻找、发现、显现、提取、保管及送检的具体方法、手段和过程；最后，原始指印图片应与送检指纹图片一致。

（2）原始指印是否为参加现场勘查的侦查人员在现场勘查时所发现和提取的。如果原始指印不是由参加现场勘查的侦查人员而是其他人员如被害人、证人发现提供的，或不是在现场勘查时而是在现场勘查前或后发现并提取的，应重点审查发现、提取人与案件和嫌疑人的关系及其发现提取原始指印的详细过程，以判断原始指印是否有来源不真实的可能性。若仍不能判断原始指印来源的真实性，该原始指印不予采纳，根据该原始指印与嫌疑人指纹所作的鉴定意见也不予采纳。

（3）原始指印与犯罪行为是否相关。根据现场勘查记录中对原始指印出现的部位、方向，与周围物体的关系，原始指印形成的物质、新旧程度、压力大小，与其他案件原始指印的关系，分析、判断、确定原始指印是否可能与本案作案行为相关。与作案行为没有相关性的原始指印不予采纳。

（4）原始指印是否来源于案件事实的某个环节。在一些没有明显作案现场或不具备作案现场的案件中，应着重考虑原始指印与作案手段是否具有必然的联系，是否与作案行为有关，与作案手段或作案行为无关的原始指印不予采纳。

二、样本指纹的相关性规则

样本指纹的相关性规则：样本指纹必须来源于作案嫌疑人或当事人，采集的方式为公开采集或秘密采集。

样本指纹的相关性，是指样本指纹是否来源于作案嫌疑人或其他有关人员。案件侦查中，对于现场提取的指印，均须查证以下情况：是否为作案嫌疑人或当事人所留、排除事主及其他可能接触现场且与案件无关人员的指印、进行违法或犯罪前科查询等，这些都需要采集有关人员的样本指纹。

样本指纹也称为指纹样本或样本指印检材，一般分为捺印样本、自然样本和实验样本三种。捺印样本，是指按照一定规格，采用涂染按捺的方式将指纹采集到卡片纸上或采用光学扫描的方式将指纹采集到计算机里的指纹样本。按照捺印样本对象的状态不同，捺印样本又可分为活体捺印样本和尸体捺印样本。自然样本，是指样本对象在自然条件下接触物体时留下而被采集的指纹样本。实验样本，是指根据案情和指纹鉴定工作的需要，按照一定的条件、部位、动作、程序触摸物体后所采集的指纹样本。

采集指纹样本的方式有公开采集和秘密采集两种。捺印样本和实验样本一般都是公开采集，自然样本可根据个案情况采取秘密或公开的方式采集。另外，为了查明不知名尸体的身源或某些案件事实，有时需从待查对象平常接触的物品中寻找发现相关指印并进行鉴定，这种指纹样本属于公开采集的自然样本。

对指纹样本的相关性进行审查时应主要核实每个指纹样本被采集者的身份与案件情况是否吻合，是否有采集者和被采集者的亲笔签名等；如果采集的是尸体指纹，则应有两个以上采集者签名，不符合以上条件者不予采纳。

三、指纹鉴定意见的相关性规则

指纹鉴定意见的相关性规则：指纹鉴定意见应直接回答原始指印与样本指纹是否为本案的作案嫌疑人或当事人的同一手指或手掌的同一个部位所留。

指纹鉴定意见与待证事实是否相关，主要是指指纹鉴定意见是否可以证明或排除案件中的某些实质性事实，如某人是否到过案件现场或接触、拿动过案件现场的某件物品。与没有该鉴定意见相比，可以更好地帮助法官判断某人发生上述行为具有多少可能性或不可能性。

第三节 指纹证据的合法性规则

由于我国法律中有关鉴定的条款过于简略，再加上体制方面的因素，对包括指纹鉴定在内的鉴定意见的合法性审查往往显得粗糙甚至被忽视。随着我国法制建设逐渐与世界接轨，指纹鉴定人资格认证及鉴定机构、鉴定方法程序等方面的法律制度不断健全和完善，加强这方面的合法性审查成为必然趋势。

一、鉴定人的合法性

鉴定人的合法性规则：指纹鉴定人必须是具有从事指纹鉴定执业资格并经司法机关或当事人指派、聘请的从事指纹或相关技术教学、科研、鉴定的专门人才。

鉴定人是否具有指纹鉴定的执业资格、专业知识和经验等，是指纹鉴定意见是否具有合法性的前提条件。《刑事诉讼法》第 144 条规定："为了查明案情，需要解决案件中某些专门性问题的时候，应当指派、聘请有专门知识的人进行鉴定。"《民事诉讼法》第 72 条和《行政诉讼法》第 35 条也有相应的规定：人民法院对专门性问题认为需要鉴定的，应当交由法定鉴定部门鉴定；没有法定鉴定部门的，由人民法院指定鉴定部门鉴定。在我国，指纹鉴定人员绝大多数都是在司法机关的专门鉴定机构内任职的司法鉴定人员，或是具有从事司法鉴定资格经司法机关或案件当事人指派、聘请的从事指纹或相关技术教学、科研的专门人才。总体而言，鉴定人员的政治素质、业务素质是比较高的。但由于个体所受教育的时间、层次、内容不尽相同，其实践经验、个人能力和综合素质等也参差不齐。这些主客观因素都会直接影响鉴定工作的质量和结论的正误，因此有必要对具体指纹鉴定人的适格性进行审查。审查的内容主要包括以下几点。

（一）鉴定人的执业资格

科学技术并不是常人所能掌握和理解的普通常识，只有那些拥有科学知识或技术经验的专业人员才能准确地解读、掌握和运用，这无疑也是指纹鉴定人员必须具有适格性的重要理由。专家的知识和经验是采纳指纹鉴定证据的依据之一，他们根据指纹鉴定意见对案件事实所作的判断是法官认定案件事实的参考因素之一。因此，严格鉴定人资格认证制度，是保障鉴定人在鉴定工作中保持中立，遵守高标准的诚实与职业道德，确保指纹鉴定严肃性和鉴定意见准确性与可靠性的重要条件。当前，世界各国对许多专业工作岗位都要求执业人员通过考试取得执业资格。指纹鉴定也不应例外。事实上，国际鉴定协会已设有指纹鉴定资格认证考试，但各国在这方面的做法仍然各有差异。我国的司法鉴定为了逐步与国际接轨，鉴定人执业资格制度正在逐步实施。如北京市法庭科学技术鉴定研究所于2002年年初制定了《北京市法庭科学技术鉴定研究所鉴定人资格管理办法》，成立了北京市法庭科学技术鉴定研究所鉴定人资格评审委员会，确定了每一位在职和聘用的鉴定人的鉴定资格、鉴定范围和鉴定权限并对其进行了核实、评审；2005年2月28日，十届全国人大十四次会议通过了《全国人大常委会关于司法鉴定管理问题的决定》，对争议已久的司法鉴定管理问题、司法鉴定人和司法鉴定机构的组成和条件等作出了明确规定；2006年3月1日，公安部开始实施《公安机关鉴定人登记管理办法》，具体规定了公安机关个人申请鉴定人资格应该具备的条件。随着这些鉴定人执业资格制度在全国的全面实施和逐步统一、完善，将对提高鉴定人素质和保证指纹鉴定质量起到积极的促进作用。

（二）鉴定人的业务水平

指纹鉴定人员的专业技术职称、所受专业教育程度、从事鉴定工作的时间、经验、科研成果及其在司法鉴定领域中的信誉与威望等是判断指纹鉴定人员业务水平高低的主要标准。另外，指纹鉴定人员取得认证后所做的每项鉴定的跟踪记分考核数据也是审查内容之一，对出现鉴定错误达一定次数者应取消鉴定资格。

（三）限定鉴定人回避条件

在一些特殊情况下，鉴定人不能被指派或者聘请为本案的指纹鉴定人：一是本案的当事人或者当事人的近亲属；二是从事鉴定的人或者他的近亲属与本案有利害关系；三是担任过本案的证人、辩护人、代理人的；四是与本案当事人有其他关系，可能影响鉴定公正进行的鉴定人；五是可能受到威胁、利诱、收买等外界干扰的鉴定人。

二、鉴定机构的合法性

鉴定机构的合法性规则：从事指纹鉴定的机构必须具备法定从事指纹鉴定的资格。

按照我国现行法律、法规及规章的有关规定，每一个鉴定机构都有自己的执业范围。鉴定机构是否具备从事指纹鉴定的资格与鉴定人有无鉴定权、是否有法律规定应该回避的情节等都属于鉴定机构合法性的具体内容。如果侦查人员、审判人员、当事人或其近亲属、本案证人、辩护人、附带民事诉讼的当事人或代理人以及其他与案件有利害关系的人没有履行回避义务进行指纹鉴定工作；或侦查机关违反《决定》第7条：“侦查机关根据侦查工作的需要设立的鉴定机构，不得面向社会接受委托从事司法鉴定业务”的规定，受理了民事案件中的指纹鉴定事项等，这些情况下作出的指纹鉴定意见都因鉴定机构的执业范围不符合法律规定而不予采纳。

三、鉴定材料的合法性

鉴定材料的合法性规则：用于指纹鉴定的检材由于提取、保管方法不科学、不完善，可能致使检材失真、丧失鉴定条件等，影响其鉴定意见可靠性的，该指纹鉴定意见不予采纳。

（一）原始指印的发现、提取、记录应合法、规范

原始指印是作案人实施作案行为时留下的痕迹，其发现、提取、记录等每一项工作都应符合相关法律规定。如即将实施的新刑诉法第50条规定：审判人员、检察人员、侦查人员必须依照法定程序，收集能够证实犯罪嫌疑人、被告人有罪或者无罪、犯罪情节轻重的各种证据。……第54条规定：……收集物证、书证不符合法定程序，可能严重影响司法公正的，应当予以补正或者作出合理解释；不能补正或者作出合理解释的，对该证据应当予以排除……第55条规定：人民检察院接到报案、控告、举报或者发现侦查人员以非法方法收集证据的，应当进行调查核实。对于确有以非法方法收集证据情形的，应当提出纠正意见；构成犯罪的，依法追究刑事责任。第56条规定：法庭审理过程中，审判人员认为可能存在本法第54条规定的以非法方法收集证据情形的，应当对证据收集的合法性进行法庭调查……第57条规定：……现有证据材料不能证明证据收集的合法性的，人民检察院可以提请人民法院通知有关侦查人员或者其他人员出庭说明情况。……第58条规定：对于经过法庭审理，确认或者不能排除存在本法第54条规定的以非法方法收集证据情形的，对有关证据应当予以排除。

因此，对原始指印的发现、提取及记录等应遵循相关的原则和规定；相关记录材料中应反映指印遗留的具体位置、方向，指印形成的物质和指印的种类，指印间的相互关系，指印与承痕体、周围物体及其他物证的关系等。由于我国的证据排除规则尚不完善，就指纹鉴定证据而言，采集主体或采集程序、手段不合法是否具有可采性，如通过刑讯逼供等非法方式获得线索，又通过合法程序获取的指纹是否采纳，法律并没有明确规定。实践中，通过非法手段获取的原始指印经鉴定后如能直接证明案件事实的，司法机关可以采纳；需结合其他非法言词证据才能证明案件事实的，不予采纳；结合其他合法证据能证明案件事实的，司法机关亦可以采纳；对于瑕疵指纹证据，即侦查机关主观上缺乏恶意违反法律规定的意志，但在取证权限、程序等客观行为上出现瑕疵而获取的指纹，则应根据“瑕疵”的程度进行分析，如果

出现收集主体错误、收集程序或方法严重违反相关规定的，不予采纳，如果只是在程序方面构成形式损害，如侦查人员在勘验记录上漏签名等，应在补救的基础上予以采纳。

（二）样本指印的采集应合法、规范

样本指印的来源要有嫌疑根据，其采集的对象、范围、方法和程序等要符合相关政策和法律规定。

对于捺印样本指印，因活体和尸体的条件不同，采集的方法亦不同。活体捺印的对象一般有两种：一是劳改、劳教、拘留、逮捕、预审等在押人员和现行违法犯罪人员，为了存档备查而捺取，其中有的不是立案侦查中的嫌疑人，但可捺印建档备查；二是为甄别事主和平常可能接触出事地点的人员所留指印而捺印。前者按有关规定，依法在特制的指纹卡片上捺印；后者应讲清道理，征得本人同意，经过批准，亦可公开捺取样本手印，检验后送还本人或当面销毁。活体捺印的方法有油墨捺印法、无油墨捺印法以及图像采集取样法三种。尸体样本指纹捺印一般情况下可按活体指纹的捺印方法进行捺取，若尸体发生较大变化，如尸僵、皱缩、干瘪、腐烂等情况时，应视尸体具体状况采用手指复原、化学试剂浸泡、热油煎炸等具体方法采集。

对于自然样本指纹，是指采集被采集对象在自然情况下留下的指印而获得的指纹样本。自然样本指纹的收集方式有密取和公开搜集两种。密取，是指为了发现、收集证据而对重大犯罪嫌疑人及其住所等采取秘密行动，以提取指纹样本的一种技术侦查措施；公开搜集主要是针对在侦查中失踪、在逃重点犯罪嫌疑人或查找无名尸体身源等情况，通过公开搜集其在日常生活、工作及学习过程中接触物品而留下的指印，或其他原因捺印下的指印，或有前科者的指纹档案来获取指纹样本的方法。密取重大犯罪嫌疑人的指纹样本时，首先要有根据地确定嫌疑人为重大犯罪嫌疑人，禁止对一般嫌疑人采用密取指印措施；使用时须办理有关手续及经领导批准；密取的指印样本经鉴定同一后可作为破案证据，但不能作为诉讼证据；如需提交法庭作为审判证据，应在依法对其采取强制措施后公开捺印指纹样本，并依法制作成手印鉴定书，否则不予采纳。如果是为了查找无名尸身源等问题而搜集的自然样本指纹，若此样本指纹与无名尸指纹经比对同一，即可作为鉴定用的自然样本；搜集自然样本若需提取原物品时，应与有关单位或家属办理提取原物手续；搜集自然样本的途径主要有收集原有的捺印样本、显现和提取人事档案中的潜在指印及显现和提取生活用品上的潜在指印三种途径。

对于实验样本指纹，是指根据指纹鉴定工作的需要，模拟现场的原始条件，按照原始指印遗留时的动作触摸客体而收取的样本指纹。指纹鉴定中，常会遇到原始指印与正常捺印样本存在明显差异。产生这些差异的原因很多，其中之一是由于在现场特定的时空条件下，作案人的特殊动作引起指印的形态、面积、结构及细节特征等发生变化造成的。为查明产生这些差异的原因，对差异点作出科学的合理解释，除了由检验人做一些模拟实验外，还应由犯罪嫌疑人在接近现场条件下，模仿原始指印形成的动作，制作实验样本。全面、真实、可靠的鉴定材料，是保证正确的鉴定意见的前提和基础。

四、鉴定程序的合法性

鉴定程序的合法性是程序正义的必然要求，也是指纹证据合法性的重要参数。作为一项科学实证活动，指纹鉴定活动必须遵循相应的技术规范；而作为诉讼程序的组成部分，指纹鉴定程序又必须符合法律规定。鉴定程序由诉讼程序决定并衍生其具体内容，以诉讼法为依据并受其制约。指纹鉴定程序合法主要包括：鉴定委托与受理程序合法，鉴定实施程序合法、鉴定书的制作合法这几方面内容。

（一）鉴定委托与受理程序合法

鉴定委托与受理程序合法规则：鉴定委托与受理程序应合法、规范。

委托鉴定要认真填写委托鉴定表，其内容应包括鉴定事由、鉴定委托人、鉴定机构、鉴定要求、鉴定过程、检验方法、鉴定日期等相关内容。受理鉴定首先要查验委托鉴定书，看送检手续是否符合规定，其批准单位是否属于法定单位。对于无鉴定委托书或不是法律规定批准送检的单位，或跨地区、跨系统的越级送检等情况应拒绝受理。其次，受理人员应进一步了解其基本案情，弄清案件发生的时间、地点、现场勘验情况，弄清原始指印的遗留情况、形成条件、提取保管的方法和过程等。最后，查验送检材料，核对检材是否完整无损、有无变形，并从数量和质量上判断是否具备鉴定条件。

实践中，一些作案者可能伪造原始指印；一些办案人员可能由于疏忽等原因，向鉴定人员提供不全面、不真实的指纹鉴定检材；一些原始指印或样本指纹检材不具备鉴定条件等，这些都可能直接影响指纹鉴定意见的对错。因此，审查鉴定委托与受理程序是否合法的主要内容包括：一是审查指纹鉴定检材，看送鉴材料记录的与鉴定委托叙述的送鉴材料在其数量、名称及编号等方面是否一致；二是看送鉴材料记录与案件中提取指纹的文字、图片及实物等记录是否一致；三是看有无鉴定人转委托的情况，如果有，在转交送鉴材料过程中，其鉴定材料是否有遗失或者被他人掉换的情况等；四是原始指印和样本指印采集的时间、地点、条件、部位、方法和程序是否符合法律的相关规定；五是原始指印是否清晰，面积大小与变形程度如何，反映的特征是否具有鉴定条件；六是样本指印是否清晰、完整、不变形，与原始指印的纹型是否相同，二者在细节特征的数量、形态及分布等方面是否基本一致；七是审查鉴定设备和方法是否先进、科学，对于指纹鉴定的设备和方法，虽然具有一定的专业性，但较之如DNA等物证鉴定的设备和方法来说，还是比较容易审查的。

（二）鉴定实施程序合法

鉴定实施程序合法规则：指纹鉴定实施的具体程序、步骤、方法合法。

指纹鉴定是各种物证鉴定中最常见的一种，它的主要任务是解决人身同一认定问题。按照司法部《司法鉴定程序通则》、公安部《公安机关鉴定规则》（审定稿）、《原始指印检材的包装、送检规则》（GA/T 725－2007）和《手印鉴定程序》（GA/T 724－2007）的有关规定，指纹鉴定工作实行鉴定人负责制度。鉴定人应当独立进行鉴定，并对本人出具的鉴定意见负责。鉴定的实施，应当由两名以上具有本专业鉴定资格的鉴定人负责。

指纹鉴定包括预备检验、分别检验、比较检验、综合评断作出结论和制作手印鉴定书等具体程序和步骤。

预备检验主要是了解案情，掌握原始指印检材和样本指印检材收集、保管、运送及送检等情况，准备相关设备、工具及比对图片等。

分别检验主要包括：一是分别对原始指印检材和样本指印检材的遗留方位、痕迹和花纹类型、重叠变形和形态、特征反映等情况进行观察、判断和标示等；判断样本指印检材的花纹、特征反映是否清晰、完整、不变形；对于密取的样本指印检材，由于其形成条件、显现提取方法等与原始指印基本一致，检验时可仿照对原始指印检材检验的方法进行，同时注意密取部位是否与原始指印相对应、机械作用和形成条件是否接近，是否需要补充或重新密取。二是运用各种专门方法全面认真地寻找、确定原始指印和样本指印的特征，这一工作环节的质量直接影响着指纹鉴定工作的成败，关系到鉴定意见的正确与否。

比较检验是在分别检验的基础上，通过全面比较原始指印与样本指纹的种类，细节及其他特定特征的数量、形态、状态及组合，确定它们之间的符合点和差异点。综合评断作出结论是对比较检验中所获得的符合点和差异点特征的数量和质量进行综合分析，判断是符合点为本质符合、差异点得到实验验证或科学解释，还是差异点为本质差异，符合点为偶然现象，最终对所有指印特征和特性进行评断，并作出肯定或否定的认定意见。制作手印鉴定书是指纹鉴定的最后一道程序。手印鉴定书既是记录指纹鉴定全部过程和结果的一种正式文件，又是审查、研究该鉴定过程和结果的科学性和可靠性的客观依据。制作手印鉴定书时应做到结构规范、层次清晰，客观描述、语言准确简练、根据充分、实物佐证，全面论证，令人信服、严肃美观、符合规范等。

指纹鉴定的具体步骤和技术方法本身属于科学技术的范畴，表现为一种技术规范，但鉴定活动所得出的鉴定意见是指纹证据的重要法定证据形式，其合法性直接受到鉴定程序合法性的影响。因此，鉴定程序合法应包括实施鉴定的各个步骤合法；鉴定所利用的技术手段科学可靠、在学术上无争议；鉴定过程受到应有的监督和记录，无弄虚作假故意违规操作的情形；符合点特征的质和量符合指纹认定的相关标准，差异点得到科学实验证明或有令人信服的理由解释；等等。此外，还应审查指纹鉴定过程是否坚持一人检验、他人复核、上级审批的工作制度，重大案件或疑难指印应采取下级检验、上级复核或专家集体会检的做法等。

（三）鉴定书制作合法

规则一：指纹鉴定书的内容和格式应该符合有关法律规定。

指纹鉴定书的格式和内容在《手印鉴定书的制作》（GA/T 145－1996）中有明确规定，其格式包括“绪论、检验、论证、结论”四个结构层次，不得颠倒或省略；其内容包括委托鉴定人的姓名、单位，委托鉴定的内容和材料，鉴定的依据及使用的科学技术手段，对鉴定过程的说明，充分的论证和明确的鉴定意见，对鉴定人资格的说明，鉴定人员和鉴定机构的签名盖章等；鉴定书应有文字描述与实物照片说明，两者相互印证、相互补充、缺一不可；鉴定书的文字部分必须是正规打印的文稿，个别文字的修改应加盖公章；照片部分的特征标示和文字说明应清楚、规范；鉴定书的装订要整齐、完整；等等。

规则二：指纹鉴定意见从用语到形式应该符合有关法律规定。

实践中，对指纹鉴定意见的审查很多时候是对鉴定书的书面审查。鉴定书是鉴定意见的载体，从用语到形式都应严格规范，否则会有损鉴定意见的证据效力和证明力。对指纹鉴定意见进行审查，除了前述提到的鉴定人是否存在应当回避而未回避的情形，鉴定机构和鉴定人是否具有合法的资质，鉴定程序是否符合法律及有关规定，指纹检材的来源、取得、保管、送检是否符合法律及有关规定，鉴定的程序、方法、分析过程是否符合本专业的检验鉴定规程和技术方法要求等具体内容外，还要审查鉴定意见的形式要件是否完备，鉴定意见是否明确，鉴定意见与案件待证事实有无关联，鉴定意见与其他证据之间有无矛盾，鉴定意见与检验笔录及相关照片有无矛盾，鉴定意见是否依法及时告知相关人员，当事人对鉴定意见有无异议等。在听取犯罪嫌疑人、被害人意见后，要把鉴定意见与犯罪嫌疑人的供述和辩解、被害人陈述或全案其他证据进行综合分析，查看证据之间、证据与事实之间有无矛盾。另外，得出鉴定意见的论据是否充分、推断是否合理，论据与结论之间有无矛盾，对符合点特征和差异点特征的质和量的综合评断是否令人信服，鉴定意见是否科学可靠等这些专业性较强的问题也应纳入审查范围。由于这方面的审查具有一定难度，可采取专家帮助的办法解决。必要时，可请鉴定人讲明得出鉴定意见的理由。法官对鉴定意见有疑点的，可另行指定或者聘请其他鉴定人重新鉴定。目前，我国在指纹鉴定相关术语方面已有各种行业规范，鉴定书用语基本标准化，对指纹鉴定意见的审查具有较好的可比照性和可监控性。

第三章　指纹证据的采信标准

第一节　指纹证据采信标准的确立

一、指纹证据采信标准的意义

如前所述，目前指纹认定尚无统一、明确的标准，非标准化的鉴定方法使指纹鉴定证据面临一些亟待解决的问题，如认定结论的主观性问题，指纹鉴定的科学性、可靠性问题，鉴定人员面对辩方质证如何答复的问题，指纹鉴定错案如何避免的问题等。这使指纹证据必然受到更加严格的审查和限制，而要审查并决定是否采信指纹证据，就避不开指纹的认定标准。也就是说，这个国际性难题已影响到指纹证据在诉讼活动中的运用和其自身发展。

首先，建立科学的指纹认定标准可以较好地避免或减少出现错误的鉴定意见。对于一枚指纹的局部来说，有时存在几个细节特征点与另一枚指纹的几个细节特征点相似的情况，对于这种情况如果仅凭较少的符合点特征（如3~4个）就认定的话，出错的风险就会很高，其可靠性和科学性自然受到怀疑。实践中尽管指纹专家对符合点特征数量较少的指纹认定通常都很慎重，但为了更好地避免指纹鉴定失误，设置合理、统一的符合点特征数量认定标准是有效的手段。

其次，对指纹认定标准的运用协调了程序公正和实体公正的冲突与对垒。不可否认，在指纹认定标准不尽相同，特别是没有最低符合点特征数量要求的情况下，最大的受益者是侦查机关。因为这种做法在一定程度上提高了其打击犯罪的效率，但同时也存在可能错判的高风险。建立指纹认定标准可降低这种风险，尤其是当指纹鉴定证据与其他证据存在矛盾时，可通过认定标准如适当提高符合点特征数量的办法，以体现实体价值与程序价值并重，优先选择程序价值的原则。

再次，建立指纹认定标准对于保证指纹鉴定意见的科学性有着重要意义。随着现代司法制度的不断完善和法庭科学的快速发展，科学性，特别是

“标准化”在司法鉴定中的要求越来越高，指纹鉴定实行“标准化”认证也将成为社会发展的必然要求。在这种社会背景下，建立一个统一、科学、明确的指纹鉴定行业标准，对于推动指纹鉴定的“标准化”进程、学科发展和在司法诉讼中的运用，防止指纹错案发生，更好地保证指纹鉴定意见的科学性具有积极的现实意义。

二、指纹证据采信标准的现状

指纹认定标准的历史可追溯至1914年，法国侦查学家、法庭科学家埃德蒙·洛卡德（Edmond Locard）① 首先提出了指纹鉴定的“三重性规则”，② 大致内容如下：如果指纹清晰而且具有12个以上的符合点，则可以作出同一认定结论；如果只有8～12个符合点，则必须结合指纹的其他条件且至少应有两名以上经验丰富的专家参与检验，否则不能作出同一认定结论；如果符合点数量有限（少于8个），则不能作出同一认定结论，但可以根据符合点数量和指纹清晰度给出一个可能性结论。该规则为指纹鉴定设立了一个标准，后被世界各国的指纹鉴定机构广为采纳，至于洛卡德为什么采用12个符合点作为认定依据，至今仍是未解之谜。在理解、应用洛卡德“三重性规则”的过程中，又逐渐演化出指纹鉴定数量标准说、数量—质量标准说和非数量标准说三大流派。

（一）数量标准说

数量标准说的基本观点是：指纹认定的特征符合点不能低于某一数量。也就是说，符合点少于某一数量，就不能保证指纹的特定性。持这种观点的国家规定，指纹作为法庭证据使用时必须达到规定的最低符合点特征数量标准。例如，以法国为首，荷兰、奥地利、以色列、希腊、波兰、葡萄牙、罗马尼亚、斯洛文尼亚、西班牙、土耳其、日本、南美和德国等国家实行的是指纹认定“12个特征点规则”，即在一枚指纹的鉴定中，如果符合点少于12个，则可认为这枚指纹的特定性不充分；如果出现1个差异点，就绝对不能作出认定结论。在此基础上，德国还有一个附加条件——如果指纹型是斗型纹、箕型纹而且指纹清晰时，只需8个符合点即可认定。③ 除此之外，瑞士采用的是8个符合点特征标准；西班牙采用的是10～12个符合点标准；

---

① 据说他是物质交换原理的创始人。

② 洛卡德“三重性规则”的提出以1911年法国的Victor Balthazard、1892年英国的Galton以及1906年Galdino Ramos等人对指纹的数理统计成果为基础，结合了当时对汗孔学的研究和世界各地鉴定机构的实践经验。

③ 阿碧：《指纹编年史》，载《检察风云》2007年第10期。

英国甚至采用16个符合点标准，成为目前世界上使用指纹鉴定标准最高的国家。据说英国指纹界在近百年的运用中几乎未出现指纹鉴定错冤案，这被认为与指纹认定采用较高的符合点特征数量有关。上述国家采用的认定标准虽然不尽相同，但其共同之处是均以立法形式明确规定了指纹认定的最低符合点特征数量，主张指纹认定应有明确标准。这样做的好处是能有效限制鉴定人的主观性，减少因用不同标准认定而带来的误差和错案。存在的问题是：到底应将符合点特征的最低数量定为多少才是最科学合适的？如果符合点特征的最少数量定得过高，在鉴定错误率降低的同时，相当案件中残缺、模糊的原始指印将失去鉴定条件，一些重大犯罪嫌疑人或当事人会因缺少有力证据而逍遥法外；而符合点特征的最少数量定得过低则会增加鉴定意见出错的概率，导致错案的发生。

（二）数量—质量标准说

数量—质量标准说的基本观点是：数量标准说的做法既不能完全满足实践的需要，也不能完全保证指纹鉴定的质量；指纹鉴定不能只看数量特征，同时也应该考虑特征的质量。按照这种观点，指纹鉴定中虽然需要寻找一定数量的符合点特征，但更应看重特征的质量，认定结论所需的特征数量应依其质量而定。即当特征质量好时，即使只有少量符合点特征也可以作认定结论；相反，当特征质量一般时，则需要较多数量的符合点特征才能认定。例如，对于带有伤疤的指纹，只需3～4个符合点特征就可认定，而对很少出现稀少特征的指尖印和一些手掌印，即使找到10个符合点特征也未必能认定。

1971年，洛杉矶警察局指纹鉴定专家Hess. J发表了一篇关于指纹鉴定标准的重量级文章。其中提到：有些细节特征非常少见，如双分叉特征（一条纹线在运行过程中连续出现两个分叉）或无特征，这些出现率低的特征对于指纹的认定来讲无疑是非常有价值的。① 指纹鉴定应根据每种特征的出现率高低而赋予其不同的运用价值，而不是那种无视出现率高低将所有特征价值同一化的机械运用。1973年，国际鉴定协会经过3年调研后作出决断：指纹鉴定必须达到最小数量标准的要求没有科学依据。此后，包括美国、中国、澳大利亚、芬兰、挪威、瑞典、丹麦、冰岛等越来越多的国家都

---

① 李力、黄镇国：《对当前指纹鉴定标准适用情况的分析》，载《上海公安高等专科学校学报》2005年第2期。

采纳和接受了指纹鉴定数量—质量标准说。[①] 司法实践中，这些国家对指纹鉴定特征标准不作具体规定，认定条件由鉴定专家依据指纹反映情况和自身经验酌定。辩证地看待指纹鉴定中特征的质量和数量关系，综合地作出评判。这样做的优点是能充分发挥指纹鉴定专家的知识与经验的作用，充分体现稀少特征的运用价值；缺点是对鉴定人员的知识和经验依赖较大，其鉴定意见的主观性较大，其可靠性受到影响。

（三）非数量标准说

非数量标准说的基本观点是：按照"峰纹学"所规定的细节特征进行指纹比对，其比对条件比较松散和灵活，它既否认了指纹认定的最低符合点特征数量的必要性，也不重视通常意义上的特征数量和质量关系。近 20 年来，一些学者提出了以"峰纹学"为代表的"非数量标准"，或者叫"无数量标准"的观点。如美国指纹鉴定专家 David Ash baugh 在 1983 年发表的一篇论文中对"峰纹学"的概念进行了论述，他认为应重视对峰纹的流向、形态、分离、宽度、边缘轮廓、汗孔形态与分布等摩擦峰纹的第三级细节特征的微观研究，提出了"ACE－V"即"分析—比对—评估—确认"四个步骤的指纹比对分析方法。1995 年美国联邦调查局召集 30 多位国内指纹鉴定专家对"峰纹学"与"ACE－V"方法进行了专题讨论，这种观点逐渐被一些专业人员认识和支持，一些指纹鉴定人员已将它们运用到了实践工作中。

目前，上述三种观点各执己见、互相批评、互不妥协，各种观点的不足之处也成为质疑指纹鉴定意见可靠性的理由之一。笔者认为，以上三种观点和做法在实践中都存在一定缺陷，都没有解决"标准化"的问题。第一种观点强调最低符合点特征数量，看似有标准，但其实仍没有统一明确的数量；第二种观点是多数人接受的一种观点，但由于没有一个明确的标准，在庭审中容易遭到质疑，直接影响指纹证据的可采性；第三种观点是现代指纹鉴定理论的创新，其科学论证不够充分，而且同样没有解决指纹鉴定"标准化"的问题。

综上所述，一是缺少统一的指纹认定标准使指纹鉴定过多地依赖于鉴定人员的经验性判断，难以避免错案的发生和有效控制出错率。调查资料显示，在由指纹鉴定发生的错案中，鉴定人员先入为主的主观经验性是造成鉴定意见错误的主要原因。另外，根据美国 Daubert 规则（标准）提出的专家

---

① 我国的指纹鉴定采取的是一种灵活的质与量综合考虑的认定原则。即将细节特征的数量同它在指纹中的总出现率、它所在指纹某区域中的出现率结合起来，进行综合评断。这一原则在打击刑事犯罪实践中发挥了积极作用，在诉讼过程中也基本没有受到质疑。

证据科学有效必须满足的5条标准中，一个最直接的标准是通常情况下，这种技术应当有“已知的或可能的出错率”。但正如前述，在一些对这方面所做的测试和实验中，其结果却“令人震惊和尴尬”。二是指纹认定没有统一标准使弄虚作假者有机可乘。鉴定人的诉讼地位决定了其在鉴定活动中应保持客观中立，但如果鉴定人自身或其利益牵涉于案件之中，人性的弱点就会使他难以客观地进行事实的鉴别和断定。因此，除规定相关的回避制度以防止带有偏见的鉴定人介入司法过程或产生不公正的鉴定意见外，建立统一的指纹认定标准也是保证鉴定人中立和认定结论公平的有效途径。虽然在指纹鉴定中存在弄虚作假的现象是个别的，但一旦发生，造成的恶果却是严重的。三是指纹鉴定方法的非标准化影响了指纹证据的法律效力和指纹技术学科的发展。这是因为，指纹鉴定缺少规范化标准降低了其认定结论作为证据的可靠性；鉴定人出庭作证制度的实施要求指纹鉴定技术作为法庭证据必须有统一的标准，否则其法律效力难以得到确认；当事人主义的庭审制度使指纹证据的采信受到更加严格的审查，指纹鉴定缺少规范化标准将成为法庭质证的主要问题之一，直接影响指纹证据的法律效力和指纹技术学科的发展前景。2002年美国波拉克法官在法庭上作出指纹鉴定不科学的裁决就是最好的例证。虽然波拉克法官随后又改变了自己的观点，接受了指纹证据的有效性，但整个事件震惊了全世界的指纹鉴定者们，引起了指纹专业人员和相关机构的高度重视，大家不得不反思指纹鉴定中包括认定标准在内的重要问题。

三、建立科学的指纹证据采信标准

毋庸置疑，指纹鉴定技术已滞后于时代的发展和要求，但针对该技术的实际运用现状及存在的问题，笔者认为，在当前的科学技术水平和司法实践现状下，要制定一个统一的指纹认定标准，确实有很大的难度。但为了充分发挥指纹鉴定意见这一传统科学证据在司法活动中的作用，最大限度地保证绝大多数情况下指纹鉴定意见具有可采性，建议从以下几个方面思考建立指纹认定标准。

（一）“加权”式量化特征评分标准

何家弘教授提出，借用一些定量评价体系所使用的“加权”评价方法对指纹认定标准评分系统进行量化。即先根据特征质量而给予不同种类的特征以不同的“权数”，以便使本来不能直接“加总”的证明价值转化为可以“加总”的量，然后确定指纹同一认定所需要的证明价值量。确定权数的方法包括主观构权法和客观构权法，在确定指纹特征的权数时应将二者结合使用。指纹同一认定所需的证明价值量则应该在统计数据的基础上经过概率计算来确定。在具体指纹鉴定中，我们把确认的各类符合点特征的数量分别乘以其权数，相加后便可得出其价值和。假设我们根据证明价值把指纹特征分为三类，A 类特征的权数为 X1，B 类特征的权数为 X2，C 类特征的权数为 X3，那么特征价值和的计算公式如下：

$$nA \cdot X1 + nB \cdot X2 + nC \cdot X3 = \text{特征价值和}$$

如果特征价值和等于或大于所需的证明价值量，就可以作出肯定同一的结论；否则就不能作出肯定同一的结论。[①] 鉴于指纹认定标准问题的复杂性和难度，上述各种权数和证明价值量的确定还需要大量的实证调查、数据统计、理论论证和实践检验，需要世界各国相关机构和指纹鉴定人员的大力支持和共同努力。

（二）图形 + 最低符合点特征数量标准

这种方法是指一定面积的指纹图形是否同一为基础，结合一定数量的细节特征为参考，确立最低符合点特征数量认定标准。从本质上讲，两枚指纹是否同一，须看由以乳突纹线为主的各种皮肤花纹所构成的图形是否同一。这在理论上讲是没有问题的，但实际上，因为人的手指手掌肌肉富有弹性，手部动作千变万化，形成的指纹就必然存在或多或少的变形。因此，认定两个指纹的同一，不能只是指纹图形的简单重叠一致，而应是整个指纹的本质特征同一。这种本质特征同一是指两枚指纹在一定面积内其指纹图形基本重叠，同时能找到一定数量的符合点特征。从这个意义上说，弗朗西斯·高尔顿开创的细节特征比对法仍然是现行指纹鉴定的首选方法。即指纹中一定数量的细节特征点是否吻合，是判断两枚指纹是否同一的核心和关键。因为细节特征比对法将指纹比对走向具体化和量化，既极大地方便了指纹的检验鉴定，又提高了指纹鉴定的效率，也为制定指纹的鉴定标准提供了参考。至于在鉴定过程中至少需要几个符合点特征，由前所述，这是当前各国相关研究人员正在攻克的一个难题。根据当前世界各国在这方面的运用情况，结合我国各地指纹鉴定实际，笔者倾向于 12 个符合点特征数量的认定标准。实际运用中具体方法如下：

（1）一般情况下，在指纹鉴定中若找到 12 个以上的符合点特征，且差异点能够得到合理的解释或实验验证，即可作出认定结论；

（2）在原始指印基本完整、清晰、不变形且面积较大（大于或等于完整指印的 2/3）的情况下，使用图形重叠法即可进行认定；

（3）在原始指印面积小于完整指印的 2/3，但基本清晰且变形较小的情

---

① 何家弘：《对法定证据制度的再认识与证据采信标准的规范化》，载《中国法学》2005 年第 3 期。

况下，先用图形重叠法进行比对，然后至少找到12个符合点特征，同时对差异图形或差异点进行合理解释或实验验证后即可作出认定结论；

（4）若原始指印面积小于完整指印的1/3，但遗留部位特殊如花纹中心或三角区域等，若这些部位花纹完整且变形程度较小，在按方法（3）进行鉴定的基础上，可将认定的符合点特征数量降为8个；

（5）若原始指印出现如伤疤等特定性较强、出现率较低的特征，在其位置、大小、面积、形态、数量等比对同一的情况下，如果无差异点或差异点得到实验验证，即使符合点特征数量较少（如3~4个），甚至无符合点细节特征，经两位以上具有较高职称的鉴定人员鉴定或复核，也可作出认定结论；

（6）不符合上述情况的指纹鉴定，不得作出认定结论。在当前指纹鉴定的实际情况下，图形+最低符合点特征数量标准既符合指纹同一认定的本质，又兼顾了指纹鉴定中的各种具体情况，具有相对实际和较强的可操作性。但在具体确定最低符合点特征数量和如何进行指纹面积大小的比对、测量及计算等方面还需进一步探讨。

（三）面积+特征质量标准

江苏警官学院的吕导中在《基于指纹面积和特征质量的指纹鉴定量化标准研究》一文中以指纹有效面积和特征质量为主要比对内容，提出了一种“面积+特征质量标准”的量化指纹认定标准。该标准首先根据指纹的有效面积决定细节特性的数量，视指纹有效面积中的每条纹线都按一定的密度充满特征；其次，将细节特征分为空位特征、基本细节特征和特殊细节特征三类，按照特征出现率的高低决定特征的质量量值；再次，综合所有特征的出现概率，形成随机匹配概率来描述鉴定的质量，在概率计算和充分评估的基础上，确定指纹认定的随机匹配概率标准量值；最后，按照泊松定理计算人群中发生2次以上认定的重复概率，在保证重复概率极小的情况下，确定一个最低的特征排列出现率数值作为指纹认定的标准量值。①

面积+特征质量标准设定指纹乳突纹线具有空位特征、基本特征和特殊特征，比较全面地包含了指纹中乳突纹线特征的主要信息。其中，对空位特征的确定，使无特征区域在指纹认定中的作用得到了客观的体现；对细节特征出现频率的统计，采用简单的随机匹配概率作为量化指标，较好地反映了不同特征的认定价值。形式比较简单，有一定的可操作性。但从建立认定标准的要求来看，本项研究还停留在基本方法的构建上，有些指标的确定尚需

① 吕导中：《基于指纹面积和特征质量的指纹鉴定量化标准研究》，载《中国人民公安大学学报（自然科学版）》2008年第2期。

进一步研究确定，离实际运用还有一段距离。综上，以上几种指纹认定标准各有特点，在一些细节方面都需进一步论证、实验和计算。

第二节　指纹证据的采信标准释义

标准一：符合点数量达到认定标准且无差异点的指纹认定意见予以采信。

对于变形程度较小的原始指印，无论其遗留位置、面积大小如何，只要找到符合认定标准规定的最低符合点特征数量（建议为12个）以上的细节特征且无差异点，该指纹认定意见应予采信。

标准二：不同遗留部位、不同面积、不同符合点特征数量的指纹鉴定意见实行不同的采信标准。

第一，对于符合鉴定条件的指纹检材，如找到12个以上的符合点，同时差异点能得到合理解释或实验验证，该指纹认定意见应予采信。在这种情况下，找到的符合点数量越多，其特征组合的特定性就越强，鉴定意见就越可靠。

第二，对于遗留部位为花纹中心、三角部位或有特殊特征如伤疤等的原始指印，虽然符合点特征数量达不到认定标准（建议不少于8个），在基本无差异点或差异点能得到合理解释或实验验证情况下，该指纹认定意见予以采信。

第三，在原始指印面积或变形程度较小的情况下，如果符合点特征数量较少（建议不少于6个），但存在出现率较低而质量较高的特征如小眼、小桥、小点、小棒、细点线、伤疤等，在基本无差异点或差异点能得到合理解释或实验验证情况下，该指纹认定意见予以采信。

第四，对于遗留面积较小（完整指纹的1/3以下）且细节特征较少的原始指印，可认为其认定意见的重复率较高、科学性和可靠性较低，其认定意见的证明力也较低，一般不予采信或需结合其他证据情况决定是否采信。

标准三：如果原始指印检材和样本指纹检材存在一个以上的本质差异点，其否定的鉴定意见可以采信。

鉴定实践中，得出指纹鉴定否定意见的几种主要情况是：花纹类型不同；类型相同，但纹线结构形态、细节特征总和不相符；少数特征相似，但实验证明是偶合；等等。评断差异点时，应认真分析差异点是同一手的同一部位纹线或特征变形的结果，还是由于原始指印与样本指印实际上是两个不同的手指（掌）或同一手指（掌）不同部位反映出的差异，或是在指印形成过程中，由于其他因素作用而形成的差异，如采取、固定、包装、运送或承痕体本身的变化引起的改变。前者是本质差异，是否定意见的主要依据。后者属非本质差异。具体评断时，应重点考虑以下几个方面：

第一，在没有纹型、没有纹线的明显流向趋势时，少于12个符合点而作出认定意见是危险的，特别是在只有几根纹线的情况下，其认定意见不予采信；

第二，模糊不清、变形较大、位置不准、单独分散的特征属于质量较低的特征，据此得出的认定意见不予采信；

第三，如果鉴定中发现符合点虽然比差异点多，但符合点的质量较低，而差异点的质量高，稳定可靠，反映了事物的本质，其认定意见不予采信；

第四，对认定理由不够充分，差异点不明显但确实难以认定的情况如残缺指纹鉴定，不一定非要作出认定或否定意见。可出具检验分析意见书，说明检验、鉴定的过程和不能下结论的原因，以降低其在庭审中的证明力，供法庭参考。

标准四：对变形严重的原始指印所作的鉴定意见应慎重采信。

由于原始指印形成条件的复杂性，如造痕体、承痕体、作用力及生理、病理因素等，往往与正常捺印样本产生较大差别，表现在指印的几何形态、乳突线的弯曲程度、粗细、密度及细节特征等方面都会产生较大变化而形成变形指纹。在采信这类指纹的鉴定意见时，应着重观察和识别原始指印的变形情况，如产生了哪些变形以及变形的程度，搞清鉴定中其符合点和差异点的数量、形态和质量表现，认真分析对差异点的解释和实验情况。如果符合点数量达到认定标准且差异点得到合理解释或实验验证的鉴定意见，予以采信；如果符合点数量没有达到认定标准，但差异点得到合理解释或实验验证，且符合点与差异点（此时差异点必须是客观存在的特征）数量之和达到认定标准的鉴定意见，予以采信；无论符合点数量是否达到认定标准，只要差异点得不到合理解释或实验验证的鉴定意见，可认为其证明力较低，不予采信。

标准五：单独的指纹鉴定意见不能成为认定事实的根据。

在某地发生的一起盗窃案件中，公诉机关提供了被告人张某和李某在犯罪现场的指纹认定意见，认为张某和李某共同参与该起盗窃犯罪。而辩方律师认为，公诉机关指控被告人张某伙同李某共同实施该起盗窃案件的犯罪证据不足，不能成立。法院审理后认定，虽然公诉机关提供了张某与李某在现场的指纹及其鉴定意见，但这只能证明张某也到过现场，却不能证实张某与李某是一起到达现场的；张某在接受讯问时拒不承认参与该起盗窃案，李某也始终供述该起盗窃案是其一人所为，并未与其他人合为；案发后，侦查机关未能从张某居住处缴获任何赃物和其他能够证实张某参与该起盗窃犯罪的证据。因此，现有证据无法证实被告人张某与李某共同实施了该起盗窃犯罪，公诉机关该项指控证据不足，不予认定，辩方律师的观点予以采纳。

该案中，公诉机关指控张某参与盗窃犯罪的唯一证据是张某留在犯罪现场的指纹及其鉴定意见，而这一证据无法排除其与李某是因其他原因恰好先后到达现场，或张某到达现场时盗窃案已经发生的可能。由此可见，如果案件中除指纹鉴定意见外，没有其他证据与其相互印证，此时可认为指纹鉴定意见对案件事实的证明力不足，不能单独作为证明案件事实的根据，必须有其他证据佐证，否则不能成为认定事实的根据。

标准六：虽然认定指纹的符合点特征数量没有达到认定标准，但基本没有差异点，且控辩双方对鉴定意见无异议，形式审查合格的，予以采信。

在这种情况下，法官应按照本篇第二章的相关内容进行形式审查，审查合格的，可认为该指纹鉴定意见的证明力较高，予以采信。

标准七：有争议的指纹鉴定意见应经过法庭质证或重新鉴定，才能决定是否采信。

符合上述法定要求的指纹鉴定意见应当庭宣读。法官要听取公诉人、当事人和辩护人、诉讼代理人方方面面的意见。没有争议的，予以采信；有争议或经法庭质证，或由法庭自行指定经当事人同意的其他鉴定专家重新鉴定之后，法官结合自由心证原则决定是否采信。如果不予采信，法官应说明理由。

第三篇

笔迹证据的审查规则与采信标准

作为一种特殊痕迹，笔迹是人的书写动作习惯的外在表现。然而，书写动作习惯不能自我表达或告知，需要专家识别。因此，包括律师、检察官、法官在内的普通人一般都无法直接根据笔迹判答其书写人以及笔迹是否伪装等问题。换言之，对笔迹证据价值的利用还得依靠笔迹鉴定意见，而对笔迹证据的审查判断通常也就是对笔迹鉴定意见的审查判断。

第一章 笔迹证据概述

第一节 笔迹鉴定的科学基础

一、笔迹及其实质

笔迹是书写人按照一定的书写规范，利用一定的书写工具，在物质表面书写时形成的，能反映书写人书写动作习惯的特殊痕迹。[①] 之所以认为笔迹是“特殊痕迹”，主要原因在于，该痕迹区别于传统意义上的形象痕迹，即它不仅能反映书写工具的具体种类，如铅笔、钢笔、毛笔、圆珠笔等，更重要的是它能反映书写者独有的书写动作习惯，进而能被我们用来辨识具体的书写者。

换言之，虽然笔迹是多种信息的载体，如通过笔迹可以了解书写者书写文字符号时所使用的书写工具的种类，了解文字符号所表现的具体内容，了解构成文字符号的有色物质的具体成分等，但通常而言，研究笔迹，主要是为了了解笔迹所反映的书写动作习惯，进而认定具体的书写者。

因此，从笔迹鉴定的视角而言，笔迹的实质，是人的习惯性书写动作。作为一种特殊的痕迹，构成文字符号等以向他人传达文意的笔迹，只不过是人们的习惯性书写动作的外在表现。既然笔迹实质上是人的习惯性书写动作，那么，书写动作的形成及书写动作习惯的最终养成，就决定了相应笔迹所拥有的具体特点。

书写，是人类特有的技能活动，是在口语交际技能的基础上，经过学习和训练，并在反复的书写实践中后天形成的。书写技能反映了个人掌握并运用文字书写技术以表达思想的个体能力。在条件反射理论下，书写技能是高级神经活动的产物。

---

① 徐立根主编：《物证技术学》（第4版），中国人民大学出版社2011年版，第115页。

当一个人从事书写技能训练，即识字、仿写、表达时，与书写活动有关的信号如字的外形、发音、含义等，按一定的顺序并以相应的关联度和强度刺激着人体。人体中枢神经系统以及参与书写活动的人体各器官受到这些信号刺激后，会产生有规律的反应或应答。长期的书写训练、长期的书写运用，也就是条件反射理论所说的刺激与反应的经久重复，使得刺激与反应间的联系逐渐得以巩固，并在大脑皮层分析、整合的基础上形成以第二信号系统为主，由第一信号[①]系统和第二信号系统相互作用、协调活动的条件反射锁链系统。该条件反射锁链系统是大脑皮层利用自有的整合机制，对各个感觉器官提供的信息进行整理加工后，形成的各种同时性或继时性的复合刺激定型系统。这时，某个单一刺激所引起的兴奋，都可成为下一个兴奋的动因，而相应的反应就好像有预先编定的程序一样，将自动化完成——书写动力定型由此形成。得以巩固并最终形成动力定型的书写动作，按照条件反射理论，就有了“自动化”的性质。此后，只要有初始信号的刺激，书写这一条件反射锁链便会按已有的顺序和强度，自动地、环环相扣地启动。动力定型越巩固，其书写动作自动化程度便越高，书写动作的协调程度也越好。如果这时书写一份合同，便无须再考虑每个字有着怎样的外形、应该如何运笔、如何搭配等，只需考虑怎样表达自己要表达的内容，就可顺畅、流利地形成具体的文字符号，即笔迹，并表现出相对稳定的习惯性书写动作。

可见，习惯性书写动作是书写人大脑中形成并巩固下来的书写动力定型，而笔迹则是这种书写动力定型的特征反映体。之所以能认定某争议文书上的笔迹是否为某人书写，或者说，之所以某争议文书上的笔迹能成为案件中的证据，正是由笔迹的这种实质决定的。

二、笔迹证据与笔迹鉴定和笔迹鉴定意见

笔迹证据，从字面上看，即用来证明案件真实情况的，是留存在纸面或其他物面上的笔迹。但显然，无论笔迹的具体表现如何，即无论笔迹是铅笔笔迹、钢笔笔迹或毛笔笔迹，其自身并不能向我们“诉说”任何信息。而人类利用笔迹的漫长历史告诉我们，只有通过解读的方式，即借助专家对笔迹的鉴定，笔迹才能真正发挥其证明作用。基于这样的缘由，笔迹证据实际上具有广义和狭义之分。

所谓广义的笔迹证据，是指笔迹、笔迹所在的载体以及笔迹鉴定意见这

---

① 在条件反射理论中，由条件刺激引起的反射，称为条件反射或信号刺激。其中，直接作用于感觉器官的具体刺激，如实物的颜色、声音、气味、味道等，被称为“第一信号”；而抽象、概括的刺激，如语言，则被称为“第二信号”。

些能够用来证明案件真实情况的各种依据。

而狭义的笔迹证据，则仅仅指由专家依据鉴定程序而对笔迹进行分析、检验之后，就笔迹的书写者或笔迹是否伪造等专业性问题给出的意见。

由于笔迹不能自我表达，而普通人士，哪怕是律师、检察官、法官，也无法直观或简单地根据笔迹进而判断某笔迹的书写者是谁或者某笔迹是否有伪装。因此，实务中，对笔迹之证据价值的利用，通常还是得依靠笔迹鉴定意见，且对笔迹证据的审查判断，也通常体现在对笔迹鉴定意见的审查判断之上。故，本书中，除非特别明示，笔迹证据均特指其狭义的概念，即专指笔迹鉴定意见。

三、笔迹鉴定的科学性

笔迹鉴定，在实务中也被称作笔迹检验，是指根据笔迹表现出的习惯性书写动作进而认定笔迹书写人的一种专门活动。

与指纹鉴定一样，笔迹鉴定也是一种典型而又传统的同一认定①活动，且同样是一种旨在辨识人身的同一认定活动。按照物证技术学的同一认定理论，之所以能对先后出现的客体是否同一进行认定，是因为每个客体均具有自身的特定性，且客体满足了同一认定所要求的最为基本的几个条件：（1）客体的特定性明显突出；（2）客体的特定性在其先后出现的相隔时间段里基本稳定不变；（3）客体的特定性能在其特征反映体上得到反映；（4）客体的特定性已被人们所认识。

如前所述，笔迹鉴定针对的是人身，即其旨在辨识书写者。那么书写者，也就是被辨识的客体，是否具有同一认定所要求的客体特定性并能满足相应的同一认定条件呢？对这一问题的回答，决定了笔迹鉴定是否具有科学性。

在刑事诉讼中，辨识留下指印者或留下生物物质DNA者，都是进行人身同一认定，而且，辨识出的留指印者和留生物物质DNA者，还有可能是

---

① 就何为“同一认定”，理论上主要有两种学说，即在我国占主流的“客体同一说”，及在美国占主流的“来源唯一说”。所谓“客体同一说”，即认为同一认定解决的是，客体自己是否就是自己这样一个问题——站在被告席上的被告是否就是在现场匕首上留下血指印的那个人；而所谓的“来源唯一说”，即认为同一认定解决的是，在现场发现的某客体，与在嫌疑人处发现的某客体，是否来源于同一个体这样一个问题——在现场匕首上发现的血指印与在嫌疑人的茶杯上发现的无色指印是否来源于同一个手指头。这两种学说，从本质上看没有什么差异，只不过是表述的视角不同而已。参见李学军：《物证论——从物证技术学层面及诉讼法学的视角》，中国人民大学出版社2010年版，第75页。

同一个人。但显然，辨识留指印者或者辨识留生物物质DNA者，所依据的客体（即人）的特定性是完全不同的：前者依据的是人的指纹特征，后者依据的则是人的生物属性特征。这表明，“能将这个客体和任何其他客体区别开来”① 的客体特定性，依我们考察的视角不同而具有不同的内容。

事实上，不论是人身还是物体，其特定性都可能并非唯一，而究竟要用哪种特定性来区分某一客体，则显然取决于我们对该客体的认识角度、认识程度、认识可能性。认识角度、认识程度、认识可能性等方面的差异，决定了仅仅是针对人身，我们就可以从指纹、眼纹、脸纹、唇纹、掌纹、耳纹、DNA等不同特征入手来加以区分，因为理论及实务已经证明，这些特征不仅特定而且能够满足同一认定所要求的基本条件。

就笔迹所反映的习惯性书写动作即书写动作习惯而言，它是否是人身的一种特定性？换言之，依据书写动作习惯，能否将此人与彼人相区别？这要再次从书写动作习惯的形成谈起，并要言及书写动作习惯的具体特点。

书写无疑要遵从既定的书写规范，且习字、仿写者有可能使用同样的字帖，甚至师从同一位老师。因此，即使是不同书写人，也会表现出相同的书写动作习惯，换句话说，不同书写人的书写习惯难免具有共性、难免有相同之处，比如，具有相同的书写水平，同样的字形特征，字的倾斜方向和程度一致，字的大小相同，写字的压力大小一样，字的间隔相同，字的异体写法、繁体写法、非规范简化写法、缩略写法等写法特征一致，等等。

但是，更重要的是，以下数方面的因素决定了不同书写人，其书写出的笔迹，也就是所形成的书写动作习惯，往往各具特色，有着明显的个性。（1）每个人在大脑组织、感觉器官、书写器官的微观结构、神经系统的先天素质等方面存在差异，而这些系统、组织、器官等均要参与到习字的条件反射活动中；（2）每个人的注意力、记忆力、意志力及个人兴趣、爱好等与书写有关的心理或其他因素方面的差异；（3）每个人练习书写的时间长短不同，学写、仿写的条件，如学写、访写的对象和学写、访写的方法的不同、所受专业训练的不同，社会经历的不同；（4）文字规范在客观上具有相当的宽容性，即文字规范对书写的每个字、每个笔画，均只可能有个大致要求，而书写文字的具体动作，又极为复杂、精细，所以书写者无疑可以根据自己对文字符号之构成笔画的具体观察和理解来书写文字。正是以上人的身体素质、受教育境况、生活和工作背景等因素的综合作用，才使得习字者在经过反复的学习、训练、使用后，形成人各不同的书写动作习惯，并借笔迹的一系列细节特征加以反映，例如，笔画的运笔特征、笔画的连笔特征、

① 徐立根主编：《物证技术学》（第4版），中国人民大学出版社2011年版，第25页。

笔画以及偏旁部首等的搭配比例特征、笔顺特征、标点符号的写法特征等（见图3－1－1）。

图3－1－1　12名书写者书写“证据”时表现出明显不同的笔迹细节特征

因此，形成习惯的书写动作具有特定性，能够彼此相互区分；而且，只要构成笔迹的文字笔画没有被损坏且清晰可见，由笔迹一般特征和细节特征综合表现出的书写动作习惯，如字的大小、字的倾斜程度、笔画的运笔特征、笔画的连笔特征等，通常都是明显、突出的。这便满足了同一认定的第一个基本条件（见图3－1－2）。

图3－1－2　同一书写者的书写动作习惯在书写相同文字时明显、突出地表现了出来

如前所述，书写动力定型的形成与巩固，是大脑神经系统长期作用的结果。局部或单一因素的变化，如书写姿势的改变、书写工具的不同、情绪紧张、心理焦虑、书写器官偶然受伤等，并不可能使已经形成的条件反射锁链系统，即书写动力定型发生整体性的、质的改变。故，书写动力定型具有稳定性。当然，这些因素也不是完全不能改变书写者的书写动作习惯，如书写者不断练习并实践，其书写水平会渐次提高；书写者书写同一文字可用不同的书写动作，使其书写呈现出多样性；书写者故意伪装，使其书写的文字结构、搭配比例被破坏等。但因有固有的书写动力定型的作用，这些变化都只能是缓慢或局部的、片面的。尽管这些变化使得书写动作习惯的稳定性呈现出相对的势态（见图3－1－3），但只要有合适的笔迹样本，如书写者练字之前的笔迹、书写者使用相同书写工具书写的笔迹、书写者以相同书写姿势书写的笔迹、书写者生病前或受伤前书写的笔迹等，还是能够进行笔迹鉴定的。事实上，同一认定理论也告诉我们，同一认定要求客体特定性保持稳定，并不是说客体特定性一定不能发生任何变化，而是要求客体在其先后出现的时间段里，其特定性尽量不要有大的、整体的突变，而这恰恰就是客体特定性具有相对稳定性的另一种表述。因此，可以说，书写动作习惯所具有的稳定性，哪怕是相对的，也已经满足了同一认定所要求的第二个基本条件。

由前文可知，笔迹实际上是书写者书写动作习惯的外在表现。有笔迹，通常就有书写者书写动作习惯的具体反映，因为，书写动作习惯是笔迹的成因，而笔迹则是书写动作习惯作用的结果：书写技能一旦达到熟练之后，已建立的动力定型便具有了适应不同书写条件、克服各种阻力干扰，进而完成书写活动的能力；而书写活动一旦完成，表现书写动作习惯的笔迹也就形成了。笔迹与书写动作习惯之间的这种反映与被反映的关系，决定了总能从足够数量笔迹中探究出书写者的书写动作习惯，笔迹鉴定也就有了可能。书写动作习惯借笔迹而得以反映的这一特性，正好满足了同一认定理论所要求的第三个基本条件：客体的特定性应具有反映性。而且，也正是书写动作习惯的这种反映性，决定了即使是伪装笔迹，有时也能被鉴定出书写者。当然，这种鉴定的前提要求是，伪装字迹比较多，且某些文字反复出现进而能够暴露出伪装者自己真实的书写动作习惯，因为，书写动作习惯一旦形成，书写通常便不再受书写者意识的控制，而是依靠反射系统自动完成。书写者如果想改变自己的笔迹，则显然要摆脱既定书写动作习惯的约束。但是，既定书写动作习惯是长期学习、练习、使用的结果，已在大脑皮层建立了牢固的动力定型。书写者在意志的控制下，或许能够改变某一个书写动作，但这种改变只能是暂时的，且对整个书写动作而言，这种改变只能是局部的。因此，如果伪装的字迹较多，随着控制力的慢慢变弱，那么书写者自身的书写动作习惯就不可避免地借助某一具体的笔迹反映出来。总之，书写动力定型是一个“自动化”的反射活动系统，我们的意识可以启动它、制止它或干扰它，但却并不能随意摆布它。因为，注意力是有限的、“意在笔前”难以处处做到、反习惯的行为往往难以持久且改变笔迹是与固有书写习惯相较量。

图 3－1－3　同一书写者在 5 年里书写的签名——书写动作习惯具有相对稳定性

（说明：从图 3－1－3 可以看出，在长达 5 年的时间里，魏统军的签名总体上没有根本的变化，只是某些笔画呈现出细微的不同。这表明，魏统军的签名笔迹具有相对稳定性）

从笔迹鉴定的发展史看，对笔迹之实质的认识曾经有过三个主要流派，即笔相学派、特征描述派和笔迹测量派。包括我国古代学者在内的笔相学派认为：笔迹为“心画也”，是“心之所发”；笔迹是人天生不变的身体机能决定的，罪犯的笔迹不同于一般人的笔迹，由笔迹可鉴别出罪犯；笔迹能反映书写者的学问、道德、意志、骄傲、自私、贪婪、魄力、慷慨、坚定、恒心、正直等。特征描述派正确地提出，笔迹鉴定应从笔迹的特征入手并利用一定工具来进行比对，但他们只是就笔迹言笔迹，将笔迹看成是孤立不变的东西，忽略了书写者生理、心理上的变化或差异对笔迹的影响；换言之，特征描述派反对笔相学的观点，认为笔迹并非书写者学问、道德、意志、骄傲等心性的反映，他们摒弃了唯心的笔相学，并提出了唯物的特征利用观，但他们同样没有揭示出笔迹的真正本质所在；所以他们认为，笔迹鉴定只能区分不同书写者但却无法认定书写者也就不足为奇了。笔迹测量派认为，辨认就是测量，书写人可以改变字母的形状、大小、高度、倾斜，但各部分的比例关系并不会变化，所以笔迹鉴定的基础就是测量。①

无疑，无论是唯心的笔相学，还是唯物的特征描述派、笔迹测量派（但他们的唯物显然是机械的），均没有准确认识到笔迹的实质，因而依据这些学说所进行的笔迹鉴定其科学性自然难以得到保障，就连特征描述派的拥戴者贝蒂隆都因笔迹鉴定的错误而将某间谍案办成错案也就不足为奇了。但随着科学的发展，特别是苏联学者巴甫洛夫条件反射理论的创立，特别是医学的发展使得我们对人类自身的认识深入到生理解剖的层次，我们得以正确认识到笔迹实质上是书写者的书写动作习惯。对书写动作习惯这一人的特定性的正确认识，使得我们能够从生理学、心理学角度科学地解释人为什么能够通过学习进而掌握书写技能，以及为什么笔迹会在心理、生理、书写条件等因素发生变化时出现相应的变化，为什么笔迹能在一段时间内保持一定的稳定。可以说，正是对笔迹之实质的正确认识，正是对人的书写动作习惯有了系统、科学的了解，才保证笔迹鉴定有了科学的基础。

综上可知，人的书写动作习惯的特定性、反映性、相对稳定性以及书写动作习惯这一特定性被人们的准确认识，满足了同一认定理论所要求的最为基本的同一认定条件。故从理论上说，笔迹鉴定有了科学性。

而笔迹鉴定之方法的科学性，则使得理论上科学的笔迹鉴定得以用来科学地解决实务中对书写者的认定或否定：笔迹鉴定的最根本目的是认定书写人，是典型的人身同一认定。故其所遵循的步骤应是同一认定的基本步骤——分别检验、比较检验、综合评断并给出结论，其所采纳的方法应是比较检验法。同一认定的基本步骤对包括笔迹鉴定在内的各种同一认定均具有普适性，同一认定的基本方法即比较法理论及实践证实也是科学的，而现有

---

① 中国刑事警察学院：《文件检验·上》（内部教材），1985年印，第44~47页。

的科学技术已经发展到相当高的程度，为比较法的有效、可靠使用提供了便利的工具，如放大镜、显微镜、扫描仪、相关的计算机处理软件、各种比对仪、各种文检仪等，故笔迹鉴定方法具有科学性，能为笔迹鉴定提供可靠的结论。

第二节　笔迹鉴定的步骤和方法

如前所述，笔迹鉴定是一种典型的人身同一认定活动。那么，笔迹鉴定无疑要遵循同一认定的基本步骤即分别检验、比较检验、综合评断、得出结论并制作鉴定书，并采纳同一认定的基本方法即比较法。

当然，“分别检验”、“比较检验”、“综合评断”、“得出鉴定结论或鉴定意见并制作鉴定书”的“四段论”步骤是相对狭义的笔迹鉴定活动而言的，即鉴定人根据委托人的委托，就争议笔迹与笔迹样本进行鉴定并得出结论的活动——此时最为关键的是，委托人已经获取或者在鉴定人的专业指导下获取了用于笔迹鉴定的笔迹样本。但是，因为笔迹样本的具体种类、笔迹样本的获取方式、笔迹样本的真实可靠性等因素，均极大程度地影响着最终的笔迹鉴定意见的可靠性，所以，本书在论及笔迹鉴定的步骤时就不可避免地将步骤延伸到笔迹样本的获取环节。也就是说，本书论及的笔迹鉴定是广义的笔迹鉴定，即将收集、提取笔迹样本的活动均涵盖在内的全部与笔迹鉴定有关的活动。

一、笔迹样本的种类及其收集、提取

笔迹是人们形成于书面材料之上的，能够表达意思、传递思想的痕迹。通常而言，人们关注的，只是笔迹所表达的具体内容，并不探究笔迹是谁书写的，因为通常均认为文书最后的署名者即是笔迹的书写者。然而，有的文书没有署名；有的文书虽有署名，但署名者否认文书系其书写，或者读者诸君怀疑某文书不是署名者自己亲笔书写，故实务中，会经常出现就某笔迹的书写者作出认定的需求，而该笔迹即为争议笔迹。实务中，这些争议笔迹通常是某文书材料的组成部分，辨识争议笔迹的书写者，实际上均要将该文书材料提交鉴定，所以承载有争议笔迹的文书材料又被称为检材；检材上的争议笔迹也有时被称为检材笔迹。欲认定争议笔迹或检材笔迹——刑事案件中有时也被称为嫌疑笔迹——的书写者，就需要有已知书写者的笔迹作为鉴定时的样本供比对使用。笔迹鉴定中，这种已知书写者且将在相应笔迹鉴定中作为样本使用的手写文字材料通常被称为笔迹样本。当然，该已知书写者有可能是一个，也可能是两个、三个甚至更多，但通常，该书写者或这些书写

者自己否认是某笔迹的书写者，或者自己承认是某笔迹的书写者，但他人并不认可其承认。所以，该书写者或这些书写者，又被称为疑是书写者或受审查的书写者。

按照形成的目的性，笔迹样本主要可分为两种，一种是自由笔迹样本，一种是实验笔迹样本；而自由笔迹样本又可从制作时间上分为绝对自由笔迹样本和相对自由笔迹样本（见图3－1－4）。

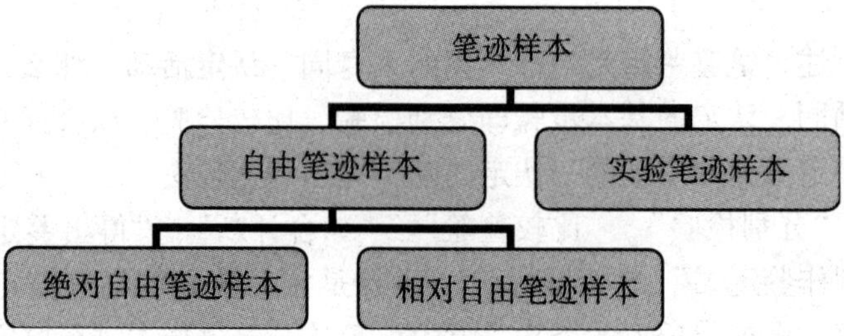

图3－1－4　笔迹样本分类

自由笔迹样本，是指并非为了笔迹鉴定的需要，而是由受审查书写者或疑是书写者在平时工作、学习的过程中自然书写形成的笔迹。因为这些笔迹是受审查书写者或疑是书写者在平时的工作、学习、生活中自然而然地形成的，所以，可以排除伪装的可能。从形成时间上看，这些笔迹或是在争议笔迹形成之前书写的，也可能是在争议笔迹形成之后书写的。所以，实务中往往将前者称为“案前笔迹样本”，将后者称为“案后笔迹样本”。无疑，案前笔迹样本因是在案件或纠纷发生前形成的，能真实地反映书写者的书写动作习惯，故而又被称作“绝对自由笔迹样本”。但案后笔迹样本则不尽然：如果是受审查人或疑是书写者在日常业务活动或生活中书写的报表、账册、书信、日记、作业、考卷等（见图3－1－5），其笔迹特征一般还是可靠的；但如果是纠纷开始出现或案件开始调查后，以某种正当理由让受审查人或疑是书写者书写，哪怕是让其和他人一道书写，其笔迹就不能完全排除伪装的可能。所以，对于案后样本，又称为“相对自由笔迹样本”或“准自由笔迹样本”，以示与案前自由样本在书写动作习惯的可靠性方面存在一定差异。

但在某些情况下，我们并不能得到可供比对的笔迹样本：（1）某书写者的自由笔迹样本数量太少，没有包括争议笔迹中应予鉴定的字迹，例如，争议笔迹中含有“风骚”二字，但疑是书写者的自由笔迹样本中并没有“风骚”二字，或者虽有这两个字，但却不是争议笔迹中那样的正楷体，而是草写体，以至于笔迹鉴定无法进行。（2）虽然得到了受审查书写者或疑是书写者的自由笔迹样本，但另一方并不认可其书写者的真实性，例如，在

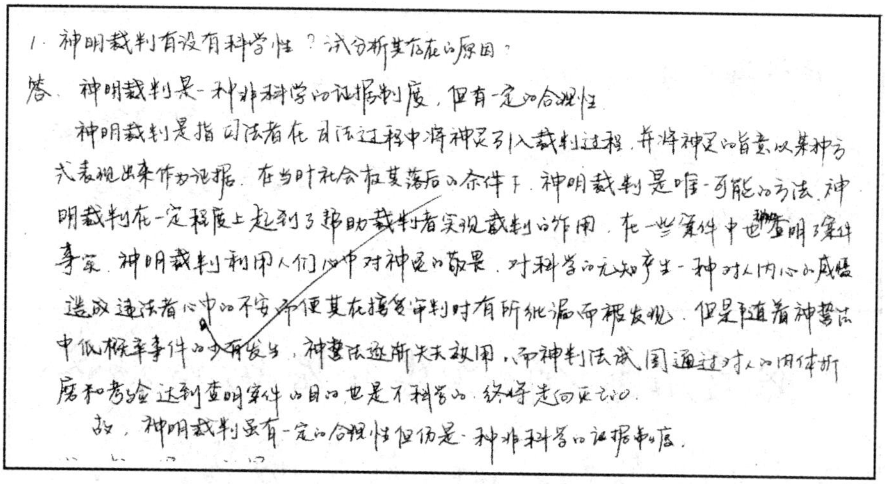
1. 神明裁判有没有科学性？试分析其存在的原因？
答：神明裁判是一种非科学的证据制度，但有一定的合理性
神明裁判是指司法者在司法过程中将神灵引入裁判过程，并将神灵的旨意以某种方式表现出来作为证据。在当时社会极其落后的条件下，神明裁判是唯一可能的方法，神明裁判在一定程度上起到了帮助裁判者实现裁判的作用。在一些案件中也查明了案件事实，神明裁判利用人们心中对神灵的敬畏，对科学的无知产生一种对人内心的威慑，造成违法者心中的不安，而使其在接受审判时有所纰漏而被发现。但是随着神判法中低概率事件的多有发生，神判法逐渐失去效用，而神判法试图通过对人的肉体折磨和考验达到查明案件的目的，也是不科学的，终将走向灭亡。
故，神明裁判具有一定的合理性但仍是一种非科学的证据制度。

图3－1－5　书写者的自由笔迹样本

某民事诉讼中，一方当事人提交了张某某平时书写的工作笔记，但对方当事人以笔记本上未署名且没有证据证明该笔记本上的笔迹均为张某某书写为由，反对将其用作笔迹样本，此时，笔迹鉴定也因缺乏可靠的比对样本而无法进行。（3）争议笔迹的书写条件比较特殊，如以特殊的书写工具、在特殊的书写环境下，以极快或极慢的书写速度在特殊的书写材料上书写成的笔迹，有必要取得与争议笔迹书写条件相同的字迹作为比对样本，以在一定程度上消除特殊书写条件对被鉴定笔迹的影响。实务中就有过这样的案例：为了就争议的复写纸字迹进行鉴定，而要求疑是书写者或受审查书写者同样在复写纸条件下书写若干字迹后用作实验笔迹样本。（4）争议笔迹系用非正常手书写的方式伪装成的字迹，只有取得用相应非正常手书写的实验样本，才可能得出可靠的笔迹鉴定结论。（5）在笔迹鉴定的比较检验中，有时需要进一步比较检验争议笔迹与受审查书写者或疑是书写者书写的一些字迹的某些细节笔迹特征的差异点和符合点，所以有可能要求受审查书写者或疑是书写者专门书写一些特定笔迹，以供笔迹鉴定之需（见图3－1－6）。

在检验模仿笔迹时，除了要收集疑是模仿者的笔迹样本外，有时还需要收集被模仿者的笔迹样本。因为，在深刻了解被模仿者的笔迹特征之后，才可能从争议笔迹中辨识出模仿者自己的书写习惯特征，进而给出可靠的笔迹鉴定结论——某争议笔迹是否模仿笔迹以及是由谁模仿的笔迹等问题。

自由笔迹样本通常由办案人员提取。办案人员根据案件的性质和具体情况，可以向受审查书写者或疑是书写者索要其平时书写的文字材料，也可以委托他们所在的单位代为收集、提取或提供。在某些诉讼中，也不排除由诉讼当事人自行收集、提取自由笔迹样本。无论是由谁收集、提取各种作为自

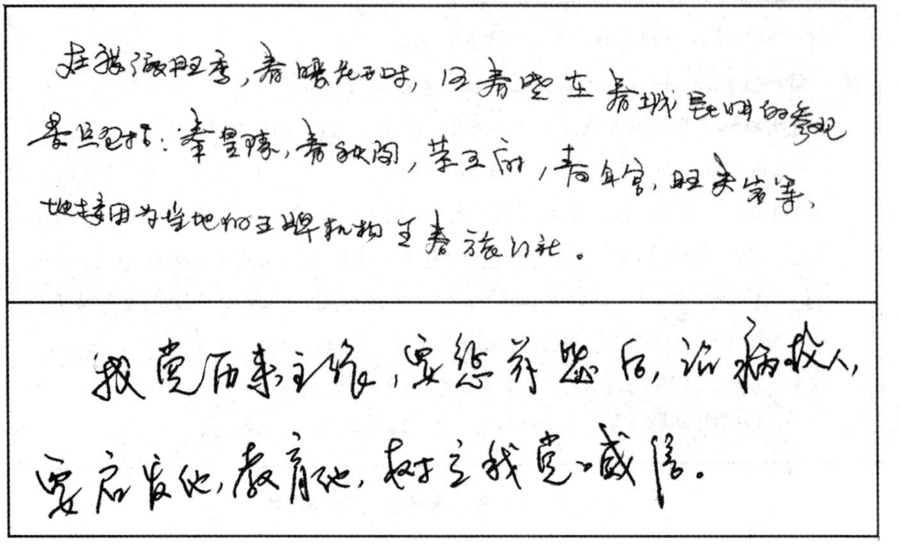

图 3-1-6　两名书写者各自书写的实验笔迹样本

由样本的笔迹，如作业、考试卷、工作笔记、合同书、会议记录、借条、日记等，都必须注意其来源的绝对可靠性，要确保这些笔迹（特别是各种申请表、申请书）确系受审查书写者或疑是书写者亲笔书写，否则，随后进行的笔迹鉴定肯定得不出正确的鉴定结论。此外，收集自由笔迹样本，还应收集与检材书写时间相近的样本，必要时还需收集受审查书写者或疑是书写者各个时期的样本，以消除因时间推移而带来的同一书写者书写习惯的变化。再者，收集自由笔迹样本时应尽量在书写速度、书写工具、纸张质地、书写姿势等方面尽可能与检材相同或相近，以消除书写速度、书写工具等书写外在条件对书写者书写动作习惯的影响。最后，还应注意尽量收集与检材具有相同字体、相同文字、相同偏旁部首的自由笔迹样本，因为，只有相同字体、相同文字、相同偏旁部首之间，才具有比较书写动作习惯的可能性。

实验笔迹样本通常应当由笔迹鉴定人提出具体要求，通知办案人员提取并和办案人员一道研究具体的提取办法。例如，在某死刑案件中，为了就案件中勒索信的书写者是不是被告人进行笔迹鉴定，除了将其亲笔书写的供述、案发前的食品采购清单等作为自由笔迹样本用于笔迹鉴定以外，鉴定人员还通知办案人员，应该前往看守所提取一些实验笔迹样本，具体的提取要求与案件中勒索信的具体情况有着密切的关系——勒索信系用铅笔书写，其中不少文字系繁体字，且有非正常手书写的迹象。所以，办案人员应该前往被告人所在的看守所，令其用铅笔书写一些有特定汉字的样本，且明确要求其要尽可能将汉字写成繁体字，同时还要令其用非正常手（如左手）执铅笔书写同样内容的实验样本，也要尽可能写繁体字。依据被告的自由笔迹样本，并结合按鉴定人要求提取的被告人的实验笔迹样本，该案得出了可靠的笔迹鉴定结论，最终为该死刑案件的复核奠定了很好的证据基础。

提取实验笔迹样本时还应注意，应以听写的方式让疑是书写者或受审查的书写者书写，切忌将争议笔迹直接交给书写者抄写，也不得由办案人员自己抄写争议笔迹内容后再由疑是书写者或受审查书写者抄写。因为这样做的结果是，书写者有可能掩藏或模仿相关的笔迹特征，从而使鉴定结论的可靠性大打折扣。重复听写的次数，根据鉴定的复杂程度和需要确定，但通常而言，重复听写的次数越多越好，因为只要达到一定的书写强度，书写者伪造笔迹的可能性才可能降低，其自身的笔迹特征才会暴露出来。对于签名的鉴定，提取实验笔迹样本时，除了让其反复书写某签名以外，也可以草拟一段文字，将需要鉴定的文字融合在这段文字之中，再令其听写若干遍。如果检材字数过多，可以从中挑选一批比较富有个人特点的字，然后编一段文字，将这些字融合在这段文字之中，让受审查人听写——前面图片中的两段文字是分别就“王春”二字、“张启威”三字进行签名鉴定时，要求相关书写者书写的实验笔迹样本。需要特别注意的是，任何情况下，均不得将争议笔迹向受审查书写者或疑是书写者出示，否则也会影响实验笔迹样本的比对价值。

无论是哪种方式提取的实验笔迹样本，均因书写者清楚地知道其将用作笔迹鉴定的样本，故出于紧张、害怕牵连或故意伪装等心理，实验笔迹样本难免不能准确地反映书写者固有的书写动作习惯。因此，实验笔迹样本的价值通常要低于自由笔迹样本，特别是绝对自由笔迹样本的价值，在具体的笔迹鉴定中，一定要较为慎重地使用。

二、争议笔迹与样本笔迹的分别检验

如前所述，需要通过鉴定以解决争议笔迹的书写者的文书材料又被称为检材，其上的争议笔迹相应被称为检材笔迹；对应地，作为笔迹样本提交的文书材料，其上供比对用的笔迹则称为样本笔迹。

分别检验争议笔迹与样本笔迹，也就是检材笔迹与样本笔迹的目的，是要认识并掌握检材笔迹和样本笔迹的笔迹特征，如书写水平、字的倾斜程度、字的大小、字的基本写法等笔迹一般特征，以及笔画的运笔特征、笔画连笔特征、笔画或偏旁部首的搭配比例特征、笔顺特征等笔迹细节特征，以便从检材笔迹和样本笔迹中发现有同一认定价值的某些特殊笔迹特征。如图3－1－7所示的笔迹既非争议笔迹亦非样本笔迹，但显然，该笔迹有较为特殊的一些笔迹特征，如“国”字各笔画的连笔特征、“国”字“口”部的转折特征，“的”字第一短撇笔的起笔特征及与其他笔画的搭配比例特征、“的”字“勺”部撇笔画的起笔特征、起笔部位以及横折竖钩笔画的转折特征，“主义”二字各笔画之间的搭配比例特征及连笔特征等，这些特征非常稳定，显然有利于我们得出相应的笔迹鉴定结论。因此，实务中，分别检验时应格外注意发现这些特殊而又稳定的笔迹特征。

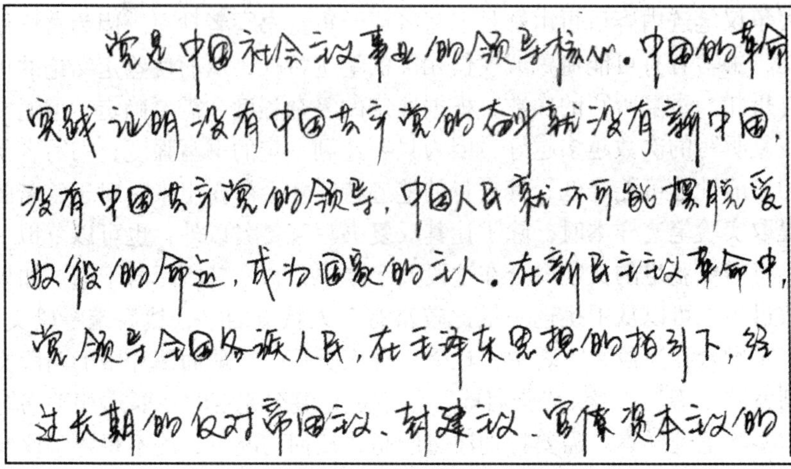

图 3－1－7　某书写者的笔迹特征

分别检验时，应当先检验检材笔迹，然后检验样本笔迹。在检验检材笔迹时，要找出其中相同的字、相同的偏旁部首和相同的笔画，研究它们的笔迹特征是否一致，如图 3－1－7 中的笔迹，“国”、“的”、“产”、“党”、“主”、“义”等字均在文中反复多次出现，且表现出一致的笔迹特征，这就应引起我们的注意——也就是说，这些反复出现且表现一致的笔迹特征具有较为重要的价值。此外，还应注意在检材笔迹中发现特殊的连笔、特殊的笔顺、特殊的搭配比例等细节特征，如前述“国”字、“产”字、“的”字均表现出较为特殊的连笔、笔顺、搭配比例等笔迹细节特征。这些特殊的细节特征，显然有助于鉴定人认识并掌握书写人的书写动作习惯。

在注意发现笔迹细节特征的同时，还应注意发现书面语言特征以及文字布局特征，因为书面语言特征及文字布局特征也是人们长期学习、练习并使用后形成的相对特定的动力定型，也能在一定程度上辅佐得出相应的笔迹鉴定结论。

分别检验时，对样本笔迹的检验要围绕检材中所具有的文字或偏旁部首来进行，即研究与检材字迹相同的文字、相同的偏旁部首或相当的笔画，以发现它们的笔迹特征的具体表现。而对分别检验中发现的检材字迹的笔迹特征和样本字迹的笔迹特征，鉴定人还应该以适当的方式记录下来，以供后续的比较检验使用。

三、争议笔迹与样本笔迹的比较检验

将分别检验时发现的检材笔迹特征与样本笔迹特征进行比较检验的目的，是要确定检材笔迹与样本笔迹之间在哪些特征方面相符合、在哪些特征方面有差异。从认识论的角度来说，比较检验是在分别检验基础上对检材笔迹和样本笔迹之认识的深化。

比较检验一般采用特征对照法，即将分别检验时发现的检材笔迹特征逐一与相应的样本笔迹特征进行对照，以发现之间存在哪些差异点、拥有哪些符合点。

为确保得出客观、可靠的鉴定结论或鉴定意见，比较检材笔迹特征和样本笔迹特征时，应尤其注意以下几个方面。

（1）应当客观全面、认真细致地进行比较检验。所谓客观全面，是指比较检验不能先入为主，在受审查书写者或疑是书写者是否就是检材笔迹即争议笔迹书写者这个问题上不能受外界影响，而应从检材笔迹的实际情况出发，全面比较其与样本笔迹相符合和不符合的特征。所谓认真细致，是指比较检验时，不能仅仅满足于表面的、较为明显的特征，而且要借助相应的仪器设备，如放大镜、显微镜、文检仪等，去发现一些细微的书写动作特点。因为这些设备或仪器等，能扩展、提升我们在比较检验检材笔迹与样本笔迹之间的特征符合点及差异点时的认识能力，能够帮助我们认识、发现一些肉眼难以发现的细节差异。

（2）应当注意特征的可比性。比较检验时，只有将相同的字、相同的偏旁部首或不同字中相同部位的相同笔画进行比较，才能准确地鉴别检材笔迹与样本笔迹在笔迹特征方面的符合点和差异点。实务鉴定中，某鉴定机构就出现过将阿拉伯数字“3”与草写汉字“号”下半部相比较，认为其笔迹特征相同便给出认定同一的鉴定结论或鉴定意见。无疑，这种比较是极其错误的——“3”与“号”的规范性书写动作完全不同，显然不具有可比性，而这样比较的结果，自然会得出错误的鉴定结论或鉴定意见。

（3）应当防止机械比对。书写动作具有稳定性，但表现为书写习惯并外化成为笔迹，这种稳定性仍会呈现出一定的差异。因此，机械地比对字的大小、文字笔画的长短、偏旁部首之间的距离等，势必导致错误的结论；而联系案件的实际情况，具体分析书写条件、书写心态等方面的差异，才能得出科学的结论或意见。例如，同样是签名，但因是在收银台边站立着书写，且所用的签名笔一端可能被绳索牵系着，衬垫在签名纸张下的则或可能是钱包或可能是硬石桌面或可能是手掌等，故同一人的签名往往会呈现出略有不同的笔迹特征，如搭配比例特征、笔画的运笔特征、连笔动作和连笔部位特征等有所不同（见图3－1－8）。因此，在比较检验时，要充分注意考虑书写时的具体情况；而机械的、测量式的比较检验，则有可能无法发现特征的符合点。

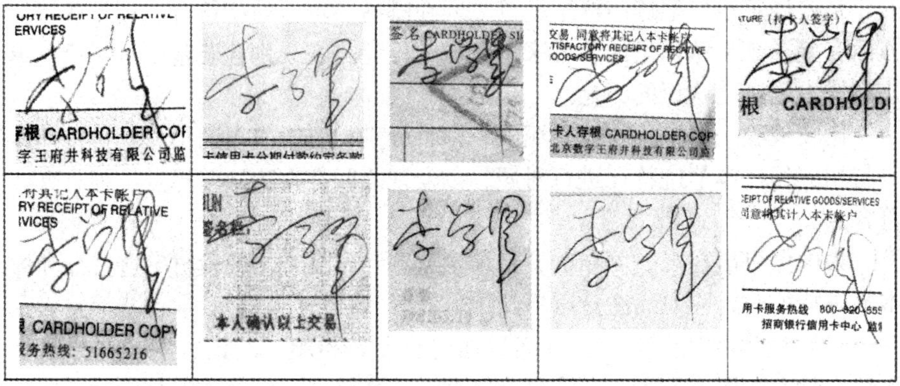

图3－1－8　同一书写者在不同收银台书写的签名

（4）实务中有时会发现，检材笔迹的书写动作习惯特征与样本笔迹的书写动作习惯特征非常符合。此时，则要格外注意，因为有些伪装笔迹是套摹而成、有些伪装笔迹是复印而成或经扫描后打印而成，所以就会出现检材笔迹与样本笔迹的书写动作习惯非常符合的现象。为此，可将特征对照比较法改为特征重合比对法，看两者是否能重合，如果能重合，则检材笔迹很可能便是伪装笔迹。此外，对怀疑是复印而成的笔迹或者是经扫描后再打印而成的笔迹，则还要借助显微镜观察，看该笔迹是否有复印文书或打印文书的特点，如笔迹由墨粉而非书写物质材料构成。

四、综合评断比较检验中发现的符合点和差异点

即使是同一书写者前后依次写出的内容相同的文字，也会存在着差异（见图3－1－9）。因为就这些依次写出的、内容相同的文字而言，它们均是各不相同的一个个客体；它们能相同的只是来源于同一位书写者，即由同一人书写而成。因此，在比较检验时，发现并理应发现检材笔迹与样本笔迹之间存在差异——如果没有差异，反倒说明检材笔迹是伪装笔迹。

同时，为了书面交流的顺畅，人们必须遵从相同的书写规范；加上我们习用的字帖，学校的统一教育，以及书写动作习惯之形成时的共性等因素的共同影响，即使是不同人书写的笔迹，也可能在笔迹特征方面呈现出一定的符合点。

因此，为了得出准确可靠的笔迹鉴定结论，必须对比较检验中发现的差

异点及符合点，结合案件的具体情况，做一个综合的分析评断。

图3－1－9　同一书写者在书写某文书时依次写出的相同内容文字，其笔迹特征也有一定差异

（一）对笔迹特征差异点的评断

笔迹特征的差异点有两种：一种是本质差异，一种是非本质差异。所谓本质差异，是指两个不同书写者书写文字时呈现出的笔迹特征差异；所谓非本质差异，是指同一书写者书写字迹时由于种种原因而产生的笔迹特征差异。

评断差异点，实际上就是要结合案件的具体情况，综合分析、评断这些差异点产生的原因。

如果检材字迹与样本字迹之间的笔迹特征差异是同一书写者书写动作习惯多样化的表现，或是检材字迹的书写条件与样本字迹的不同而造成的，或是书写人生理、病理、心理等方面原因所造成的，甚至是书写者故意伪装所造成的，那么，检材字迹与样本字迹之间的笔迹特征差异就是非本质差异。

如果检材字迹与样本字迹之间的笔迹特征差异无法用前述因素加以解释，那么这种差异点，便应该被视为本质差异。

（二）对笔迹特征符合点的评断

符合点也有本质符合和非本质符合之分。所谓本质符合，是指检材字迹与样本字迹反映了同一书写者的书写动作习惯，符合点的总和具有特定性，不可能在其他书写者书写的文字中重复出现。所谓非本质符合，是指检材字迹与样本字迹之间的笔迹特征符合，是一种共性的符合，是多数书写者共同具有的特征，并不具有特定性。评断符合点，实际上就是要研究比较检验时发现的笔迹特征符合点之总和，到底是特定的还是一般的，其对同一认定的价值究竟有几何。

符合点对同一认定的价值大小与笔迹特征的类型有关。一般来说，笔迹一般特征与笔迹细节特征相比，后者的价值较大；而细节特征中，符合规范的常规特征与偏离规范的异常特征相比，后者的价值较大；偏离规范的特征中，带有地区性质的、行业性质的、年纪性质的特征与带有个人特点的特征相比，后者的价值较大。正常书写的字迹中，一些特殊的运笔特征、搭配比例特征和笔顺特征，以及字的特殊写法、特殊的布局特点、特殊的标点符号等特征的符合点，价值都较高。

（三）对笔迹特征符合点和差异点的综合评断

在分别评断了比较检验时发现的检材笔迹与样本笔迹之间的特征差异点和特征符合点之后，还要将这些特征差异点与符合点综合在一起进行评断。综合评断时，要全面衡量符合点和差异点的质量和数量，以便决定检材字迹与样本字迹是否是同一人书写。

五、得出笔迹鉴定意见并制作鉴定书

所谓笔迹鉴定意见，即笔迹鉴定专家依照法定程序和相关规定，对争议笔迹、样本笔迹进行检验分析后，就争议笔迹是否伪装、由谁伪装，或者争议笔迹的书写者与样本笔迹的书写者是否同一人等专门性问题，给出的意见或判断。是我国法定证据形式“鉴定意见”的一种具体表现，在诉讼中经常出现。

如果检材字迹与样本字迹的一般特征和细节特征均相符合，而差异点又可以用书写动作多样化等非本质原因加以解释，那就说明，笔迹特征符合点的总和有特异性，而差异点是非本质的。那么，在这种情况下，鉴定人可以作出肯定同一的鉴定结论即鉴定意见。

如果检材字迹与样本字迹的一般特征和细节特征只有一些一般性的符合，而差异点又比较突出，且都是细节上的差异，不能用书写时主、客观因素等的影响加以解释，那么在这种情况下，鉴定人可以作出否定同一的结论或意见。

实务中，还常常出现无法给出肯定或否定同一认定结论，或至多只能给出倾向性意见的情况。无疑，前者对案件的查处、纠纷的解决没有任何意义，而后者，也只能作为参考，而不能作为定案或认定事实的依据。

虽然依据我国《刑事诉讼法》的明确规定，鉴定结论即鉴定意见才是我国法定的证据种类之一[①]但鉴定意见必须以一定的方式表述出来并固定下来，否则不便于其发挥应有的证明作用。在我国，表述并固定鉴定意见的，通常是鉴定书。

所谓笔迹鉴定书，是指承载笔迹鉴定意见、展示笔迹鉴定过程和鉴定所见的书面材料。在 2005 年 10 月 1 日《全国人大代表大会常务委员会关于司法鉴定管理问题的决定》正式实施后，司法部于 2007 年 12 月 1 日起施行了《司法鉴定文书规范》，统一了由司法部管理的社会鉴定机构的鉴定书格式和要求。当然，该《司法鉴定文书规范》的效力并不及我国侦查机关（包括公安机关、检察系统自侦案件侦查部门）所属的鉴定机构。但是，无论是哪类性质鉴定机构出具的笔迹鉴定书，其通常均应包括案由、检验、论证和结论四部分。案由部分应当叙述送检单位或个人，送检日期，检材名称、数量，笔迹样本名称、数量，请求解决的问题；检验部分应当叙述检验所见，包括：检材字迹和样本字迹的一般情况，以及检验中发现的笔迹特征符合点和差异点，并应制作“特征比对表”作为附图；论证部分应当叙述对符合点和差异点所作的评断，为随后作出的鉴定结论或鉴定意见奠定基础；结论部分应当以明确的文字表述鉴定人对送检单位或个人请求解决的问题所作出的回答。

鉴定书应当由鉴定人签名，并加盖鉴定机构的鉴定专用章。

---

① 早在 2005 年 2 月 28 日全国人大常委会出台的《关于司法鉴定管理问题的决定》，便将“鉴定结论”改称为“鉴定意见”，以体现这种证据的普通证据地位及其非终局性。而 2012 年 3 月 14 日修订通过并于 2013 年 1 月 1 日生效的《中华人民共和国刑事诉讼法》，则是我国三大诉讼法中首部将法定证据种类中的“鉴定结论”变更为“鉴定意见”的法律。其良苦用心同样在于，提醒实务中对鉴定之后专家给出的判断，即鉴定意见，应该有科学的认识——它只不过是专家的个人意见，只不过是普通证据之一，对它的运用，同样要经质证、认证程序。受传统使用习惯的影响，也是为了有个过渡、适应时间，笔者提及“鉴定意见”时，基本上同时提及“鉴定结论”。

第二章　笔迹证据的审查规则

第一节　笔迹证据的审查概述

作为鉴定意见的重要组成部分，笔迹鉴定结论，即笔迹证据，不过是专家的意见，并非绝对正确的真理；再加上笔迹鉴定虽具有科学性，但终究说来，是一种主观性较强的鉴定活动，鉴定时具体笔迹特征的选取、争议笔迹与样本笔迹在笔迹特征方面所存在的符合点及差异点的评断等，都与具体鉴定人的学识、经验、职业操守等密切相关。所以唯有对每一个笔迹鉴定结论即鉴定意见进行严格的审查判断后，才能决定其是否具有证据资格，是否具有证明力，以及证明力有多大。

而对于笔迹鉴定结论或鉴定意见，即笔迹证据的审查判断，无疑要紧密结合笔迹鉴定的实际流程及笔迹鉴定结论或鉴定意见的具体得出过程来进行。此外，基于鉴定结论的普通证据地位及其专家意见之属性，对笔迹鉴定结论或意见的审查判断，还必须围绕证据的资格和证明力而展开。

从证据资格来看，关联性、合法性及客观性的审查判断，都必须与笔迹鉴定意见紧密地结合在一起：（1）就关联性进行的审查，必须考虑的问题是，基于笔迹进行笔迹鉴定后，得出的笔迹鉴定意见，对构建某个案件事实是否有实质性的影响？如果有，那么该笔迹鉴定意见便具有关联性，否则便不具有关联性。例如，在某杀人案中，送至被害者家门口的勒索信，经笔迹鉴定后被确认是犯罪嫌疑人所写，那么就勒索信之书写者进行笔迹鉴定所得出的笔迹鉴定意见便具有关联性。（2）就合法性进行的审查，必须考虑的问题是，呈堂的笔迹鉴定意见，其鉴定材料（即笔迹检材及笔迹鉴定样本）的收集，笔迹鉴定的委托、实施及鉴定意见的出具，是否违反了相关法律、法规的明文规定并对案件的公正处理有影响？如果是，那么，该笔迹鉴定意见便不具有合法性，便有可能将被排除。（3）就客观性进行的审查，必须考虑的问题是，尽管呈堂的笔迹鉴定意见往往具有较强的主观性，但该鉴定意见是完全凭空想象得出来的呢，还是基于客观笔迹特征而存在？如果是前者，那么该笔迹鉴定意见显然不具有证据资格，但如果是后者，那么该笔迹鉴定意见仍然具有客观性。

就证明力而言，某笔迹鉴定意见是否真实、可靠，则需将从事笔迹鉴定的具体人员的能力、所用的鉴定方法、仪器设备及职业道德等因素综合起来加以考虑。通常而言，笔迹鉴定人接受了笔迹鉴定专业知识的系统教育和培训，从事了较长时间的笔迹鉴定工作，采用了通行的笔迹鉴定方法，适时动用了相关的笔迹鉴定仪器和设备，并且具有良好的职业操守，那么，其得出的笔迹鉴定意见的证明力就较高；反之，则较低。

第二节　笔迹证据的审查规则释义

尽管笔迹鉴定结论或鉴定意见较易引发争议，对笔迹鉴定意见的审查也因笔迹鉴定时鉴定人的主观因素起着较大作用而不大容易进行，但笔迹鉴定自身的特点终归决定了我们可以尝试从以下规则入手，就相关笔迹鉴定结论或意见的证据资格及其可靠性进行一定的审查。

规则一：当事人单方自行委托进行的笔迹鉴定，如若对方当事人对之持有异议，那么该笔迹鉴定结论或鉴定意见不可采纳为证据。

英美法系国家实行当事人主义诉讼制度，因此，当诉讼涉及专门性问题时，双方当事人均有权利自行向专业人士寻求帮助，即自行决定是否向专业人士求助以及向怎样的专业人士求助。但我国，实行的是职权主义诉讼制度，且现行《刑事诉讼法》第 119 条、《民事诉讼法》第 72 条以及《行政诉讼法》第 35 条均明确表示，当诉讼涉及专门性问题时，是否需要向专业人士寻求帮助，也即是否启动鉴定，只能由公安机关、人民检察院及人民法院来决定。当然，诉讼当事人对诉讼中的专门性问题并非完全没有表达意思的权利，这表现在，《刑事诉讼法》第 121 条、最高人民法院《关于民事诉讼证据的若干规定》第 25 条、最高人民法院《关于行政诉讼证据若干问题的规定》第 31 条均表明，诉讼当事人均对鉴定的启动有相应的申请权，只是启动鉴定的申请权于刑事诉讼中的犯罪嫌疑人、被害人和民事诉讼、行政诉讼中的当事人而言，有所不同：对刑事诉讼中的犯罪嫌疑人或被害人而言，其启动鉴定的申请权是有限的，即仅限于可就启动补充鉴定或重新鉴定而提出申请；对民事诉讼或行政诉讼中的当事人而言，其启动鉴定的申请权则是完全的，即任一方当事人均可就包括初次鉴定、补充鉴定或重新鉴定在内的所有鉴定的启动提出申请。

启动鉴定的权利在我国垄断于公、检、法三机关的做法呈现出高度职权化的特点。诚然，这种垄断一定程度上有违程序公正的现代法治理念，不利于诉讼各方平等、自由地参与诉讼。因而有必要在今后的司法改革中得以完善，但从尊重法律、维护其权威的角度出发，现今我们还要严格依法办事。为此，对实务中出现的那种仅由一方当事人自行委托鉴定而得出的笔迹鉴定结论，一旦对方提出异议，不论其异议针对的是笔迹鉴定机构的选取、鉴定人的选派，还是笔迹鉴定样本的提供或最终的笔迹鉴定结论等，法庭均应予以支持，即不认可前述笔迹鉴定结论的证据资格。但如若对方没有异议，那么民事诉讼或行政诉讼中，从尊重当事人意思自治原则的角度出发，并考虑到诉讼资源的节省，法庭可以认可该笔迹鉴定结论的证据资格；而刑事诉讼中，考虑到自诉案中被害人承担的证明责任、公诉案中被告方辩护权的行使以及诉讼资源的紧缺，法庭也可认可前述单方委托而得的笔迹鉴定结论的证据资格。

规则二：笔迹鉴定结论应与案件事实相关联，与案件事实没有关联的笔迹鉴定结论，不可采纳为证据。

证据的关联性，又称为证据的相关性，被认为“是证据法的基本概念”，[①] 是证据得以采纳的基本前提之一。因此，在我国的实务工作中，审查笔迹鉴定结论这种法定形式之一的具体证据时，显然首先要从其关联性入手。

所谓证据的关联性，即某证据必须与案件事实或其他争议事实有一定的联系。[②] 但无疑，“联系”二字并不有益于理解并把握所谓的“关联性”，而相对通俗的解说或描述或许有助于我们理解证据的关联性。因为，相关性终归属于逻辑或经验问题：证据的关联性强调的是某证据对案件事实或其他争议事实的实质性证明意义，即如果有该证据的支持或者反对，案件中对应的待证事实就可能存在或者不存在。也就是说，如果案件中有了该证据，那么对应的待证事实存在的可能性就增大或者干脆就有了存在的可能性；而没有了该证据，那么对应的待证事实存在的可能性就变小或者干脆就没有了存在的可能性。待证事实存在与否的可能性以及可能性的大小显然依赖于该证据的有无，而这种依赖，便是该证据的关联性。

具体到笔迹鉴定结论这种证据而言，对其关联性的审查可细化为以下两个方面：（1）本案中，为什么要进行笔迹鉴定？如本篇第一章所述，笔迹鉴定的终极目标是解决某争议笔迹的书写者。因此，在审查笔迹鉴定结论时，首先要考虑的问题是，本案有手写文书或有签名的文书吗？围绕该手写文书或签名的书写者存在异议吗？如果案件本身并不涉及手写文书或有签名

---

① 张建伟：《证据法要义》，北京大学出版社 2009 年版，第 119 页。

② 何家弘、刘品新：《证据法学》（第 3 版），法律出版社 2009 年版，第 116 页。

的文书之类的证据，或者虽有手写文书之类的证据，但就该手写文书或签名的书写者并没有异议，那么，再通过笔迹鉴定去确定手写文书或签名的书写者便没有任何意义。因此，这些情况下的笔迹鉴定结论不具有关联性。（2）通过笔迹鉴定解决了怎样的事实问题？无疑，笔迹鉴定所确定的，是案件中某一手写文书或签名的真正书写者，也就是确定了争议笔迹的书写者是谁或者不是谁这样的问题。但这样一个对人身作出认定的具体问题又涉及案件中什么样的事实呢？案件的性质不同、个案的具体情节不同，对这个问题的回答显然是不同的。但通常而言，涉及的事实可能如下：①刑事案件中，内容非法的、匿名手写文书的书写者即是被告人。也就是说，笔迹鉴定结论认定的书写者，便是案件中实施了不法行为，将要领受刑罚处罚的被告人。例如，通过笔迹鉴定，认定案件中的绑架勒索信、侮辱诽谤信、反动传单等的书写者正好就是被告人。②刑事案件中，笔迹鉴定结论认定了争议笔迹或签名的书写者，进而能够证明被告人实施了某一不法行为。例如，银行取款单上的签名、信用卡消费单上的签名、邮件或快件的签收单上的签名等，经笔迹鉴定后认定是被告人所写，则能够证明被告人用失窃存单、信用卡取过款或消费过，或者冒领过他人的邮件或快件。③民事案件中，某争议手写文书是或者不是原告或被告所写。通过笔迹鉴定，认定某争议手写文书是不是原告或被告书写，能有助于确认原告、被告之间是否存在特定的民事法律关系。例如，笔迹鉴定结论认为，某借条是被告撰写并签的名，那么原告与该被告之间的借贷事实得以确认；如果笔迹鉴定结论认为，某购销合同落款处的签名是被告公司法定代表人签署，那么原告与被告之间的购销事实就得以支持；如果笔迹鉴定结论认为，某房屋买卖合同上出售方签名处的签名是被告人签署，那么原告与被告之间的房屋买卖关系便得以认可；如果笔迹鉴定结论认为，某股权转让书上的签名并非被告所签，那么原告与被告之间的股权转让就有可能并没有真实发生。无疑，笔迹鉴定结论可通过认定或否定某争议笔迹的书写者，进而支撑或驳斥案件中某一事实的存在，而这种支撑或驳斥，对相关案件的解决显然有实质上的意义。例如，前文提到的，若认定借条上签名是被告所签，则原告声称被告曾向其借过钱的主张得以成立，原告与被告之间有借贷关系的事实得以确认，法院即可依法判断被告应向原告偿还相应的款项，案件就有可能得到公正处理。

按照证据法学理论，除了从以上两个方面来考察证据是否具有关联性以外，有时还需从第三个层面来剖析某证据的关联性问题，即法律对某证据的关联性有无特殊的规定？如果有，则需遵从该法律的规定来判断某证据有无关联性。[①] 但对于笔迹鉴定结论这种较为具体的证据，目前我国法律尚未对其关联性作出非常特别的规定，因此，通常也就不需要从此方面来审查笔迹鉴定结论的关联性了。

规则三：笔迹鉴定结论的鉴定人未依照诉讼法律的规定实行回避，则该笔迹鉴定结论不具有可采性。

回避，即侦查人员、检察人员、审判人员以及书记员、鉴定人、翻译人员等，因与案件或案件的当事人有某种利害关系或其他特殊关系，可能影响案件的公正处理，依法不得参加对该案进行的诉讼活动的一项诉讼制度。

回避制度是现代各国诉讼法普遍确立的一项诉讼制度，是西方诉讼理论中著名的“自然正义”之原则的具体体现。回避制度是各类诉讼得以公正进行的制度保障，不仅有利于当事人行使诉讼权利并接受案件处理结果，而且有利于维护司法机关的权威性。

在我国，《民事诉讼法》、《刑事诉讼法》和《行政诉讼法》均明文规定，鉴定人应适用回避的规定，且回避既可由鉴定人自行主动提起，也可由当事人等申请提出。之所以法律明文规定鉴定人也必须适用回避制度，其根本原因在于，如果（1）鉴定人是案件的当事人或者是当事人的近亲属，（2）其本人或者他的近亲属与本案有利害关系，（3）担任过本案的证人、辩护人、诉讼代理人，（4）与本案当事人有其他关系，足以影响案件的公正处理的，那么相应的鉴定结论难免丧失客观性而具有一定的偏见；而有偏见、不客观的鉴定结论，难免会使相关案件的处理失之公正。也正是基于鉴定结论客观与否能实质影响案件的最终处理结果，所以，2005 年 10 月 1 日施行的《全国人大常委会关于司法鉴定管理问题的决定》（以下简称《决定》）第 9 条第 3 款再次强调，鉴定人应当依照诉讼法律规定实行回避。

在前述四个回避理由中，前三个理由无疑易于把握——只要有证据证明有这些关系，鉴定人就得回避——或是自行回避、或是应当事人申请并经审查后依相关的决定回避。但是，就第四个回避理由，何为“与本案当事人有其他关系”？同乡、师生、同学、战友、同事等关系是否属于“其他关系”？如果属于“其他关系”，那么是否有了这些关系就要回避？显然，前述关系无疑算得上是其他关系，但显然不应有了这些关系就得回避，否则回避就扩大化了，回避制度必将妨碍正常的诉讼活动。因此，我国法律均明确规定，只有确实会影响到案件公正处理的其他关系，才需要回避。而这种弹性的规定，即以“是否会确实影响案件公正处理”作为该不该回避的评价标准，更具现实意义，更能具体问题具体分析，但却对法官在业务能力、职

---

① 何家弘、刘品新：《证据法学》（第 3 版），法律出版社 2009 年版，第 117 页。

业道德等方面提出了很高的要求。

实务中，便有过就“其他关系”而自由裁量的案例。某笔迹鉴定案件，由某高校所属鉴定机构接受委托进行鉴定。但鉴定进行过程中，一方当事人向法院提出回避申请，理由是，另一当事人毕业于该鉴定机构所属的高校，因而鉴定机构的鉴定人有可能会受到不当影响进而作出不公正的鉴定结论。但审判法院经调查得知，没有确切证据证明该方当事人毕业于前述高校，且即使毕业于前述高校，也并不证明这种关系能够确实影响案件的公正处理。故此案中，一方当事人的回避申请并没有得到法院支持。

规则四：笔迹鉴定结论或意见的主体不合格者，该笔迹鉴定结论或意见不具有可采性。

作为诉讼中专门性问题的解决者，笔迹鉴定的主体无异应为具有专门知识的专业人员。鉴于两大法系的传统差异，英美法系与大陆法系就诉讼中专门性问题的解决有着大相径庭的两大不同制度：英美法系实行专家证人制度，对解决专门性问题的专家资质实行的是事中干预制度，即就什么样的人具有专家资质、什么样的人可以介入诉讼中专门性问题的解决，英美法系并不在事先即予以严格的规定，只是在专门性问题已经得到解决并已被转变为专家证言而在庭审举证时，相关专家才会动态地被干预：专家是否有资质解决本案中的专门性问题，只是在此时才会严格地结合案件的具体情况被细细审查。大陆法系实行鉴定人制度，对解决专门性问题的专家实行的是事前干预制度，即唯有获得了鉴定人资质的专家才能就诉讼中的专门性问题进行鉴定。而鉴定人的资质，或体现在持有鉴定人执业证书，或体现在被载入官方鉴定人名录上。

我国是大陆法系国家，即使《决定》正式生效前，我国也基本上实行的是事前干预制度，只是这种干预，体现于以鉴定机构来定鉴定人，即通常只有公、检、法三机关所属的鉴定部门以及司法行政管理部门授权的少量鉴定机构的专门人员，才有资格参与到诉讼中专门性问题的解决——有无解决专门性问题的能力，基本上由其所属鉴定机构说了算；而鉴定机构的建制，也基本是专门为侦查破案、审判案件的需要而设置的，并没有过于一致的审定标准。

而《决定》正式生效后，我国更是坚定了事先干预制度，且这种干预有着独特的特点，即对鉴定机构和鉴定人予以双重事先干预：依《决定》第 2 条规定，我国对包括笔迹鉴定在内的常见三大类鉴定实行鉴定人和鉴定机构登记管理制度。也就是说，对于法医类鉴定、物证类鉴定、声像资料鉴定以及根据诉讼需要由国务院司法行政部门商定最高人民法院、最高人民检察院确定的其他应当对鉴定人和鉴定机构实行登记管理的鉴定事项,① 首先，机构要依法获得鉴定资质，其次，鉴定机构里的鉴定人员也要获得法律规定的鉴定资格。未能满足其中任何一条规定，均不可能受聘去解决诉讼中相关专门性问题。这种双资质管理法无疑能在一定程度上确保介入诉讼中的专业人员有能力解决专门性问题。

而获得了资质的鉴定机构及鉴定人，将出现在司法行政管理部门编制、颁布的鉴定机构和鉴定人名录上。目前而言，虽然我国公安机关、检察机关所辖的鉴定机构及鉴定人员的管理分别由公安机关、检察机关的主管部门行使，但经由公安检察主管部门认可并注册的鉴定机构、鉴定人员，根据相关的规定，也要到司法行政管理部门备案并编制到相关名录上。

但实事求是地说，有资质的鉴定机构内的鉴定人，虽然其拥有了执业证书，但其实际上并不一定有能力解决诉讼中的相关专门性问题。其原因在于：一是，无论是公安系统、检察系统内设及管理的鉴定机构和鉴定人，还是由司法行政管理部门管理的鉴定机构及鉴定人，其设置条件及资质的获得标准都过于粗略、空洞、宽泛，如司法部发布的《司法鉴定人管理办法》第12条第2款和第3款、公安部颁布的《公安机关鉴定人登记管理办法》第9条第3款、最高人民检察院发布的《人民检察院鉴定人登记管理办法》第8条，均只泛泛地从形式上规定了获得鉴定资质的最低职称、学历和相关专业工作年限要求。这显然并不能从实质上考察某人是否具有具体专业鉴定，例如，笔迹鉴定的能力。二是，尽管理论界和实务界均意识到，由法律、法规、部门规章等规定并无法实质考核相关人员的专业能力，但我国至今为止，并没有一套科学、有效、统一而又契合各专业鉴定特点的鉴定人资质考核、评定体系。就笔迹鉴定而言，某人员是否有从事笔迹鉴定的专业知识和技术能力，除了满足法律、法规的形式规定外，更多是由司法行政管理部门或者公安、检察系统主管部门说了算，而对鉴定机构和鉴定人员进行行政管理的人员，其自身也可以说根本就没有能力来审定某申请者是否有相关的专业技术能力。三是，我国授予鉴定人的执业证书所辖定的执业范围，过于宽泛。以文书鉴定为例，文书鉴定一般包括笔迹鉴定、印章印文鉴定、打印文书鉴定、复印文书鉴定、毁损文书鉴定、伪造变造文书鉴定、文书物质材料鉴定、文书制作时间鉴定等。现有的鉴定人资质评定办法并没有细微地区分文书鉴定的这些亚分类，而是貌似将申请者在文书鉴定某一亚分类方面的专业技能，视为在整个文书鉴定方面的专业技能。实务中就有这方面的例

① 至目前为止，这种商定实行登记管理的鉴定事项的情形并没有发生过。所以，实务中，还是以三大类鉴定为主。

子。某防伪检测中心，专长于伪造、变造文书的鉴定。由于目前的鉴定分类并没有细致到文书鉴定的亚分类，故经申请，该机构及该机构的人员获准的是从事文书鉴定的资质。这意味着，该机构以及该机构中获得了文书鉴定执业证书的鉴定人员，不仅可以进行伪造、变造文书鉴定，而且还可以进行笔迹鉴定、印章印文鉴定、打印文书鉴定，等等。但在受理了某笔迹鉴定的委托并出具了笔迹鉴定书之后，该案的鉴定人员在法庭质证过程中明显表现出，他们并不具有笔迹鉴定的专业知识和专业能力。因此，鉴定执业证书并不能实质保证鉴定人真正具有相关的专业知识和能力。

此外，笔迹鉴定这一事项务必是鉴定机构的执业范围内的，也就是说，从事笔迹鉴定事项，没有超出该鉴定机构的执业范围。通常而言，这种情形不易出现，但在就笔迹鉴定结论之鉴定主体的资质审查时，还是应该加以考虑，以防万一。因为在我国，鉴定机构的执业范围通常均依法划定，并标志着某鉴定机构的实际专业能力。如果笔迹鉴定事项不在其执业范围内，表明该鉴定机构不具相关的鉴定能力。

规则五：笔迹鉴定结论所针对的检材，应是经合法手段收集的，且笔迹鉴定的委托和笔迹鉴定结论的出具，应是按照法定程序进行的，否则，该笔迹鉴定结论有可能不具有可采性。

检材，是诉讼中解决专门性问题时，需要接受检验鉴定的具体材料。鉴定的类别不同，检材的具体种类也会有所不同，例如，为了确定死者是否死于氰化钾中毒，用于鉴定的检材往往是取自死者的血液、肝脏和胃及胃内容；为了确定火灾的成因，用于鉴定的检材有时是取自现场的油抹布；为了确定爆炸案的炸药种类，用于鉴定的检材往往是在现场提取的电池、定时器、电线；为了确定死者的身份，用于鉴定的检材有可能是死者的毛发、皮肤组织、血液、指甲等；为了确定书写者，用于鉴定的检材是由原告、被告或公诉人提交的手写文书。换言之，日常生活中的物品或来自人体的组织、器官、体液等，因承载有能用于解决专门性问题的信息，故均可能成为鉴定所针对的客体，即检材。

检材，特别是笔迹鉴定时所用的检材，往往本身就是诉讼中的证据，如诽谤信、敲诈信、遗嘱、借条、房屋买卖合同、股权转让书、股东大会决议、银行存款单、保险合同等。按照证据法学理论，这些检材，如若要获得证据资格，严格说来，必须在证据的主体、形式、收集程序或提取方法这三个方面同时满足相关法律、法规的规定。但因赋予证据合法性属性的核心目标在于，保障相关人、特别是刑事诉讼中的犯罪嫌疑人、被告人的合法权益不被侵害，所以，对证据的合法性要求，主要体现在收集程序或提取方法上满足相关法律、法规的规定。

就笔迹鉴定中的检材而言，如若涉及的是刑事诉讼，则其收集、提取，应是侦查机关按照我国现行刑事诉讼法及司法解释、部门法规等的明确规定，经合法搜查、扣押等方式获取；如若涉及的是民事诉讼（含行政诉讼），则是双方当事人依照我国现行民事（行政）诉讼法及司法解释等法律、法规的规定，依法履行其证明责任时提交的。

针对检材上承载的笔迹特征等信息，由鉴定人经笔迹鉴定得出的笔迹鉴定结论在我国也是一种法定的证据形式。因此，笔迹鉴定结论能否具有证据资格，同样看其在收集、提取也就是取得方面是否具有合法性，具体到笔迹鉴定结论而言，便是，笔迹鉴定的委托、鉴定及鉴定书的出具是否在程度上满足了相关的法律、法规规定。自2005年10月1日《决定》生效至今，我国司法鉴定管理制度已逐步建立、健全，有关鉴定的委托、实施及鉴定书的出具等均有了较为明确的规定。因此，可结合相关法律、法规，具体审查判断笔迹鉴定结论在这些方面是否存在不合要求的情形：（1）笔迹鉴定的委托，是否由司法鉴定机构统一受理；委托人是否有鉴定委托书并出具了其身份证明；委托人是否同时提供了与委托的笔迹鉴定事项相符合的笔迹检材和笔迹样本，并确保这些检材和样本的真实性、合法性。司法鉴定机构在收到委托时，是否审查了委托人提供的笔迹检材和笔迹样本，是否提出了需要委托人进一步补充相关材料的要求，以及该要求是否得到满足。司法鉴定机构受理笔迹鉴定的决定是在收到委托时当即作出还是在法定工作日之内作出；司法鉴定机构决定受理笔迹鉴定后，是否与委托人在协商一致的基础上签订了司法鉴定协议书，且该协议书最终的执行情况如何。（2）承担笔迹鉴定工作的鉴定人是否是司法鉴定机构具有笔迹鉴定执业资格的鉴定人，且鉴定人是否至少有两名。笔迹鉴定过程中，司法鉴定机构是否严格依照相关技术规范保管、使用笔迹鉴定的检材和样本，并严格监控这些鉴定材料的接收、传递、检验、保存和处置，是否建立有科学、严格的管理制度。笔迹鉴定过程中，是否遵守、采用了司法鉴定主管部门推荐使用的笔迹行业标准和笔迹鉴定技术规范或司法鉴定机构内部的笔迹鉴定作业指导书；是否实时做了相关的笔迹鉴定记录且记录得到妥当保存。如若是补充鉴定或重新鉴定，是否严格依相关规定而进行。（3）笔迹鉴定书的出具，是否在完成笔迹鉴定活动的基础上，依照统一规定的司法鉴定文书的格式进行的。

但需要特别注意的是，无论是笔迹鉴定的检材，还是笔迹鉴定结论，并非在其各自的收集、提取或取得方面存在着不合法的地方，就一定不具有证据资格。其原因在于，如前所述，证据之所以被赋予合法性这一社会属性要求，是为了防止相关人的权益受到侵害，而这种侵害尤以获取言词证据（特别是刑事诉讼中）对相关人人身基本权利的侵害为重，有违现代文明、民主和司法公正的价值理念。因此，对于笔迹鉴定的检材这种实物证据以及由检材这种实物证据衍生出的笔迹鉴定结论这种较为客观的言词和实物之两栖证据，即使在其收集、提取或取得过程中有违背相关法律、法规之行径发生，只要没有影响公正审判的可能性，目前多数国家还是可以以变通的方式，赋予其具有证据资格的。例如，我国2010年7月1日实施的《关于办理刑事案件排除非法证据若干问题的规定》第14条“物证、书证的取得明显违反法律规定，可能影响公正审判的，应当予以补正或者作出合理解释，否则，该物证、书证不能作为定案的根据”就充分体现了对实物证据不苛求其具有完全的合法性这一立法精神。而将于2013年1月1日生效的《新刑事诉讼法》第54条对这一精神也加以了肯定，即“……收集物证、书证不符合法定程序，可能严重影响司法公正的，应当予以补正或者作出合理解释；不能补正或者作出合理解释的，对该证据应当予以排除……”

因此，对笔迹鉴定结论之合法性的审查，要关注笔迹鉴定结论的检材及笔迹鉴定结论本身。这其中任何一个在合法性方面存在问题，并足以影响审判的公正性，那么，该笔迹鉴定结论就不具有证据资格。但如果这其中任何一个在合法性方面存在着小问题，可以以补正或说明的方式加以弥补，则该笔迹鉴定结论仍然具有证据资格。

规则六：笔迹鉴定结论所使用的比对样本，其来源不可靠者，该笔迹鉴定结论不得用作证据使用。

包括笔迹样本在内的各种物证比对样本，是笔迹鉴定等各种物证鉴定得以实际进行的基础——如果没有比对样本，那么，便无法就物证与样本之间的相似程度进行科学的判断，也就无法得出物证与样本是否来源于同一客体的鉴定结论。① 但是，鉴于笔迹鉴定等物证鉴定比较物证与比对样本之间的相似程度进而判断物证的遗留客体（人或物体）。是否正是比对样本的遗留客体（人或物体），因此，比对样本的来源就非常重要——如果比对样本的来源不确切或者有误，如出现张冠李戴的现象，明明是张三的血液，却当作是李四的用作DNA鉴定时的比对样本。那么，得出的鉴定结论必然出错。

就笔迹鉴定结论而言，要格外注意用作笔迹鉴定的比对样本，是否确实是某人书写的，特别是当笔迹鉴定时所依赖的比对样本较多时，更应注意这些比对样本是否均出自同一个人之手。实务中便出现过委托人错将其他无关人员的手写文字材料当作比对样本一并提交给鉴定机构的情形，也出现过委托人错将本是案件中的检材当作比对样本一并提交给鉴定机构的情形。显

---

① 李学军：《物证论——从物证技术学层面及诉讼法学的视角》，中国人民大学出版社2010年版，第79～80页。

然，无论是前述哪种情况的出现，都会导致错误鉴定结论的出现。因此，相应的笔迹鉴定结论不能被采纳为证据。

规则七：笔迹鉴定结论所依赖的检材、比对样本，与承载笔迹鉴定结论的鉴定书上所记载的检材、比对样本如果不相一致，那么该笔迹鉴定结论不具有可采性。

笔迹鉴定中的检材和比对样本，都是纸质文书，而这些文书有可能彼此之间或者与其他文书之间仅一字或几字之差，如实务中就出现过这样的情况：检材与样本在内容上完全相同，二者均是手写的复写件，只是落款处“张某某”三字所在位置不同；张某某本人认为，检材上落款处的“张某某”并非其本人所写，但承认样本上落款处的“张某某”是其本人所写。因此，区分这两份几乎相同的文书就很重要；如果鉴定书上未就此作出非常清晰、明确的区分，那么就有可能应该接受鉴定的检材没有得到鉴定，而本是样本的文书却又接受了鉴定。显然，此时的笔迹鉴定结论不得当作证据使用，因为其针对的检材实质上是样本，故笔迹鉴定结论并不具有关联性。

实务中还有过这样的情形，即检材文书与样本文书只在文书序号上有差异，在其他方面则没有内容方面的差异。因此，区分检材文书与样本文书也非常重要，否则，得出的笔迹鉴定结论也可能存在错误。

此外，即使检材文书与样本文书，或者检材文书与其他文书不具有特殊的相似性，但如果承载笔迹鉴定结论的鉴定书所记载或描述的检材和比对样本，与诉讼中提交法庭的检材、比对样本不相符合，那么就不排除接受鉴定的笔迹文书与实际需要鉴定的笔迹文书并不一致的可能。因此，所得出的笔迹鉴定结论同样因为关联性的问题而不得采纳为证据。

当然，并不排除笔迹鉴定书在撰写、制作及打印时出现文字上的错误。但这种错误本应在鉴定书发送出来之前即予以纠正，到提交法庭后仍然存在错误，则有可能引发不必要的纷争甚至影响到诉讼的公正处理，因此一般情况下还是以不采纳其为证据妥当。

规则八：笔迹鉴定结论所依赖的检材、比对样本，在收集、提取后的保管及其后的使用、移交等环节如果没有形成完整的保管链，并有证据证明这些检材和/或比对样本被替换、掉包，那么，该笔迹鉴定结论不能采纳为证据。

就笔迹鉴定结论的检材而言，其与案件之间独一无二的关联性决定了该检材不能被掉包；同样，当受审查的书写者已经明确，其对应的手写文字材料已经作为比对样本而被收集，那么该笔迹样本也便特定化，不能被替换或掉包。对收集、提取到的笔迹检材和笔迹样本，应该严格按照证据保管的要求建立完整的保管链，确保收集、提取到的检材和比对样本经由记录、标签、交接等方式经由笔迹鉴定后，能够最终完整无误地呈递到法庭。①

如果有证据证明检材、比对样本，自收集、提取之后，经由笔迹鉴定，最终呈递至法庭的全部流程中被替换或掉包，那么，所得出的笔迹鉴定结论不能被用作证据。

规则九：笔迹鉴定结论的检材和比对样本，收集、提取时的方法不科学、不得当，保管时的方法不科学、不得当，致使检材和比对样本上的笔迹受到了破坏，则该笔迹鉴定结论不能作为证据使用。

无论是检材还是比对样本，其上承载的笔迹都应保持有完整、清晰的笔迹特征，也就是说，检材和比对样本都应该满足笔迹鉴定的基本条件，其承载的笔迹都能真实、完整地再现书写者的书写动作习惯。但是，如果在收集、提取检材或比对样本时，未能采取科学、得当的方法，那么就有可能将检材或比对样本上的笔迹特征破坏掉。例如，某单位就一份大字报的书写者委托某鉴定机构进行鉴定，但鉴定机构发现，委托单位提供的检材是一张张大小不等的纸片——这些纸片是委托单位自行将大字报从墙上硬性撕下来时造成的，这种硬性的撕扯，使得许多文字笔画呈现出支离破碎的状态；同时，该委托单位还将这些纸片用一个塑料袋密封装置，由于密封时间较长，粘贴大字报所用的糨糊发生了霉变，本就因为撕扯而呈现出文字笔画破碎残缺的检材，又增添了一些形状各异的霉变斑迹，其笔迹特征无法准确、完整地得到反映。因此，如果该鉴定得以受理，并且由鉴定机构出具了笔迹鉴定结论，那么该笔迹鉴定结论也不能用作证据，因为该鉴定所针对的鉴定客体，即检材，已经受到了较严重的破坏，其承载的笔迹特征并不能准确、完整地反映书写者的书写动作习惯。

此外，笔迹鉴定中的检材和比对样本，在保管、移送时也同样要遵循科学、安全的要旨，即所用的方法、手段，以不破坏笔迹检材和笔迹样本上的笔迹特征为核心。例如，不得将笔迹检材和笔迹样本折叠起来保存，因为有的文书材料纸张质量欠佳，一旦折叠，纸张就会破损，从而导致所在部位的笔迹也被毁损，相应的特征如笔迹的运笔特征、连笔特征、笔顺特征等，均有可能被破坏。取而代之的保存方式是，小的笔迹检材和笔迹样本可平铺夹在文件夹或书中，大的笔迹检材和笔迹样本，则应将其轻轻地卷成圆筒状后再用其他纸张包裹或置于其他大小合适的容器中。因笔迹检材和笔迹样本是纸质材料，易潮湿、易霉变，故不得将笔迹检材和笔迹样本放置在潮湿甚至有水的环境，否则，受潮或被水泡后的纸张会发生粘连、霉变，从而导致纸

① 李学军：《物证论——从物证技术学层面及诉讼法学的视角》，中国人民大学出版社 2010 年版，第 121～122 页。

张上的笔迹特征受到破坏。

如果有证据表明，某笔迹鉴定结论的检材和比对样本在接受鉴定前因保管方法不得当、不科学，致使其上的笔迹特征被破坏、不完整，那么，该笔迹鉴定结论不得作为证据使用。

规则十：笔迹鉴定如果是基于不具有可比性的笔迹而进行的，那么所得出的笔迹鉴定结论不得作为证据使用。

同一认定理论及一百余年来的笔迹鉴定实务告诉我们，只有借助比较法分析、比较笔迹检材与笔迹样本之间的特征符合点和特征差异点，笔迹鉴定才能最终得以可靠地实现。因此，具有可比性，应是来自笔迹检材的笔迹与来自笔迹样本的笔迹能够相互进行比较的基础。这就要求，两相比较的笔迹其基本的书写规范应该是相同或相似的，也就是说，汉字只能与汉字而不能与英文相比较，正楷只能与正楷而不能与行书相比较，阿拉伯数字只能与阿拉伯数字而不能与汉字相比较；即使都是汉字，如“楼”字，其隶书与篆体或者其繁体与简体，显然具有完全不同的书写规范，因而就无法两相比较——笔画、偏旁部首等的基本书写规范本身便不相同，自然就无法分析比较书写者在书写具体文字笔画、偏旁部首时所表现出的动作习惯是相同还是不同。

但实务中，既出现过将阿拉伯数字“3”与草写汉字“号”之下半部分“丂”相比较，认为“3”与“丂”相似，进而认定笔迹检材与笔迹物证是同一人书写的个案，也出现过将简体的“笔”与繁体的“筆”相比较，进而认定两者之间的差异是不同书写者书写造成的个案。显然，这种将不具有可比性的检材笔迹与样本笔迹相比较的做法，严重违反了笔迹鉴定的科学原理，因而所得出的笔迹鉴定结论不能采纳为证据。

规则十一：笔迹鉴定结论的得出没有得到充分的分析论证，且经法庭依法通知，相关鉴定人也未能出庭就其结论的得出给出具体、合理的解释、说明，则该笔迹鉴定结论不得被采纳为证据。

如本篇第一章所述，即使是同一人书写的两个相同的汉字，它们之间也会存在一定的差异；即使是不同人书写的两个相同的汉字，它们之间也会存在一定的符合。因此，笔迹鉴定，从本质上看，是要将分别检验和比较检验过程中所发现的，检材笔迹与样本笔迹在特征方面的差异点和符合点给出合情合理的解释和评判。只有给出了合乎情理的解释，也就是就鉴定中发现的笔迹特征差异点及笔迹特征符合点的形成原因给出了客观、合理的解释，那么，所得出的笔迹鉴定结论才可能科学、可靠。为此，笔迹鉴定书也应与其他物证鉴定书一样，按照相应的鉴定文书规范的规定，[①] 具有“分析说明”这一部分内容，以专门对鉴定时发现的差异点和符合点进行解释。

如果承载笔迹鉴定结论的鉴定书没有“分析说明”这一部分内容，或者虽有“分析说明”这一部分内容，但并没有实质或充分地阐明鉴定时发现的笔迹特征差异点及符合点的成因，而经法庭依法通知，鉴定人未能出庭，或者虽出庭，但未能就此成因给出具体、合理、得当的说明，那么，相应的笔迹鉴定结论不能用作证据。

规则十二：承载笔迹鉴定结论的鉴定书其形式要件如果不完备，即在提起鉴定的事由、鉴定委托人、委托鉴定的笔迹检材和笔迹样本、鉴定机构、鉴定要求、鉴定过程、检验方法、鉴定文书的日期等方面出现缺漏，而且特别是，鉴定书上没有鉴定机构的鉴定专用章及鉴定人的签名或个人印章，那么，该笔迹鉴定结论不能当作证据使用。

鉴定书是陈述鉴定过程，显示并分析评判鉴定结果，给出鉴定结论的书面材料，是诉讼中的重要文书之一，“可以反映鉴定机构的资质、鉴定人的资格、鉴定材料的真实性及充分性、鉴定过程的科学性、鉴定结论的可靠性”。[②] 从规范鉴定活动，更好地服务于诉讼的宗旨出发，我国现行鉴定制度和证据制度对包括笔迹鉴定书在内的鉴定书均有较为明确的要求，如最高人民法院《关于民事诉讼证据的若干规定》第 26 条、最高人民法院《关于行政诉讼证据若干问题的规定》第 32 条都以间接的方式陈明鉴定书应包括哪些基本内容，而司法部颁布施行《司法鉴定程序通则》第 34 条、司法部关于印发《司法鉴定文书规范》和《司法鉴定协议书（示范文本）》的通知的第 7 条、第 8 条，则以明确的文字规定了鉴定书应具有的基本内容框架。

因此，在审查判断笔迹鉴定结论时，还要从承载该笔迹鉴定结论的笔迹鉴定书的形式要件，即内容框架上入手，看其是否缺失某些法律、法规、规

---

① 我国目前的鉴定机构主要由三大块组成，一是由司法行政部门管理的社会鉴定机构，二是由公安机关主管部门管理的服务于普通案件侦查的公安鉴定机构，三是由检察机关主管部门管理的服务于职务犯罪案件侦查的检察鉴定机构。这三种隶属管理关系不同的鉴定机构，其出具的鉴定书相应地受其主管部门颁布的相关规范的约束，即：社会鉴定机构出具的鉴定书，以司法部 2007 年 12 月 1 日施行的《司法鉴定文书规范》为要求；检察鉴定机构出具的鉴定书，以最高人民检察院 2007 年 1 月 1 日施行的《人民检察院鉴定规则（试行）》“第五章　鉴定文书”为蓝本；公安鉴定机构出具的鉴定书，则一直以来依公安系统内部的常规做法而行，通常是极为简明扼要。

② 何家弘主编：《证据的审查认定规则示例与释义》，人民法院出版社 2009 年版，第 251 页。

章等要求了的基本内容，如鉴定书中是否有提起鉴定的事由、鉴定委托人、委托鉴定的笔迹检材和笔迹样本、鉴定机构、鉴定要求、鉴定过程、检验方法、鉴定文书的日期等方面的内容。如果缺少其中某一或某些内容，那么该笔迹鉴定书的特定性和有效性就有了很大的缺失，如若此时进一步发现，笔迹鉴定书上还没有鉴定机构的鉴定专用章及鉴定人的签名或个人印章，则全国人大常委会《关于司法鉴定管理问题的决定》第9条的“……鉴定人从事司法鉴定业务，由所在的鉴定机构统一接受委托”规定就无从体现，第10条的“司法鉴定实行鉴定人负责制度。鉴定人应当独立进行鉴定，通过鉴定意见负责并在鉴定书上签名或者盖章……”规定也就落了空。没有鉴定机构的鉴定专用章或/及鉴定人的签名、个人印章，可以理解为相关鉴定机构未受理或不认可该鉴定，相关鉴定人未从事或不认可该鉴定。故而，如果笔迹鉴定书缺失了前述框架内容，并且没有鉴定机构的鉴定专用章及鉴定人的签名或个人印章，那么该笔迹鉴定结论不能被采纳为证据。

第三章　笔迹证据的采信标准

第一节　笔迹证据的采信概述

根据现代证据法理论，所谓证据的采信，即对已经获得证据资格的各类证据，就其围绕案件事实有无证明作用以及证明作用的大小，也就是证据效力给出评价或判断的活动。“证据的证明力是证据本身固有的属性。证据具有客观性并与案件待证事实具有关联性，就具有一定的证明力。”[①] 但不同的证据，有着各自不同的特性，并与案件中的待证事实有着或近、或远的不同关联性，加之个别证据还有可能根本就是假造的（即该证据虽从形式上看是客观的，但从内容上看并非是客观事实的真实反映），故不同的证据其证明力有无以及证明力大小是各不相同的，需要对其依据一定的准则加以甄别和评价。只有真实的、证明力大的证据，才能更好地发挥证明作用；而虚假的证据显然需要通过采信过程加以排除，证明力小或弱的证据则需要有其他证据加以补强。

证据的采信标准，即在评价证据之证明力有无及证明力大小时，所依据的准则是同类诉讼活动中裁判者评判相关证据之证明力时必须参照的规范。一般而言，某材料是否有资格成为证据，即是否有证据资格，通常由相关法律作出较为明确、统一的规定（这一点在证据的合法性资格方面表现得尤其突出）；但有了资格的证据是否可靠，以及其证明力有多大，则通常无法由法律作出硬性规定，因为人类证据制度发展长河中所经历的法定证据制度史告诉我们，由法律预先设定各种证据证明力的大小以及对它们的取舍、运用等，实际上是将各类诉讼中表现各异且极为复杂的证明力问题简单化、数量化，从而使得对证据的运用出现僵化、死板的态势，容易导致个案出现错误甚至错误判决。基于历史教训，现代法治国家通常只在法律中对证据的采信给出粗略、概括的评价标准或评价视角，而对各类证据的具体运用，即对

① 张建伟：《证据法要义》，北京大学出版社 2009 年版，第 136 页。

这些证据的证明力的评判，则由裁判者根据个案的具体情况，根据自己的专业学识、通常的认知能力及逻辑法则等，自由裁量而成。

我国《刑事诉讼法》并未明确证据的采信标准是什么，也同样未对各种证据的证明力进行预先设定，但从《刑事诉讼法》的相关规定来看，我国的裁判者应该从证据的确实性、充分性这两个视角切入，自由判断诉讼中各个证据的证明力大小。

笔迹证据，本书中主要是指笔迹鉴定意见，无疑是众多证据中的一种。对其采信，无疑也应遵循我国法律就证据给出的一些基本规定或约束。

考虑到本章只是就笔迹证据论笔迹证据，而非全案各类证据的综合评断，因此，对笔迹证据即笔迹鉴定意见的采信，主要围绕确实性，即真实性、可信度而展开，所以实务中可从以下几方面入手：（1）笔迹鉴定意见由谁委托？笔迹鉴定意见与其他各类鉴定意见一样，均是事件发生后，为了重建事件的来龙去脉而专门生成的证据。重建事件者自身的立场显然对笔迹鉴定意见这种专门生成的证据有着不可忽视的影响：如果事件任何一方当事人自行委托某鉴定机构就争议笔迹进行笔迹鉴定，那么该方当事人就可能出于赢得诉讼的功利性需求而片面提供笔迹鉴定样本、片面介绍案件情况；此外，一方当事人可能并不实际占有笔迹鉴定检材即争议笔迹，因此其单方委托鉴定有可能只能提供争议笔迹的复制件。显然，这两种情况都可能导致单方委托鉴定而得出的笔迹鉴定意见不公允、不可靠。而某笔迹鉴定意见如若是由中立的第三方，如法官、仲裁员等依法定程序委托的，且案件双方当事人均充分提交了得到对方认可的笔迹鉴定样本，而用于鉴定的检材通常也是原件，那么，该笔迹鉴定意见的可靠性、公正性一般要高于一方当事人自行委托而得到的笔迹鉴定意见。（2）笔迹鉴定意见给出者的能力、身份和动机？笔迹鉴定是一种典型的同一认定活动，需要由具有笔迹鉴定理论知识和实务经验的专门人员来完成。笔迹鉴定人相关理论知识是否扎实、实务经验是否丰富，很大程度上影响着笔迹鉴定意见的证明力。而笔迹鉴定人是否与案件或当事人有利害关系，是否有借笔迹鉴定意见谋得私利的动机，也能实质性地影响笔迹鉴定意见的证明力。（3）笔迹鉴定意见本身是否表述完整、前后一致并得到详细论证？如本篇第一章所述，笔迹鉴定意见是鉴定人根据同一认定的基本理论、一般步骤，对争议笔迹和样本笔迹进行了充分的检验之后，就检验结果进行充分论证后给出的个人意见。该意见承载于笔迹鉴定书上，应表述完整、明确、前后一致，且得到了充分的论证。但有的笔迹鉴定意见表述不完整，或前后矛盾，或没有得到充分的论证，那么，该笔迹鉴定意见的可靠性便难免令人生疑。例如，在某笔迹鉴定书中，有以下陈述："检材笔迹是复印件。肉眼或放大镜观察发现，似乎有不正常的书写迹象，但这些迹象也可能是因为复印造成的。检验中发现，检材笔迹与样本笔迹在某某几个方面存在差异，而这些差异是本质的，所以检材笔迹与样本笔迹不是同一人书写。”从前面的陈述看，“似乎有”、“也可能”之类的不确定性词汇都被用上了，而本该充分论证的笔迹特征差异的性质，却没有一点儿论证，那么其结论“这些差异是本质的”，无疑难以令人信服。

第二节　笔迹证据的采信标准释义

如前所述，获得了证据资格也就是具有可采性的笔迹鉴定结论并不必然具有强势的证明力。其有无证明力、证明力有多大，还需由法官根据案件的具体情形自由裁量。根据笔迹鉴定及其鉴定书的特点，以下有关内容，应是法官在裁量或衡量笔迹鉴定意见之证明力大小时应该考虑的主要内容，也是本章第一节内容的具体化，易于实务部门理解并掌握。

标准一：如果笔迹鉴定的鉴定机构在笔迹鉴定这一项目上通过了鉴定机构的资质认定，或者通过了实验室认证认可，那么该鉴定机构出具的笔迹鉴定意见可能具有较高的证明力。

根据《决定》第 5 条第 3 项的规定，从事司法鉴定的法人或其他组织，应有在业务范围内进行司法鉴定所必需的依法通过计量认证或者实验室认可的实验室。

要求从事司法鉴定的机构应在其业务范围内拥有依法通过计量认证或者实验室认可的实验室，是从实质的层面控制鉴定质量的重要举措，是干预鉴定质量的重要手段之一。所谓鉴定质量控制或干预鉴定质量，即通过设立一整套严格的规则和标准，规范物证的检验操作，最大限度地控制与检验目的无法变量的影响，使任何一次检验或操作条件尽量保持一致，将错误和误差减小到最低限度，并且保证对同一个检材不同鉴定机构和鉴定人作出的鉴定结果的可比性。[①] 尽管干预鉴定质量的理念及相关举措于 20 世纪 70 年代才肇始于美国，但近 40 年来，其意义已得到广泛认可，已在实务中得到普遍贯彻，并实质性地提升了鉴定的质量和水平。[②]

我国虽在 2005 年 10 月 1 日即施行的《决定》第 5 条第 3 项中明确要求，法人或其他相关组织意欲从事司法鉴定应首先获得计量认证或实验室认

---

① 何家弘主编：《证据的审查认定规则示例与释义》，人民法院出版社 2009 年版，第 261 页。

② 参见李学军：《物证论——从物证技术学层面及诉讼法学的视角》，中国人民大学出版社 2010 年版，第 180 ~ 182 页。

可，但严格说来，该规定是颇为“超前”的——即使在《决定》生效近6年的现在，真正能满足该条规定的鉴定机构，也非常少：公安、检察系统只是在近三四年内才开始重视其内属鉴定机构的实验室认证、认可工作，并初具成效。司法行政管理部门管理的社会鉴定机构，也只是在其始于2008年9月试点认证认可工作的六省市（北京、江苏、浙江、山东、四川、重庆）内开展，且是一边进行认证认可的宣传贯彻工作，一边结合司法鉴定行业的特殊性，由司法部和国家认证认可监督管理委员会于2009年4月16日联合印发了《司法鉴定机构资质认定评审准则（试行）》，进一步切合实际地推进司法鉴定机构的认证认可工作。换言之，真正算得上较为契合司法鉴定机构认证认可需要的评定准则，也只是在《决定》出台后近4年才诞生！所以，能够依法获得认证认可，也即资质认定的鉴定机构在数量上较少也就不足为奇，更多的鉴定机构还只能是“无认证认可证照”地运行着。

当然，因多种原因尚未获得“认证认可执照”的鉴定机构的鉴定能力及水平就一定低下，但依据严格的程序，经由第三方按照统一质量控制标准评定后的司法鉴定机构，其鉴定质量理论上说应相对更有保障。所以，由获得司法鉴定资质认定的鉴定机构出具的笔迹鉴定结论，其证明力相对较高。

标准二：如果笔迹鉴定的鉴定人不仅具有扎实的笔迹鉴定理论知识，而且从事笔迹鉴定工作的时间较长，有着丰富的笔迹鉴定经验，那么其出具的笔迹鉴定结论可能有相对较高的证明力。

笔迹鉴定虽然已经有了较为完备的理论基础，但因诸多因素均可能使得书写者的笔迹特征发生微细、局部甚至较大的变化，但因笔迹鉴定至今还缺少客观标准，还必须依赖鉴定人基于客观事实而适时选择多个不同的笔迹特征进行鉴定分析。所以，鉴定人的执业经验，鉴定人将笔迹鉴定理论知识与具体鉴定实务有机结合的能力，必将影响到其对鉴定时所发现的笔迹特征符合点及差异点的解释和评判。例如，某签名鉴定案中，依据检材签名与样本签名在连笔特征、转折特征、搭配比例特征、起收笔及转折等笔迹特征方面存在的差异，年轻的鉴定人便给出了否定同一的结论，但一资深的鉴定人，则充分考虑了书写者书写时的书写条件（检材签名是在付款台上以书写者的钱包为衬垫物书写的）、书写姿势（检材签名是书写者站立式哈腰书写的）、书写工具（检材签名是书写者手执另一头由弹簧绳牵拉、固定的签字笔书写的）等因素后，结合检材签名与样本签名之间存在的一些特征符合点，认定二者是同一人书写。显然，该资深笔迹鉴定人已有的鉴定经验使其知悉了大量可能影响书写者书写动作习惯的各种因素，并实际见识过受到这些因素影响的笔迹，因此，一旦再遇到类似的笔迹，便能作出正确的判断。

标准三：如果笔迹鉴定的鉴定人在接受质证时表现出其具有的专业知识和经验与笔迹鉴定所需要的专业知识和经验不相吻合，则其给出的鉴定结论证明力较低。

在某些案件中，仅从证据资格的层面，即从笔迹鉴定结论的关联性、合法性和客观性三个维度，无法将其排除。但在质证阶段，经另一方当事人或其聘请的专家的质疑、挑战，鉴定人却明显表现出其拥有的专业知识和经验与笔迹鉴定所需要的专业知识和经验不相吻合，那么，该鉴定人出具的笔迹鉴定结论的证明力无疑要打折扣。因为，笔迹究竟是由谁书写的，通常被认为是一项专门性问题，所以对该问题的解决，无疑需要专业对口且有对应经验的专门人员介入，否则，也就不必聘请专家进行鉴定了。但因如前文所述的多方面原因，实务中实际上存在着这样的现象，即虽拥有“文书鉴定”的执照，但却只占有并精通文书鉴定辖属的伪造、变造文书检验这一子项目的专门知识和专门经验，对文书鉴定本身，以及文书鉴定所辖属的其他子项目的相关知识均不了解或熟悉，更说不上拥有这些知识。如果聘请这样的文书鉴定专家进行笔迹鉴定，那么其出具的笔迹鉴定结论之证明力自然备受怀疑。

标准四：笔迹鉴定的鉴定程序、鉴定方法、分析论证过程符合司法部推荐的笔迹鉴定规程和技术方法要求的，那么该笔迹鉴定结论的证明力较高。

笔迹鉴定是世界上最为经典、传统的物证鉴定之一。虽然严格意义上说，笔迹鉴定的程序、方法等并没有像某些毒物、毒品的检验鉴定那样，已经有了非常客观的技术标准。但基于笔迹鉴定的传统性、经典性，就笔迹鉴定的基本程序和要求、通用方法等，我国的笔迹鉴定在业内还是达成了一些共识，且这些共识较为集中、系统地在2009年司法部颁布的《笔迹鉴定标准》中得以反映。根据该非强制性标准，即笔迹特征分类标准、笔迹特征比对表的制作规范、笔迹鉴定结论的种类及判断标准、笔迹鉴定规程、签名鉴定规程，相应的笔迹鉴定工作无疑会规范得多，与鉴定无关的一些变量的影响有可能被控制，错误和误差的可能性也会被相应降低，因此，如果某笔迹鉴定结论是严格根据前述《笔迹鉴定标准》而得出的，那么该笔迹鉴定结论的证明力就较高。

标准五：如果笔迹鉴定中使用了类型丰富的样本，且样本中与检材笔迹具有可比性的相同文字较多，那么，该笔迹鉴定结论的证明力较高。

如同本篇第一章所述，书写动作习惯借笔迹而反映出来并为我们所认识，但显然，既然是“习惯”，那么，它显然不可能仅通过三五个少量笔画就全面反映出来——如果重复出现的字迹越多，那么其反映出的书写动作习惯就越全面、越可靠，因此，笔迹鉴定时，应在可能的情况下尽量多地收集笔迹样本。笔迹样本的“多”通常表现在以下两个方面，一是自由笔迹样本、实验笔迹样本均占有；二是自由笔迹样本和实验笔迹样本均有足够的份数，且每份中含有可与检材笔迹相比较的字迹较多，而其中重复出现的字迹也较多。

此外，按照笔迹鉴定理论，只有相同书写规范、书写形式的文字、符号、偏旁部首等才具有可比性，否则笔迹鉴定赖以存在的比较法就失去了比较的基础。

如果某笔迹鉴定中，任其自由形成的自由笔迹样本丰富，控制某些书写因素的实验笔迹样本既丰富且提取方式科学可靠，并且不论是自由笔迹样本还是实验笔迹样本，均含有许多可供与笔迹检材中的字迹相比较的文字、符号、偏旁部首等，那么，该笔迹鉴定结论的证明力较高。

标准六：如果笔迹鉴定中使用的样本只有实验样本没有自由样本，且实验样本的提取方式、内容不符合笔迹鉴定理论的要求，那么该笔迹鉴定的鉴定结论证明力较低。

笔迹实验样本是笔迹鉴定中专门提取、制作的手写文字材料，其目的是为了弥补笔迹鉴定中没有自由笔迹样本，或者自由笔迹样本中缺乏可供比较的字迹，或者自由笔迹样本的书写条件等因素不满足与笔迹检材相比较的条件。实验笔迹样本是专门造出来的、目的性很强的手写文字材料，书写者通常心知肚明其用途，即使是出于“多一事不如少一事”的本能，也会或多或少地刻意改变其已有的书写动作习惯，因此，提取实验笔迹样本应按照笔迹鉴定理论所认可的方法方式科学地进行，否则，相应的笔迹鉴定结论的可靠性就可能受到影响。

当然，实务中，通常尽量避免在仅有笔迹实验样本的情况进行鉴定，但因多方面的原因，有时却又不得不仅依据笔迹实验样本而进行。只是，如果仅仅只有笔迹实验样本，且这些笔迹实验样本的提取方式、方法不尽符合笔迹鉴定行业的通行做法，即提取方式、方法不尽科学，例如，让疑是书写者或受审查的书写者抄写笔迹检材，提示疑是书写者或受审查书写者如何书写，仅仅让他们书写三两遍，未让他们按照笔迹检材那样的书写工具、书写姿势、书写手等来书写，那么，所得出的笔迹鉴定结论其证明力较弱。

标准七：如果笔迹鉴定中使用的笔迹样本其书写条件明显异于笔迹检材，那么该笔迹鉴定的鉴定结论其证明力较低。

书写动作即使达到高度自动化的程度并形成了动力定型即习惯，但它还是会受书写者的生理、心理、病理状态，书写环境，书写工具，书写姿势，所用纸张，书写时有无衬垫物及衬垫物的软硬等因素的影响而呈现出一定的差异。为了排除这些因素对书写动作习惯的影响，进而最为可靠地得出笔迹鉴定结论，就有必要尽量选取在书写环境、书写工具、所用纸张、衬垫物的有无、心理或病理状况等因素方面一致或接近的手写材料作为样本，或者模拟这些条件后获得笔迹实验样本。但显然，有些影响因素，是无法模拟得到的，如书写者的心理、病理或生理状况等，因此，追求笔迹样本与笔迹检材在书写条件方面的完全一致，也是不现实进而是教条的。但如果，笔迹鉴定中使用的笔迹样本其书写条件明显异于笔迹检材，那么该笔迹鉴定的鉴定结论其证明力较低。如图3-3-1所示，两者的书写工具明显不同，如果仅此就得出笔迹鉴定结论，那么显然该结论的可靠性或是证明力不高。

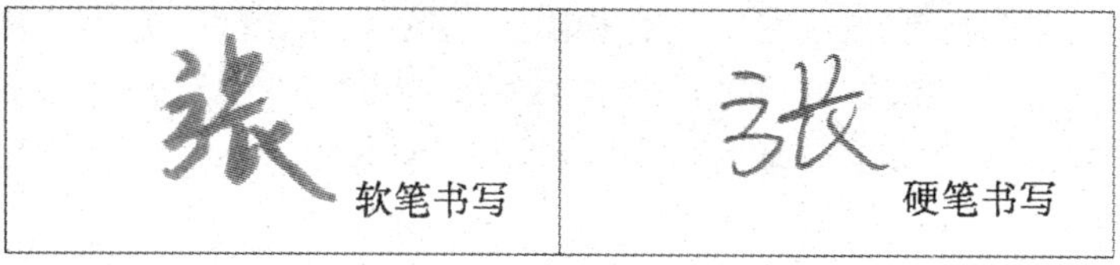

图3-3-1　软笔书写与硬笔书写

标准八：如果笔迹鉴定中所依赖的笔迹样本与检材笔迹的书写时间相隔过远，又没有其他材料或笔迹样本足以佐证受审查书写者或疑是书写者的书写动作习惯在这段时间的稳定情况或渐变情况，那么该笔迹鉴定结论的证明力较低。

尽管形成高度自动化动力定型的书写动作习惯具有稳定性，但这种稳定性是相对的，会受到一些因素，如书写者生理、心理、病理状态，书写环境，书写工具，书写姿势，所用纸张，书写时有无衬垫物及衬垫物的软硬等的影响而多少有些变化。特别是，“书写动力定型即书写动作习惯从本质上是有机体的一种生命机能”，[①] 作为一种生命机能，书写动作习惯不可能不随时间的推移及书写者生理、器官、神经系统的改变而发生变化，例如，随着年龄的增长，书写者书写器官的协调能力，大脑皮质的记忆能力、理解能力会逐渐达到峰值再渐次降低，书写者书写活动的增多，书写者自身对书写活动的兴趣剧增或骤减等，书写动作习惯均会发生一定的变化。因此，为了排除书写动作习惯经由时间的推移而发生的变化，笔迹鉴定理论要求我们应收集、提取与笔迹检材书写时间相接近的笔迹样本进行比较，这样，得出的笔迹鉴定结论将更加可靠。但这并不表明，绝对不能使用与笔迹检材的书写时间间隔较久的笔迹样本，实务中，便存在这样的案例，如某借条标示的书

① 刘晓丹：《论科学证据》，中国检察出版社2010年版，第224页。

写时间以及可能的书写时间①均是死者在55岁左右书写的，但死者的妻子否认该借条是其丈夫所写，于是申请鉴定，并提交了他们在20岁前后恋爱时其丈夫写给她的全部信件，婚后他们的两地书，以及直至其丈夫在55岁前后的工作手册、合同文件等手写材料。该案中，虽然他们恋爱时的信件距死者55岁那个时间点相隔30余年，但由于样本充足，在长达30余年的时间跨度里均有各种笔迹样本，足以证明死者的笔迹从其年轻时的20岁到老年时的55岁，均没有发生太大的变化。所以，此案中，死者在20岁前后的手写信件仍然被用作了比对样本，并得出了可靠的鉴定结论。

但是，如果某笔迹鉴定中只有相隔很远的手写材料作为比对样本，又没有其他笔迹样本或材料反映出疑是书写者或受审查书写者书写动作习惯在这段时间的稳定情况或渐变情况，那么所得出的笔迹鉴定结论其证明力较弱。

标准九：如果笔迹鉴定中某一实验样本在形式上明显异于同时提取的其他实验样本，而这种差异又无法得到合理解释，那么该笔迹鉴定的鉴定结论证明力较低。

根据笔迹鉴定理论，当笔迹鉴定需要收集、提取笔迹实验样本时，所提取的笔迹实验样本通常均不会仅只有一两页文字材料。因为，其一，只有书写大量的笔迹实验样本，才可能消除书写者个人所抱有的隐瞒真实书写动作习惯的心理，从而暴露出其本身固有的书写动作习惯；其二，只有书写大量的笔迹实验样本，才可能满足笔迹鉴定时所要求的各种书写条件，如站立书写、蹲伏书写、悬腕书写、执毛笔书写、执铅笔书写、左手书写等，如此一来，书写成的实验样本也不会少于一两页。哪怕只是依据常识，这些笔迹实验样本均会在每一页上注明书写者姓名、提取时间、提取地点、提取人及见证人等，而这些将笔迹实验样本特定化的基本信息应各页一致或相同。

实务中，曾经出现这样一个案例，就某一肯定结论的笔迹鉴定结论，被鉴定人矢口咬定其没有书写检材上的签名，但却无从否定该笔迹鉴定结论，因为其在鉴定的程序上、内容上似乎均完美无瑕。但最终，笔迹鉴定书除所附的除笔迹自由样本以外的笔迹实验样本暴露出了问题：实验样本共有6页，但其前5页注明的提取时间、提取地点、提取人及见证人均相同，只有最后1页完全不同，且其不同于前5页实验样本的地方还有其他5页是完整的一页文字而这一页只有大半页。问及出现这种6页笔迹实验样本有着前述

---

① 本处所说的“可能的时间”是指，从借条的内容来看，只能发生在死者55岁生日前后。

不同的原因，被鉴定人才回忆起来，其中第6页是自己在公证处公证的笔迹，但不被审理法院及对方认可，于是才会在法官、对方当事人及其律师、己方律师的见证下重新另提取5页实验样本。但送检时，这第6页样本肯定没有被送去，而如今却出现在鉴定书中，肯定存在问题。最后经过调查及进一步鉴定，发现检材上被鉴定人签名实际上是套摹了第6页实验样本上的一处签名，而这处签名又被人为地撕了下去，所以才出现了其只剩下大半页内容的情形。

因此，从该案可以看出，如果笔迹鉴定书中所附的实验笔迹样本各页之间存在着无法解释的差异，那么，相应的笔迹鉴定结论就可能不可靠，因而其证明力较弱。

标准十：如果笔迹鉴定中，未能正确使用比较检验法，那么该笔迹鉴定结论的证明力较低。

比较检验法通常是笔迹鉴定以及其他物证鉴定不能缺少的基本鉴定法，通常而言，比较法包括对照比较法、重叠比较法、拼接比较法。笔迹鉴定中，应用得较多的是对照比较法和重叠比较法。既然是“比较”，那么被比较的客体之间，在本处，显然是检材笔迹与样本笔迹之间，应具有可比性，进而发现被比较的笔迹在某一个特征方面有着怎样的符合或差异。从另一角度而言，比较法只能使用在有着基本相同点的两个客体之间，否则，不可能得出有价值的结论。

但实务中，有的鉴定人并没有正确地使用比较检验法，主要表现为：一是，将不具有可比性的笔迹硬性地放在一起进行比较，比如，将阿拉伯数字3与草写汉字“号”下半部分“丂”相比，将楷体“张”与草写的“张”相比，将简体“个”与繁体“個”相比等。二是，机械地、教条地比较笔迹之间的各个笔画，比如，直接比较笔迹各笔画的长短、此笔画与其他笔画的夹角等。三是，不大常用重叠比较法，重叠比较法往往能帮助我们发现并证实套摹笔迹，或扫描、复印笔迹的存在，但在许多鉴定中，鉴定人更习惯于使用特征对照法，即只是在同一平面的视野里观察、发现并比较两个笔迹之间的符合点及差异点，不大注意使用将两处符合点较多、差异点极少的笔迹以重叠的方式进行比较。而事实上往往是，一旦动用重叠法，就能很可靠地判断出这两个符合点较多、差异点极少的笔迹有着套摹的关系，或者检材笔迹可能系扫描、复印笔迹——当然，要区分究竟是套摹笔迹还是扫描、复印笔迹，则还需要动用显微镜，通过观察检材笔迹是由墨水组成还是由复印、打印墨粉组成。

因此，如果某笔迹鉴定中未能正确地使用比较检验法，那么该笔迹鉴定结论证明力较低。

标准十一：如果笔迹鉴定中检材笔迹与样本笔迹的比较，均是在偏旁部首等局部文字结构之间进行的，那么该笔迹鉴定结论的证明力较低。

如前所述，笔迹鉴定时的比较检验需在具有可比性的笔迹之间进行比较，但因多方面的原因，某鉴定所依赖的自由样本中就几乎不含有与笔迹检材中相同的文字，所收集提取的实验样本其可靠性又不强，故有的笔迹鉴定人便将笔迹检材中某文字与自由样本中的某偏旁部首相比较，或者将笔迹检材中某文字的偏旁部首与自由样本中的某文字相比较。例如，将检材笔迹“刑”与样本笔迹“型”中的“刑”相比，将检材笔迹“土”与样本笔迹“社”中的“土”相比，将检材笔迹“骚”的偏旁“马”与样本笔迹的“马”字相比，将检材笔迹“厨”中的“豆”部与样本笔迹的“豆”字相比，等等。当然，这种比较法并非不具有科学性且实务中也实际使用着，但如果某笔迹鉴定结论所依据的，均是这类非完整文字之间的笔迹特征的比较，那么，该鉴定结论的证明力相对较弱。因为，单个文字，如“马”字，与其作为偏旁部首而与其他部分构成完整文字如“骚”、“驴”、“骡”时，其书写规范会有所不同，并会因是否需与文字其他部分连笔、是否要与文字其他部分相互照应而体现出不同的特点。所以，全部鉴定均只是依据这种非完整文字的比较便作出结论，那么其结论的可靠性必然会降低。

标准十二：如果笔迹鉴定中检材笔迹与样本笔迹的比较，只是停留在笔迹的一般特征层面进行的，那么其给出的肯定同一的结论其证明力较低。

笔迹鉴定，是通过比较检材笔迹与样本笔迹在笔迹特征方面的符合点及差异点得以实现的。而经过百余年发展、完善的笔迹鉴定理论，已将笔迹特征归纳、总结为一般特征和细节特征两大类别。所谓笔迹的一般特征，又称为笔迹的总体特征，它反映了整篇文字或整个单字的总体特点。就汉字而言，笔迹的一般特征包括书写熟练程度、字形特征、字的倾斜特征、字的大小特征、字的间隔特征、笔压轻重特征、单字的总体结构特征等。所谓笔迹的细节特征，又称为笔迹的局部特征，是书写者书写单个文字各部分或各笔画时呈现出的个性化的习惯动作特点。同样就汉字而言，笔迹的细节特征包括笔画的运笔特征、笔画的连笔特征、笔画及偏旁部首等的搭配比例特征、笔顺特征、标点符号的写法特征。文字符号书写规范的统一性，学习仿写文字笔画时被模仿对象（如字帖）的一致性等因素决定了不同人书写的文字符号会呈现出相同的特征；而个人生理特点的差异，个人兴趣爱好的差异，个人所处生活环境的差异，以及文字符号书写规范对书写动作之约束的有限性等因素，则使得人们形成的书写动作习惯会显现出异于他人的个人特点。笔迹鉴定离不开对笔迹一般特征的利用：通过分析、发现并研究笔迹的一般特征，我们能够了解书写者的年龄、职业、生活、居住区域、受教育程度等特点，进而为确定疑是或受审查的书写者提供线索和帮助。但真正实现对书写者的认定，也即做到同一认定，则必须从笔迹的细节特征，也就是笔迹的个性化特征入手；只有某书写者若干笔迹细节特征的总和不能在其他书写者书写的笔迹中重复实现时，我们才能得出同一认定的结论。

但实务中，存在着这样的鉴定，即整个鉴定过程中，只是就检材笔迹与样本笔迹的一般特征，如书写水平、字的大小、字的形体、字的间隔、字的基本写法等特征进行了比较检验，对这二者笔迹的细节特征，如笔画的运笔特征、连笔特征、搭配比例特征、笔顺特征等却没有加以比较，或者只是略微进行了一点比较，随后，笔迹鉴定人就得出了检材笔迹与样本笔迹系是同一人或不是同一人书写的结论。那么，这种只是基于笔迹的一般特征、对笔迹的细节特征没有加以分析比较利用或者只是有限地加以分析比较利用的笔迹鉴定，由于所依据的只是客体的一些共性特征，并无法真正将书写者特定化，因此其结论的可靠性无疑较低。

标准十三：如果笔迹鉴定结论过分依赖于文字布局特征及书面语言特征，那么该笔迹鉴定结论的证明力较低。

面对手写的文字材料（不包括签名），我们除了能从笔迹中了解书写者书写文字符号时所表现出的习惯性特点，也即笔迹特征以外，还能从文字符号所表现出的内容上了解该文字材料的作者（拟稿人）[①] 在语音、词汇、遣词造句方面所具有的特点，这些特点在笔迹鉴定理论中被称为书面语言特征。书面语言特征同样是人们长期学习、模仿练习并反复使用后逐渐形成的一种动力定型，也具有相对的稳定性，它通常包括用词特征、句法特征、别字特征、文章体裁特征、标点符号的用法特征这几个方面。从手写文字材料在用词、造句、文章体裁、使用别字及标点符号方面所反映出的特点，我们可以分析书写者（作者）的职业性质、受教育程度、生活或居住区域等一般特征，为寻找书写者（作者）给出线索或依据。

无论文字内容是什么，它都需要由书写者具体地写在纸张上，才能为他人所了解、所知悉。书写者将文字内容具体书写在纸张的哪个部位——是否留页边、如何留页边，书写时如何分段、缩头、落款等，也是书写者通过学习并反复使用后逐步形成的一种动力定型，能够反映书写者的文化程度、职业性质等。被称为文字布局特征的书写者留页边、分段、缩头、落款的特点等，通常只能用来为书写者“画像”，以期能及时、顺利地找到他，并获取

① 有时，文字书写者与文书的作者（拟稿人）并非同一人，所以，此时手写文字符号所反映的是书写者的书写动作习惯，而由文字符号表现出的内容则反映了该文书的作者在语音、词汇、遣词造句方面所形成的书面语言特点。

其自由笔迹样本、实验笔迹样本，进行笔迹鉴定。

由于书面语言特征、文字布局特征都只是一部分人群共享的特征，并不能将某一书写者特定化、唯一化，所以，如果某笔迹鉴定结论只是依据检材笔迹反映出来的书面语言特征、文字布局特征便作出了相应的笔迹鉴定结论，那么该笔迹鉴定结论的证明力较低。

标准十四：如果笔迹鉴定书中分析论证部分的内容层次不清，逻辑不强甚至前后矛盾，那么该笔迹鉴定书承载的笔迹鉴定结论证明力较低。

检材笔迹、样本笔迹各自有哪些特征，这些特征之间有无差异或符合、或者有怎样的差异或符合，无疑是客观存在，通常较易被人发现；而如何解释这些符合点及差异点的形成原因，则是笔迹鉴定人的学识、经验发挥重要作用的时候，更是笔迹鉴定人得出令人信服之结论的关键所在。因此，在笔迹鉴定书的分析论证部分，笔迹鉴定人应使用精练而又准确的语言，以丰富、扎实的理论知识为指南，结合鉴定中的具体特征差异点和特征符合点，逐一、详尽地分析阐述其各种成因，并最终得出相应的结论。在此过程中，行文的层次若不清晰且缺乏逻辑性，甚至内容前后矛盾，那么由此推导出的鉴定结论必定就缺乏可靠性，其证明力自然较弱。换言之，如果论证部分逻辑缜密、论述清晰、依据充分且结论明确，那么相应的鉴定结论其证明力较高。

标准十五：如果笔迹鉴定书中分析论证部分对笔迹特征差异点和符合点的解释未能排除合理怀疑，那么该笔迹鉴定书承载的笔迹鉴定结论证明力较低。

如前所述，笔迹鉴定书中的分析论证是对比较鉴定时所发现的检材笔迹与样本笔迹之间的特征差异点和符合点给出合理的解释，并逻辑性或顺理成章地得出鉴定结论的活动。因此，在此过程中，应尽量穷尽笔迹特征符合点特别是差异点的各种形成原因；如明确阐述这些差异点是因为书写工具的不同、书写姿势的不同、书写时心理的差异、书写时书写器官的病变、书写纸张的不同、使用非惯常书写手书写等因素而造成的；明确表明这些特征符合点是同一书写者书写笔迹而形成的本质上的符合。如果这期间，某一个特征差异点或符合点的解释未能穷尽所有的可能性，也就是未能排除还可能存在的合理怀疑，那么，该笔迹鉴定结论的证明力较弱。

第四篇

电子证据的审查规则与采信标准

电子证据是现代信息技术的产物。离开了现代通信技术、计算机技术、网络技术以及其他信息技术的应用，就无所谓电子证据。因此，电子证据包括借助现代信息技术或电子设备而形成的一切证据。伴随着现代信息技术的迅猛发展，电子证据已然成为一个成员庞杂的“大家族”。

第一章　电子证据概述

第一节　电子证据的基本概念

一、电子证据的定义

迄今为止，世界范围内给电子证据下定义的方式可谓见仁见智，即便是用语表述也大相径庭。从英文表述来看，常见的就有不下10种，主要包括“Electronic Evidence”、“Digital Evidence”、“Computer Evidence”、“Computer－based Evidence”、“Computer－produced Evidence”、“Computer－created Evidence”、“Computer－generated Evidence”、“Computer－stored Evidence”、“Computer－related Evidence”、“Evidence from Computer Record”以及“Computer Output/Printout”等。从中文表述来看，常见的也有近10种，除了“电子证据”之外，还有“计算机证据”、“计算机数据证据”、“电子数据”、“电子数据证据”、“数据电文证据”、“电子文件证据”、“网络证据”以及“网上证据”等。显然，每种表述的特定含义并不完全一致。

那么，如何准确界定电子证据的概念呢？一种习惯性的做法是进行简单的字面解释。所谓“电子”，是指“由介质、磁性物、光学设备、计算机内存条或类似设备生成、发送、接收、存储的任一信息的存在形式”。所谓“电子证据”，是指电子形式的证据。这一定义并不为错，但并没有太大的实际意义。理由很简单，它并未将电子证据同物证、书证等传统证据区分开来，更未能突出电子证据的本质特点。

从广阔的视野来看，电子证据属于科学证据的一大门类，而任何科学证据都是一定科学技术在司法舞台上广泛运用的结果，总是对应着一定的科学技术。例如，指纹证据、足迹证据、工具痕迹证据、枪弹痕迹证据、牙齿痕迹证据与整体分离痕迹证据等主要是以物理学为基础的，笔迹证据与测谎证据等主要是以生理学、心理学为基础的，爆炸物证、纵火物证、泥土物证、纤维物证、塑料物证、油脂物证、毒品物证与毒物物证等主要是以化学为基础的，血痕证据、精斑证据、唾液斑物证、毛发物证与植物物证等主要是以生物学为基础的。相比而言，电子证据就是现代信息技术的产物，离开了现代通信技术、计算机技术、网络技术以及其他信息技术的应用，就谈不上电子证据。这些不同的科学技术背景不仅决定了有关科学证据的检验方法不同，更决定了它们之间的本质特点不同。从这个意义上讲，不妨将电子证据概括为借助现代信息技术或电子设备而形成的一切证据，或称为电子形式表现出来的能够证明案件事实的一切证据。

要准确理解电子证据的概念，应当从现代信息技术切入。在当今的司法实践中，电子证据通常是由五种现代信息技术带来的，其相应地也可以被划分为以下五种类型：（1）由现代通信技术带来的电子证据；（2）由计算机技术带来的电子证据；（3）由互联网技术带来的电子证据；（4）由手机技术带来的电子证据；（5）由其他信息技术带来的电子证据（见表4－1－1）。

表4－1－1　电子证据的主要类型

1	电话证据、电报证据、传真证据等	现代通信技术
2	计算机证据（电子文件、计算机日志等）、计算机输出物、计算机打印物等	计算机技术
3	电子邮件、电子数据交换、电子聊天记录、电子公告牌记录、博客记录、微博记录、电子报关单、电子签名、域名、网页、IP地址以及电子痕迹（系统文件、休眠文件、日志记录、上网痕迹）等	互联网技术
4	手机录音证据、手机录像证据、手机短消息证据；信令数据、上网痕迹、通信痕迹等	手机技术
5	雷达记录证据、录音证据、录像证据、摄像证据、GPS痕迹等	其他信息技术

不难看出，伴随着现代信息技术的迅猛发展，电子证据已然成为一个成员十分庞杂的“家族”，而且随着信息技术的进一步革新，电子证据必将更加枝繁叶茂、花样翻新。如果人们关注到移动互联网技术变革的大趋势，还会加深对电子证据“大家族”未来走向的认识。

二、与相关概念的比较

（一）计算机证据

我国很多学者认为，电子证据与计算机证据是同一事物。如张西安在

《论计算机证据的几个问题》① 一文中，白雪梅、孙占利在《电子证据中的法律问题》② 一文中，均将电子证据与计算机证据等同起来使用。笔者并不完全同意这种看法。

尽管人们从不同角度可以对计算机证据有不同的界定，但有一点恐怕是需要达成共识的，即计算机证据是以计算机为基础的证据，或者与计算机有关联的证据。换言之，计算机证据必然与计算机有着千丝万缕的联系，凡某一证据在生成、存储、传递、运行等所有环节与计算机缺乏关联则肯定不能归入计算机证据的范畴。

那么，什么是计算机？从发展的角度来看，计算机起初是指具有计算功能的装置，英文名称为“Computer”；后来逐渐发展为集计算、存储、逻辑处理等功能为一体的多功能装置，英文名称为“Electronic Computer”，中文名称为电子计算机或电脑。这样一来，计算机与电子计算机从逻辑上讲就有种属关系，前者包含后者；从历史渊源上讲就有继承关系，先发明的用来运算的机器主要是机械式计算机，而后经过改进发展才创造了利用电子方式进行运算的机器即电子计算机。当代许多科学家纷纷展望，将来还会出现光学计算机、生物计算机等。计算机技术的发展使得各国立法者很难给计算机下一个确切的定义，也很难明确“计算机证据”的内涵。即便如此，人们依然可以大胆得出结论，很多时候，计算机证据在外延上要大于电子证据，因为以机械式计算机、光学计算机或生物计算机为基础的证据显然不是典型的电子证据。

换一个角度来看，人们可能又会得出相反的结论，发现电子证据有时在外延上要大于计算机证据。一般来说，日常生活中运用的电子证据虽然绝大多数与计算机有关，但也有部分与计算机无关。如电话机是基于属于模拟电子技术的半导体技术而制成的现代通信工具，它所录制的电话资料就属于电子证据而不属于计算机证据；依次类推，基于模拟电子技术而制成的模拟信号手机所录制的移动电话资料也属于电子证据而不属于计算机证据。当然，基于数字电子技术而制成的数字信号手机所录制的移动电话资料，既属于电子证据又属于计算机证据。总之，电子证据不限于借助计算机设备形成的证据，还包括借助电话机、录音机、摄像机等设备形成的证据。

综合以上两方面分析，我们认为，从严格意义上讲，电子证据同计算机证据是交叉关系。当然，考虑到两者雷同的部分远远大于相异的部分，通常也可以认为两者是基本可以互换的（见图4－1－1）。

---

① 张西安：《论计算机证据的几个问题》，载《人民法院报》2000年11月7日。

② 白雪梅、孙占利：《电子证据中的法律问题》，载《计算机世界》1998年第34期。

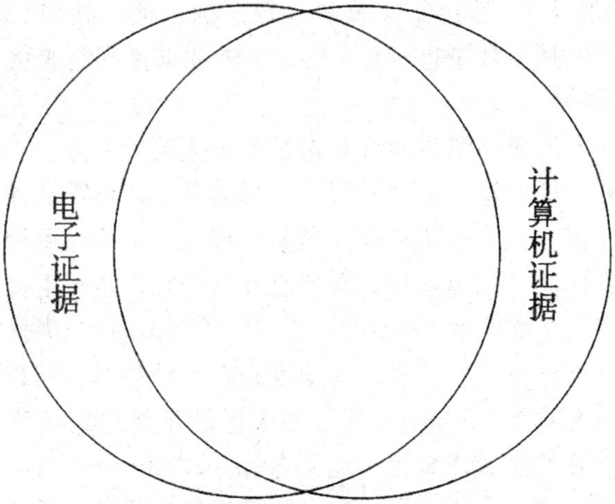

图 4-1-1　电子证据与计算机证据的交叉关系

（二）数字式证据

数字式证据（Digital Evidence）一词在国内学术著作中尚不多见，但在英文法律文献中却也算得上是一个使用率较高的术语。如丹麦政府 IT 安全委员会（The Danish Government IT Security Council）于 1999 年上半年开发出一套称为“确保数字文件证据力之指南”的规范，用于指导国家机关和私人企业开展无纸化办公，其中就多次使用了“数字式证据”一词。① 又如计算机犯罪专家奥恩·凯西于 2000 年出版的名为《数字式证据与计算机犯罪》的专著，为警察、法庭科学家、律师以及程序员提供重要指导。② 后者曾对“数字式证据”专门下过定义，认为“数字式证据是指包含有下述各种数字式数据的证据，即能够证明发生了某一犯罪的数据，或者能够证明在犯罪行为与被害人之间、犯罪行为与犯罪人之间是否存在某种联系的数据”③。当然，由于作者探讨问题局限于计算机犯罪领域，故其定义的范围显得有些狭窄。不过这并不影响人们对数字式证据的基本理解。

从汉语的构词法上看，所谓数字式证据，是指表现为数码形式的一切证

---

① Mads Bryde Andersen, “Digital Evidence”, from Computer Law & Security Report Vol. 16 No. 2 2000.

② Eoghan Casey, “Digital Evidence and Computer Crime”, by Academic Press 2000.

③ “Digital Evidence, Encompasses any and all digital data that can establish that a crime has been committed or can provide a link between a crime and its victim or a crime and its perpetrator.” See Eoghan Casey, “Digital Evidence and Computer Crime”, by Academic Press 2000: p. 260.

据，或者说是借助数字电子技术而形成的一切证据。众所周知，现代电子技术包括模拟电子技术与数字电子技术。由此可见，电子证据既包括数字制式的证据，也包括模拟制式的证据，故电子证据的外延要大于数字式证据；换言之，数字式证据从属于电子证据。

这种从属关系就如同数字签名从属于电子签名一样。从各国电子商务实践来看，电子签名主要表现为数字签名，但除此之外还有各种包含诸如生物笔迹鉴别法、指纹鉴别法、眼虹膜鉴别法、声纹鉴别法等生物特征的电子签名等。同样，由于电子证据主要需要借助计算机设备，而现代各种电子设备广泛采用的是数字电子技术，故电子证据也主要表现为数字式证据，但除此之外还有少数模拟式电子证据。

基于电子证据与数字式证据这种特殊的关系，我们认为可以采用一种灵活的方法处理。当人们谈到广义的电子证据时，可以说电子证据不限于数字式证据；当人们谈到狭义的电子证据时，可以说基本上等同于数字式证据（见图4－1－2）。

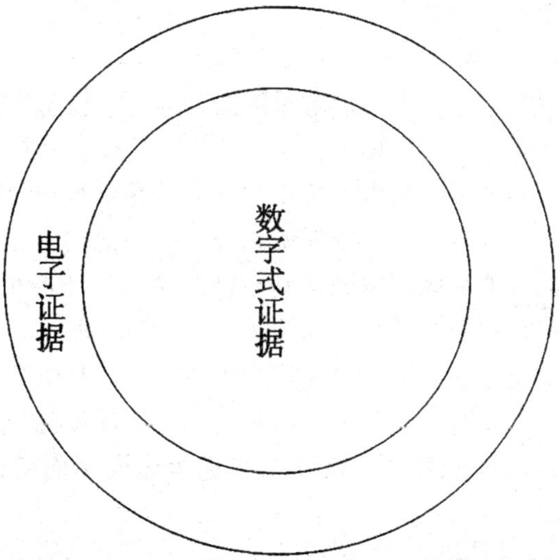

图4－1－2　电子证据与数字式证据的包容关系

三、电子证据的分类

电子证据可以从不同角度进行分类。如前述根据所依存信息技术的不同，可以把电子证据分为电子通信证据、计算机证据、互联网证据、手机证据与其他电子证据。除此之外，电子证据还可以按照以下标准进行划分。

（一）数据电文证据、附属信息证据和关联痕迹证据

根据所蕴涵的内容和所起的作用不同，可以将电子证据分为数据电文证据、附属信息证据和关联痕迹证据。[①] 所谓数据电文证据，是指数据电文之正文本身，即记载法律关系发生、变更与灭失的数据，如 E-mail、EDI（电子数据交换）、网络聊天记录的正文。所谓附属信息证据，是指在数据电文生成、存储、传递、修改、增删时发生的记录，如电子系统的日志记录、电子文件的属性信息等，其作用主要在于证明电子数据的来源和形成过程，即证明某一电子数据是在何时由哪一计算机系统生成的、在何时由哪一计算机系统存储在何种介质上、在何时由哪一计算机系统或 IP 地址发送的，以及后来又经过哪一计算机系统或 IP 地址发出的指令而修改或增删过等。所谓关联痕迹证据，是指因生成、存储、传递、修改、增删数据电文而导致的电子环境新产生的相关痕迹，主要包括电子系统中快捷方式文件（*.lnk）、数据文件（*.dat）、数据流文件（*.identifier）、虚拟内存文件（*.sys）、临时文件（*.tmp）等，也包括该数据电文在数据磁盘层的存储规律等。关联痕迹证据对于判定数据电文的真实性具有特别的价值。

（二）电子设备生成证据、电子设备存储证据与电子设备混成证据

根据形成机制的不同，可以把电子证据分为电子设备生成证据、电子设备存储证据与电子设备混成证据。电子设备生成证据，是指完全由电子计算机等设备自动生成的证据。其最大特点是，它是完全基于计算机等设备的内部命令运行的，其中没有掺杂人的任何意志。如果把相关的计算机等设备比喻成一个证人的话，那么该证据就是基于该“证人”本身的知情而得出的，因此根本不发生英美法系所说的传闻问题，其可靠性取决于电子设备的性能与运行状况。电子设备存储证据，是指纯粹由电子计算机等设备录制人类的信息而得来的证据。在这一过程中，如果把相关的计算机等设备也比喻成一个证人的话，那么此证据就是由该证人“道听途说”而来，故它必须通过

① 早期何家弘教授和笔者在《电子证据法研究》（法律出版社 2002 年版）一书中，提出“将电子证据区分为数据电文证据、附属信息证据和系统环境证据”的观点；之后笔者在参与撰写的《物证技术学》（中国人民大学出版社 2008 年第 3 版）一书中，提出“将电子物证区分为数据电文证据、附属信息证据和系统信息证据”的观点。这里所说的“系统环境证据/系统信息证据”，是指“数据电文运行所处的硬件和软件环境，即某一电子数据在生成、存储、传递、修改、增删的过程中所依靠的电子设备环境，尤其是硬件或软件名称和版本”。从司法证明实践来看，“系统环境证据/系统信息证据”是用于佐证数据电文证据的，不直接针对案件事实。在这里，我们新提出“关联痕迹证据”的说法，它们是可以直接用于证明案件事实的，因而属于电子证据更为重要的组成部分。

英美法系传闻证据规则的检验。对此类证据证明力大小的判断，除了要考虑电子设备的性能与运行状况外，还要考虑录入时是否发生了影响录入准确性的因素。电子设备混成证据，是指由电子计算机等设备录入人类的信息后，再根据内部指令制动运行而得来的证据。由于这类证据兼有上述两种证据的性质，因此对其可采性和证明力的判断均要复杂得多。

（三）单机电子证据和网络电子证据

根据所处环境的不同，电子证据还可以分为单机电子证据和网络电子证据。前者是由某一台电子设备生成和存储的，所处的是一个封闭的系统；后者是由若干电子设备构成的网络生成和存储的，所处的是一个开放性网络。在封闭系统中，电子数据的来源比较单一，主要集中于单机的硬盘、光盘、优盘乃至内存条等存储介质中；而在网络系统中，电子数据的来源相对不确定，可能分散于网络空间的各个角落。

第二节　电子证据的法律地位

一、传统学术争鸣述评

从世界范围来看，各国对于应当将电子证据作为何种证据使用的问题有着不同的理解。就我国的现状来看，学术争论见仁见智、纷争不断，既有“视听资料说”、“书证说”、“鉴定结论说”等传统争议，也有“混合证据说”和“独立证据说”等新观点的碰撞。

所谓“视听资料说”，即主张电子证据属于视听资料的观点。这是学术界早期的看法，也为我国立法机关与司法机关所主张，并一直延续至今。其支持理由如下：（1）视听资料，是指可视、可听的录音带、录像带之类的资料，电子证据可显示为“可读形式”，因而也是“可视的”；（2）视听资料与电子证据在存在形式上有相似之处，都是以电磁或其他形式而非文字符号形式储存在非纸质的介质上；（3）存储的视听资料及电子证据均需借助一定的工具或以一定的手段转化为其他形式后才能被人们直接感知；（4）两者的正本与复本均没有区别；（5）把电子证据归于视听资料最能反映它的证据价值；等等。① 与之相对，反对者则认为，法律上将视听资料与其他证据相区分，强调的是以声音和图像而非文字内容证明案件的真实情况，将电子证据中文字的“可视”和视听资料中的“可视”混在一起没有

① 李学军：《电子数据与证据》，载《证据学论坛》（第2卷），中国检察出版社2001年版，第444～445页。

充分的理由，这样很难解释“其他文书、鉴定结论、勘验笔录等证据都是可读的，当然也是可视的，因而可以归为‘视听资料’的结论”①。

“书证说”是伴随着电子商务的异军突起而出现的观点。例如，有人援引1982年的欧洲理事会的《电子处理资金划拨》秘书长报告以及1982年英国A. 克尔曼、R. 塞泽的《计算机在法庭上的地位》一文，指出其中已经明确计算机记录相当于以书面文件作为证据的看法，进而认为将电子证据划入书证更符合其特点和国际规范。② 此外，这一观点还提出了以下的主要理由：(1) 普通的书证是将某一内容以文字符号等方式记录在纸张上，电子证据则只是以不同的方式（电磁、光等物理方式）将同样的内容记载在非纸质的存储介质上，两者的记录方式不同、记载内容的介质也不同，但却具有相同的功能，即均能记录完全相同的内容；(2) 电子证据通常也是以其代表的内容来说明案件中的某一问题，且必须输出、打印到纸上（当然也可显示在屏幕上），形成计算机打印材料之类的书面材料后，才能被人们看见、利用，因而具有书证的特点；(3) 我国《合同法》第11条规定：“书面形式是指合同书、信件及数据电文（包括电报、电传、传真、电子数据交换和电子邮件）等可以有形地表现所载内容的形式。”据此也可以推断出电子证据系书证的一种；(4) 各国立法上尝试的功能等同法亦在填平传统书面形式与电子证据之间的鸿沟。③ 而反对者则认为，主张电子证据应归为书证很难解决法律对书证“原件”的要求问题。在大多数情况下，电子证据是依自动程序生成、传输、交换的，有时则是录入人员录入后销毁了底稿，有时还可能是作者在没有底稿的情况下直接键入的。在这几种情况下，都很难认定哪个是原件。④

此外，“物证说”、“鉴定结论说”在我国为少数学者所主张。如有人提出，电子证据在不需鉴定的情况下属于书证，“但有时也可能需要鉴别其真伪，故也可能成为物证”。⑤ 有人指出，“……如果法院或诉讼当事人对电子数据的可信性有怀疑，可以由法院指定专家进行鉴定，辨明其真伪，然后由法院确定其能否作为认定事实的根据”。⑥

---

① 魏士廪编：《电子合同法理论与实务》，北京邮电大学出版社2001年版，第130~131页。

② 张西安：《论计算机证据的几个问题》，载《人民法院报》2000年11月7日。

③ 李学军：《电子数据与证据》，载《证据学论坛》第2卷，中国检察出版社2001年版，第445~446页。

④ 魏士廪编：《电子合同法理论与实务》，北京邮电大学出版社2001年版，第129页。

⑤ 徐立根主编：《物证技术学》（第二版），中国人民大学出版社1999年版，第759页。

⑥ 参见冯大同主编：《国际货物买卖法》，对外贸易教育出版社1993年版，第292页。

上述各种传统说法，从表面上看似乎都有一定的道理，实则不然，它们或多或少带有一定的片面性。无论是“视听资料说”、“书证说”、“物证说”还是“鉴定结论说”，都只反映了部分电子证据的性质。用一句形象的话概括来说，每一观点真有点像“盲人摸象”，都只选取了一个侧面或角度说话。在这种背景下，关于电子证据定位的“混合证据说”和“独立证据说”等新观念应运而生（见图4－1－3）。

图4－1－3　关于电子证据定位的传统争论如同“盲人摸象”

二、“混合证据说”的提出及理论价值

加拿大学者加顿曾经说过：“在审判中使用电子证据的最大挑战在于，不能轻易地将其划归传统的证据类型。”① 从理论上讲，要正确解决电子证据的定性，一方面不能漠视我国现行的证据分类体系，另一方面必须找出电子证据的真正特色，在此基础上才能得出科学的结论。

显而易见，电子证据同传统证据相比，不同之处是在于所在空间方面，而非证明机制方面。这就决定了电子证据绝非一种全新的证据，而是传统证据的演变形式。换言之，我国所有传统证据均存在着电子形式。

在我国现行法律制度中，《刑事诉讼法》、《民事诉讼法》与《行政诉讼法》对刑事证据、民事证据与行政证据的分类虽略有不同，但大概都可以分为物证、书证、视听资料、证人证言、当事人陈述、鉴定结论以及勘验检查

① Alan M. Gahtan, “*Electronic Evidence*,” by the Thomson Professional Publishing (1999): p. 138.

笔录七种。[①] 相应地，电子证据基本也可以分为电子物证、电子书证、电子视听资料、电子证人证言、电子当事人陈述、关于电子证据的鉴定结论以及电子勘验检查笔录七种。

电子物证即英美法系学者所说的电子形式的“实在证据（Real Evidence）”，它是以电子信息的存在与状况来证明案件事实的。[②] 例如，在侵入计算机系统犯罪中，入侵者在所侵入计算机系统中留下的关于自己计算机的电子“痕迹”即为电子物证，因为这种“痕迹”系计算机自动生成的，而且是以其存在状态来证明案件事实的。实际上，把电子痕迹视为物证吻合数字空间的“物质交换原理”。

电子书证即电子形式的“书面证据（Document Evidence）”，它记载的是当事人之间的意思表示。如当事人通过 E-mail 或 EDI 方式签订的商业合同，就是典型的电子书证。电子书证的重要特点是：（1）它主要是由计算机或相关设备记录而形成的，在形成过程中计算机或相关设备基本上起一个记录员的作用；（2）它以其中所记载的文字内容来证明案件事实。

电子视听资料（Electronic Audio - visual Material）即电子形式的音像证据，同纸面形式的音像证据相对，如各种数码照相摄像材料、VCD 材料等。它的重要特点是，它是以其中所记载的动态连续画面，而非静止的文字，来证明案件事实的。

电子证人证言即电子方式的言词证据，如电子聊天记录等，它属于英美法系所说的典型传闻证据（Hearsay Evidence）。它的重要特点是，它是以电子方式所表达的口头内容来证明案件事实，需要考虑证人谈话时的举止、语境等因素。例如，各种证人进行电子聊天的记录，尤其是通过麦克风进行语音聊天的记录等。

电子当事人陈述同电子证人证言基本相似，只不过陈述的主体不同而已。如刑事犯罪嫌疑人、被害人以及民商事当事人的网络聊天记录等。

关于电子证据的鉴定结论，是指由电子专家对电子数据的同一、种属、真伪及内容等进行鉴定，所出具鉴定书中反映的鉴定结论。

电子勘验检查笔录，是指司法人员与行政执法人员在办理案件过程中，以电子形式作出的勘验、检查笔录。如网络警察在进行网络监控时获取的有

---

① 2012 年《刑事诉讼法》修改后，将物证与书证分开，将视听资料与电子数据合称为“视听资料、电子数据”，这并未根本跟上改变我国证据形式法律制度。当然，此处所说的“电子证据七分法”有特定的历史背景。

② Alan M. Gahtan, “*Electronic Evidence*,” by the Thomson Professional Publishing (1999): p. 139.

关犯罪情况的记录材料等。这些证据是由司法人员在执行公务活动中形成的，受公务纪律的约束，本身带有一定的可靠性保障。

从理论上讲，只要我国法律不对“证据分为物证、书证、视听资料、证人证言、当事人陈述、鉴定结论与勘验检查笔录”的分类体制进行修改，那么“混合证据说”就是对于电子证据法律定位的合理看法，即它不是一种独立的证据形式，而是分别属于传统证据的范畴。

三、“独立证据说”的提出及立法价值

“独立证据说”主张，任何一种传统证据都无法将电子证据完全囊括进去，电子证据在司法活动中将起到越来越大的作用，而法律应有一定的前瞻性，因此应将电子证据增加为一种独立的证据类型。这是一种新思维，虽然在理论上不乏可商榷之处，但却具有较强的立法价值。

从现实的角度上看，我国法律对证据的分类具有务实的传统，并没有将每种证据与不同证据规则一一对应起来，而是一种无标准的经验型分类。既如此，我国对电子证据的定位完全可以遵循传统的务实精神进行模糊处理，即将其独立为一种证据形式，进而配套地起草专门的电子证据规则。这一观点呈现后来居上的趋势。

2004 年我国通过的《电子签名法》第 7 条第 1 款规定：“数据电文不得仅因为其是以电子、光学、磁或者类似手段生成、发送、接收或者储存的而被拒绝作为证据使用。”2010 年最高人民法院、最高人民检察院、公安部、国家安全部、司法部新颁行的《关于办理死刑案件审查判断证据若干问题的规定》第 29 条对如何审查电子证据作出了专门性规定。2012 年修订的《刑事诉讼法》和《民事诉讼法》均将“电子数据”单列出来。这些迹象均表明，将电子证据（或者其中一部分）独立出来并构建专门的运用规则，已经悄然成为我国证据法制建设中的一个选择。

第三节　电子证据的本质特征

一、虚拟空间性

电子证据离不开由电子设备和信息技术营造的特殊环境，该环境的特殊性决定了它同传统人证、物证相比具有明显的不同。不同之处首先表现为电子证据的虚拟空间性，即它通常不是实实在在的物，而是由某种信号量（包括模拟信号量和数字信号量）的方式存储着的信息。这些信息是无法用肉眼进行识别的，即使是技术专家也必须借助特定的设备或软件才能显现其

内容；这些信息有着不同的解读方法，如果不按其本来的技术规则进行解读就不能得到正确的结果；这些信息通常是可以同载体相分离的，而且反复多次的精确复制不会影响其内容的准确性。总而言之，电子证据往往处在看不见摸不着的无形空间，这一环境的虚拟性决定了电子证据的一大特色。

人们也可以从另外一个角度理解电子证据的虚拟空间性。一般而言，电子证据的载体纷繁芜杂，常见的有固定硬盘、移动硬盘、光盘、优盘、内存条、DVD、闪存、CF 卡、SD 卡、MMC 卡、SM 卡、记忆棒（Memory Stick）、XD 卡等。无论是上述哪一种载体，都是人所不能直接进入的空间。假如要在这样的空间生成任何电子证据，或者提取相关的电子证据，人们必须借助高科技的电子设备（包括硬件和软件）。在这个过程中，电子设备即机器实际上就起到了一个代理的作用，当然是技术代理。对于这样一种必须借助虚拟的“机器”代理才能生成和认识的证据，人们称之为“虚拟证据”并无不妥。

诚然，电子证据的虚拟空间性绝不是说它是一种虚无缥缈的证据。举例来说，今天的人们已经习惯于将因特网空间称为最大的虚拟空间，但这并不意味着因特网空间就是虚无缥缈的。因特网是一张无形的大网，但当今世界的任何国家、社会、个人都无时不处于这张大网之中。网上的各种违法行为、犯罪行为以及法律行为，大多会在现实世界中产生实际的效力，甚至是掀起“惊涛骇浪”。同样，电子证据寓存于虚拟空间，但它在解决法律纠纷与纷争时也会立下“汗马功劳”，甚至成为当仁不让的“证据之王”。单就其功效而言，电子证据是实实在在的。

二、系统性

系统论是20世纪30年代美籍奥地利生物学家贝塔朗菲提出的研究共同规律的理论。该理论很早被引入证据法学领域。20世纪80年代，我国就有学者提出，各类案件的定案证据都是一种系统，即是由一定数量的互相区别又互相作用的证据元素构成的确切地证明某一案件事实真伪的证据集合体。[①] 然而，这一观点曲高和寡，并未实际发挥对司法实践的指导作用。因为经验告诉人们，实践中收集的证据既可能是孤证，也可能是证据体系，定案的关键在于“孤证不能定案”。这就说明，系统论是长期指导我国司法证明活动的方法论，但并未真正适用于传统的证据形式。

这种状况在电子证据方面有了极大的改观，因为电子证据具有天然的系统性。在当今计算机和相关电子设备中，系统是一个很重要的概念。例如，人们常说 Windows、Linux 等操作系统以及 Office、WPS 应用软件系统、网络

① 杨立新：《证据系统论刍议》，载《河北法学》1986 年第1 期，第17 ~22 页。

系统、文件存储系统等。这些表明，在虚拟空间，任何电子证据的产生或其他行为均不是孤立的、无联系的，而是由一系列命令或程序遵循一定技术规则的综合产物。相应地，电子证据的载体不仅会记录涉案的数据电文证据，还会记录有关附属信息证据和关联痕迹证据。这三种信息既有相对稳定的层次结构，相互之间又具有极强的规律性、协同性，共同寄存于确定的载体中。

以计算机系统为例，理论上通常可以分为六个层次，即网络系统层、应用系统层、操作系统层、文件系统层、磁盘编码层、磁信息层。[①] 任何网络传来的电子证据在上述六层之中均有分布，本机上产生的电子证据则至少在应用系统层、操作系统层、文件系统层、磁盘编码层、磁信息层均有分布。当然，从可认识的角度来看，人们所能了解的主要是网络系统层、应用系统层、操作系统层、文件系统层（见图 4－1－4）。

上述各个层次内部都要遵循特定的规则。例如，网络传输要符合网络传输协议及进程协调机制；应用程序具有特定的数据处理流程及文件数据结构；操作系统具有特定的事件处理机制和数据运算规则；文件系统具有特定的空间分配规则和文件管理规则。此外，各种操作行为本身还应符合应用功能上的可操作性及用户操作习惯。除了每个层次内部具有严格的规则约束之外，各个层次之间还必须保持协同运作。上一层的正常运行依赖于下一层的正常运行，下一层出错会导致上一层运行失败。总的来说，各个层次之间必须协同工作，它们之间具有极强的关联性。这些关联性，有的体现在时间顺序上，有的体现在具体内容上，有的体现在存储位置上。在以上各个层次内部都有严格的规律性，各个层次之间则具有极高的关联性。总之，这些不同层次的电子证据构成了一个有机联系的整体，共同指向对案件事实的证明。

三、稳定性

关于电子证据是否容易造假，是一个颇有争议的理论问题。一种观点认为，电子证据具有脆弱性，容易失真且不易被发觉。具体来说，传统证据的原件、复制件较容易识别，通过物理方法、化学方法对原件进行识别就可以发现两者的差异；而电子证据的原件与复制件、真实件与伪造件则真伪难辨。另有观点与之相反：对于一份传统书证，一旦原件遭到毁损，则再无法复原证据；而计算机硬盘上的每一次擦写记录都可以被轻松地跟踪捕捉到。[②] 我们赞同后一种观点。

---

① 如果加上物理设备（如网线的接口类型、光纤的接口类型、各种传输介质的传输速率等），即物理层，就是常说的计算机网络七层理论。

② Alan M. Gahtan, *Electronic evidence*, by the Thomson Professional Publishing (1999): p. 7.

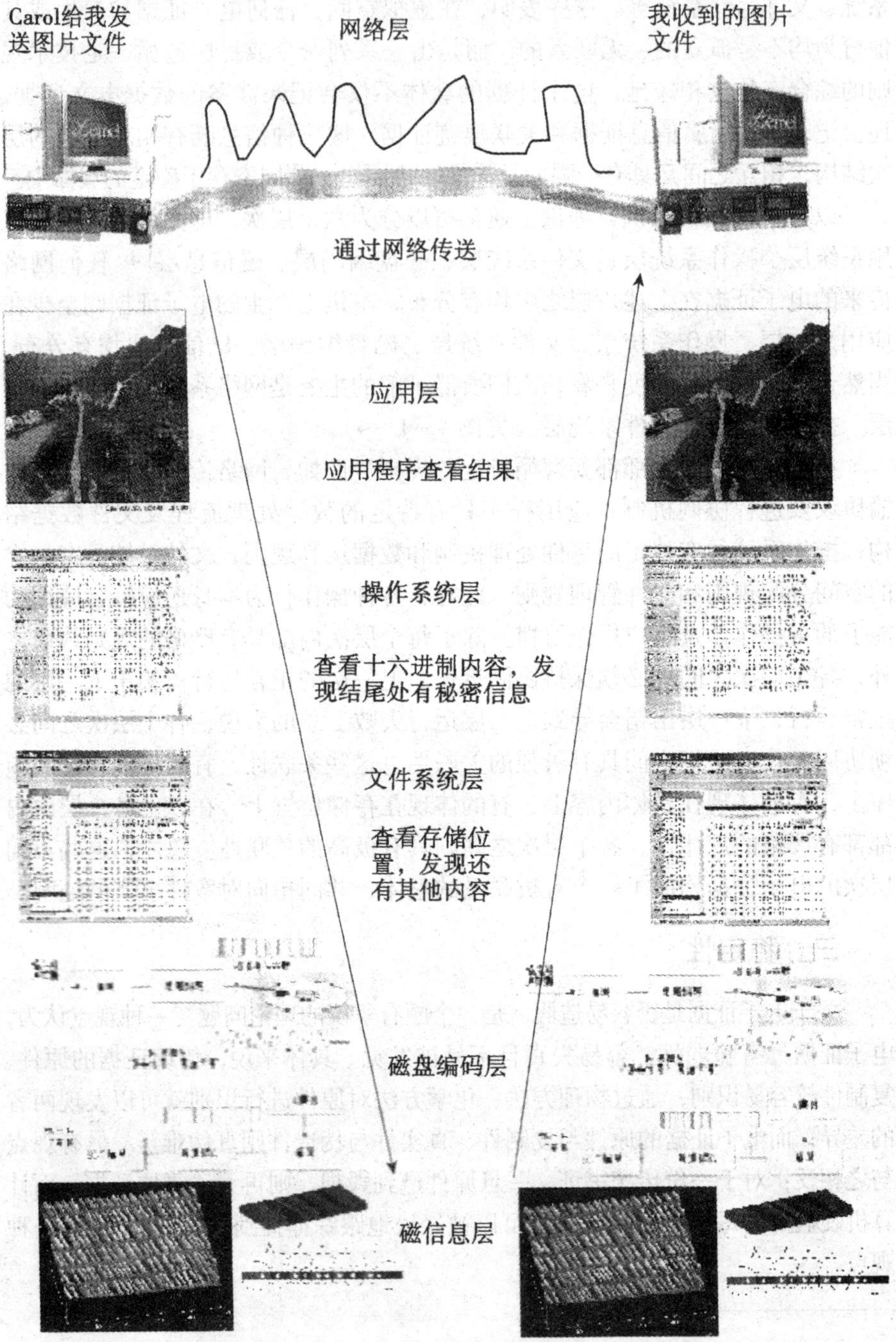

图4－1－4　计算机系统分层模型

国内外的大量案例表明，极少数电子证据容易被篡改或删除，更多的电子证据则难以被篡改或删除（或者对其的任何篡改、删除痕迹都能够被轻松地通过技术手段捕捉到）。如果某些电子证据（主要是冲洗出来的数码照片、打印出来的文本文档）是孤立存在的，那么存在着对其删改的较大可能性；但是绝大多数电子证据（如计算机系统、网络系统中的电子邮件、文本文件、图片文件等）都是以系统数据的形式存在着，对它们的造假就几乎是不可能的，或者是很容易被发现的。司法实践中，造假者可能会删除或变造那些简单、看得见的电子证据或痕迹，但可能完全删除或变造那些看不见的电子证据或痕迹吗？他可能会删除或变造个别电子证据或痕迹，但可能完全删除或变造案件中大量的、乃至全部的电子证据或痕迹吗？最重要的是，这些“造假”行为绝不会“天衣无缝”。

总之，当前的技术发展和司法实践能够保证绝大多数电子证据具有极强的稳定性。正是从这个意义上讲，当今一些国家证据法领域流行一句名言：“电子证据是新一代的实话血清（注：效力最优的证据）!”追根溯源，这一特性也是由电子证据的虚拟空间性和系统性所决定。在司法人员仍然对电子证据普遍存在陌生感和担心的今天，强调电子证据的这一本质特点具有突出的积极意义。

四、多元性

电子证据该如何有效地用于定案？这也是司法实践中讨论得较多的问题。早期的观点认为，电子证据在我国尚无法律名分，应当转化为鉴定结论、勘验笔录、证人证言、口供、公证文书或者其他证据使用。随后有越来越多的观点认为，我国应当确立电子证据的独立法律地位，将其作为一种单独的证据使用。而随着对这种证据使用的经验越来越多，人们发现这种证据往往不是单一的，通常是与其存储载体在一起的，即数据电文证据、附属信息证据与关联痕迹证据是一并寓存于同一载体的。这样一来，人们在获取到某一电子证据如 E-mail、Word 文档、QQ 聊天记录等以后，往往还需要分析和提取相关记录的形成痕迹和关联证据如日志文件、缓存文件、休眠文件以及文件碎片等。这种分析和提取相当于对一个虚拟空间的现场进行勘验，以重建虚拟空间的案件事实。不难看出，一种新观念认为，应当将电子证据（或其载体）当作“（现）场”，通过现场勘查等取证手段以发挥其最大的证明价值。

“（现）场”观念源于司法实践，也逐渐为我国立法活动所确认。当前司法实践中广泛流行的计算机现场勘查、计算机搜查等措施起到了良好的功效，它们实际上是将电子证据视为一种“证据集中”的场所进行勘验、搜索和检查的。特别是我国最高人民检察院新近制定的《人民检察院检察技术部门电子证据勘验程序规则（试行）》,[①] 第3条明确规定："电子证据勘验是指人民检察院在侦查过程中，由检察技术人员按照勘验工作要求，利用科学技术手段，依法及时发现、提取、固定与案件相关的电子证据的活动。"这里的关键词就是"电子证据勘验"，鲜明地体现了电子证据的"（现）场"观念。

从线索到单一证据再到"（现）场"，这反映了人们对电子证据价值的认识日益深化。不过，这三者之间并没有实质性的矛盾，更多的还是视角的不同。如果依靠电子证据再获取其他证据，这说明电子证据就是线索；如果依靠载体内所寄存的电子证据来定案，这就是将电子证据用作定案的根据；如果将电子证据及其所依存的载体一并提交，并通过技术手段挖掘载体中所寄存的一系列电子证据进而还原案件事实，那么电子证据就成为了"（现）场"。线索、证据和"（现）场"，电子证据应当被视为这三位一体之产物。当然，在新形势下人们应当特别重视电子证据的"（现）场"观念，这是电子证据同传统证据相比所具有的另一明显特征。

① 这一规定尚未正式颁行。

第二章　电子证据的审查规则

第一节　电子证据的审查原理

一、电子证据的审查原则

电子证据具有不同于传统证据的一些重大特色，但这绝不意味着各国法律应当给予电子证据差别性的待遇。换言之，赋予电子证据同传统证据一样的证据法待遇，已然成为一种全球化的趋势，被称为“非歧视原则”。

这一原则在许多国际条约和外国法中都得到了明确的宣示。例如，联合国《电子商业示范法》第5条规定：“不得仅以某项信息采用数据电文形式为理由而否定其法律效力、有效性或可执行性。”① 第9条规定：“(1) 在任何法律诉讼中，证据规则的适用在任何方面均不得以下述任何理由否定一项数据电文作为证据的可接受性：(a) 仅仅以它是一项数据电文为由；或 (b) 如果它是举证人按合理预期所能得到的最佳证据，以它并不是原样为由。(2) 对于以数据电文为形式的信息，应给予应有的证据力。在评估一项数据电文的证据力时，应考虑到生成、储存或传递该数据电文的办法的可靠性，保持信息完整性的办法的可靠性，用以鉴别发端人的办法，以及任何其他相关因素。”② 立法者指出，这几条的立法目的在于确立数据电文在法律诉讼中作为证据的可接受性，同时确立其证据价值，尤其是为后者提供有力的指导。③ 这反映了联合国贸法会的一个基本指导思想，即不以其是数据

① UNCITRAL Model Law on Electronic Commerce, Art. 5, http://www.uncitral.org/english/texts/electcom.

② UNCITRAL Model Law on Electronic Commerce, Art. 9, http://www.uncitral.org/english/texts/electcom.

③ Guide to Enactment of the UNCITRAL Model Law on Electronic Commerce, Paras. 70 – 71, http://www.uncitral.org/english/texts/electcom.

电文就加以歧视。[①] 又如，英国虽然在原先的《1968 年民事证据法》、《1984 年警察与刑事证据法》中都曾对电子证据的可采性与证明力作出过特殊规定，但后来分别通过《1995 年民事证据法》、《1999 年青少年审判与刑事证据法》一一取消了，这样目前英国对电子证据没有规定特殊的采纳条件或其他特别的保障措施。这反映了英国法律对电子证据的态度转向一视同仁。即便那些制定了单行电子证据法的国家，如加拿大与菲律宾，都只是对电子证据如何运用进行了相对具体一些的注解，并未增加特殊条件的规定。

我国在 1999 年颁布的《合同法》中已经首次明确开创了“无歧视原则”的先河。该法第 11 条规定：“书面形式是指合同书、信件和数据电文（包括电报、电传、传真、电子数据交换和电子邮件）等可以有形地表现所载内容的形式。”这实际上是将各种数据电文形式与传统的合同书、信件形式等位看待。2004 年，这一原则又被我国《电子签名法》进一步发扬光大。该法第 3 条第 2 款规定：“当事人约定使用电子签名、数据电文的文书，不得仅因为其采用电子签名、数据电文的形式而否定其法律效力。”第 7 条第 1 款又进一步规定：“数据电文不得仅因为其是以电子、光学、磁或者类似手段生成、发送、接收或者储存的而被拒绝作为证据使用。”这两条说明，无论是数据电文本身，还是使用数据电文、电子签名的文书，用作证据使用时均不受差别待遇，即适用与传统证据完全一致的标准。

二、电子证据的审查内容

电子证据在司法证明中的运用主要涉及可采性与证明力两个问题。前者是指符合什么条件的电子证据可以被法庭采纳，即可采性标准；后者是指被采纳的电子证据能在多大程度上证明待证事实，即证明力如何。依照我国学理的主流意见，某一证据必须具有关联性与合法性才能作为定案的根据，电子证据亦必须经过关联性与合法性的检验；某一证据的证明力大小则取决于真实性与充分性，电子证据在这一点上与传统证据没有什么实质性区别。不过，考虑到电子证据出示的特殊性，它是否遭受过增加、删减亦会影响其证明力，因此完整性也是衡量其证明力大小的标准。

关联性是证据的自然属性，是证据与案件事实之间客观存在的联系。在司法证明活动中，关联性，是指对案件事实必须具有实质性证明意义，即证据必须在逻辑上与待证事实之间具有证明关系。[②] 这一标准对于判断电子证

① 参见联合国贸法会颁布的《电子商务示范法颁布指南》第 70 条，即其对《联合国电子商务示范法》第 4 条、第 9 条的解释。

② 参见何家弘主编：《刑事审判认证指南》，法律出版社 2002 年版，第 14 页。

据是否可采具有重要意义。一个总的原则是，确定有关联性的电子证据才可以采纳为诉讼证据，无关联性的电子证据不得采纳。用通俗的话说，就是有某个电子证据一定要比没有该证据，更有利于证明案件事实的存在或者不存在。

合法性是证据的社会属性，是指证据的取证主体、取证方法和取证程序必须符合法律的规定。[①] 无论是主体不合法、形式不合法和程序不合法的证据都存在一个利益衡量的问题。我们认为，对于电子证据而言，凡是其生成、取得等环节不合法，且其不合法程度足以影响证据真实性的，或者足以影响某一重大权益的，则可考虑对其加以排除。司法实践中，电子证据的具体不法情形主要涉及通过秘密登录、非法搜查、非法扣押、非核证程序生成、非法软件生成等。

真实性是衡量电子证据可靠程度的一项重要指标，具体是指法律上的真实性，并非“100%属实”意义上的真实性（这种意义上的真实性在诉讼中是永远不可能实现的)。换言之，用于证明案件事实的证据应当达到法律真实的程度，若有确证证明其虚假则不得被采纳。具体到司法实践中，法庭需要评断，一方当事人所举电子证据中蕴涵的信息是否同这一方当事人所主张的收集、保全证据情形相一致，以及对方当事人关于电子证据造假的质疑是否得到确证支持。判断电子证据是否属实的方法很多，可以通过当事人自认、推定、庭审演示、不同证据印证、其他证据佐证的方式，也可以通过鉴定和技术论证的方式。

作为考察电子证据证明力的一个特殊指标，完整性主要是指电子证据是否受到了不必要的添加或删减，即在法庭上是否得到了完整的出示。由于电子证据是各种电子系统运行的结果，往往是数据电文证据、附属信息证据与关联痕迹证据融合在一个载体中，因此电子证据的完整性与其所依赖系统的完整性密不可分。从这个意义上讲，判断电子证据的完整性不仅要通过鉴定等技术手段分析其是否属于碎片文件、片断文件，更要通过审查电子系统的运行状况、业务流程及保管情况得出结论。

充分性是采信电子证据的又一标准，即电子证据的证明力是否足以证明

---

① 我国《关于办理死刑案件审查判断证据若干问题的规定》第 29 条规定：“对于电子邮件、电子数据交换、网上聊天记录、网络博客、手机短信、电子签名、域名等电子证据，应当主要审查以下内容：……（三）制作、储存、传递、获得、收集、出示等程序和环节是否合法，取证人、制作人、持有人、见证人等是否签名或者盖章……”这一条款是目前我国关于电子证据的合法性规则。它具体包括两点：一是制作等程序和环节是否合法，二是取证人等是否签名或盖章。不难看出，这一条款对电子证据的合法性的概括还很不全面，诸如取证软件、技侦手段的合法性均未涉及。

案件中的待证事实。从理论上讲，“证据充分”可以是就单个电子证据而言的，也可以是就案件中的某一电子证据与其他证据构成的一组证据或全部证据而言的。而从实务中看，“证据充分”通常就是包括电子证据在内的一组证据是否足以证明某一案件事实或情节的存在或者不存在，以及包括电子证据在内的全部证据的证明价值是否足以证明全案事实。因此，这一项指标主要涉及对电子证据的采信标准。为深入论述，本书将在下一章专门展开。

前述各项指标均是审查电子证据的重要内容，不过复杂程度并不相同。有的指标可能只需要一个抽象的规则就可以确定，有的指标则需要进行仔细分解，分不同情形拟定不同的审查规则；有的指标所涉及的审查规则同传统证据相差无几，有的指标所涉及的审查规则则带有鲜明的特色。电子证据审查规则的基本结构如图4-2-1所示。

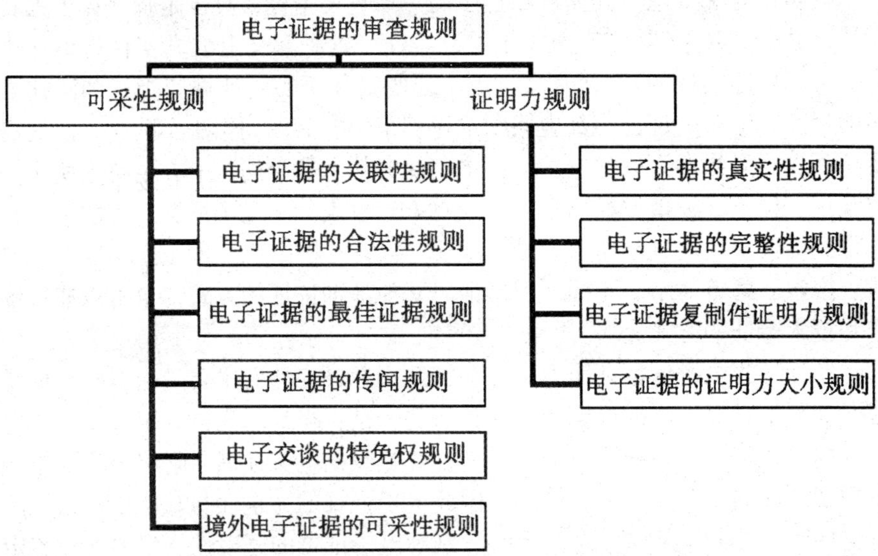

图4-2-1　电子证据审查规则的基本结构

第二节　电子证据的可采性规则

一、电子证据的关联性规则

规则：凡当事人提交的电子证据能够对证明案件事实产生一定的实质性影响的，则法庭应当裁定其具有关联性。

妻子甲与丈夫乙1993年4月28日登记结婚，婚后夫妻感情良好。2002

年10月6日乙在甲的手机上发现了这样一条信息："红儿，今天忙么，睡午觉了吗，想我吗，我很想你。"看到这条短信后，丈夫乙顿时"炸锅"了，找到妻子甲要求解释清楚。甲的回答是："这是同事开的玩笑。"自此，一条短信的出现打破了这个幸福家庭的平静，夫妻俩的感情急转直下，两人甚至开始分居。

两年后，甲向人民法院起诉离婚。甲诉称，乙心胸狭窄，无端猜疑，为自己同事发的玩笑短信之事，而猜疑自己品行不端，夫妻沟通更加困难。虽然多方调解，双方感情仍无改善，走向破裂；同时，乙对家庭极不负责，其生活随意，性情放纵，个人行为不检点，不忠实夫妻感情，现要求离婚。对此，乙在法庭上辩称，夫妻两人婚后感情原来一直很好；2002年国庆长假期间，无意发现一条别人发给甲的暧昧短信，看后很生气，追问是谁发的，甲先不说，后称是同事开玩笑所发。此事发生后，两人经常吵架，关系变得不和睦，而且事后甲还到处诽谤自己作风不检点等，最终导致夫妻感情破裂，自己同意离婚。

在本案中，这条暧昧的手机短信具有关联性，因为原被告的矛盾和纠纷是由这条短信而起，双方感情破裂也与之有关。法院最后认定该证据可以采纳，判决双方离婚。

关联性是证据的自然属性，是证据与案件事实之间客观存在的联系。诚然，客观事物之间的联系是普遍存在的，世界上任何两个事物之间都可以找到某种或远或近的联系。但是，这种哲学意义上的普遍联系不能作为在诉讼活动中采纳证据的基础。在诉讼活动中，作为证据采纳标准之一的关联性必须是对案件事实具有实质性证明意义的关联性，即证据必须在逻辑上与待证事实之间具有证明关系。

这一标准对于判断电子证据是否可采具有重要意义。一个总的原则是，确实有关联性的电子证据才可以采纳为诉讼证据，无关联性的电子证据不得采纳。至于如何认定电子证据的关联性，通俗的讲，就是有某个电子证据一定要比没有该证据更能明显地证明案件事实的存在或者不存在；从学理上讲，就是电子证据能够在一定程度上对证明案件事实产生实质性影响。

二、电子证据的合法性规则

规则一：凡当事人提交的电子证据在生成或取得等过程中具有以下情形之一的，则法庭应当裁定或推定其不具有合法性。

1. 通过秘密登录方式获得的

2005年年底以前，国产电影大片《无极》尚未公映，互联网上已经出现了很多盗版。作为《无极》唯一的网上代理商，甲公司给几家制作并上传盗版的公司发了律师函进行通牒，表明了要用法律维权的决心。但盗版者根本置之不理。在这种情况下，甲公司找到乙鉴定中心，委托乙鉴定中心进行调查并出具调查报告。其后，甲公司把律师函连带调查报告一起发给盗版者。结果，第二天网上的盗版《无极》全部消失。这无疑是一起很成功的打击网络盗版维权案例。国内许多专家学者将其归于成功的计算机取证。然而，也有批评者对这种秘密取证行为的合法性和有效性提出质疑。

当前，在刑事案件中网络警察可以采用网络监控的方式取证，在民事案件中也有越来越多的当事人聘请专业的计算机取证公司代为调查。这些人员的取证方式有的是合法的；有的则是未经合法授权而秘密侵入他人的计算机等系统进行的再录制，系不合法行为。

以前述案件为例，如果乙鉴定中心通过数据分析出上传盗版电影的计算机的 IP 地址等信息，然后报案由警方结合传统的证据调查方法确定犯罪嫌疑人的物理地址而破案，那么这样的取证行为不属于“秘密登录”，具有合法性。如果乙鉴定中心的计算机专家在查找到上传者的 IP 地址后，通过远程下载的方式获取涉案信息，甚至自行封堵侵权网站，则涉嫌不法取证。

2. 通过非法搜查、扣押等方式获得的

2005 年，广西柳州警方接到甲公司的报案称，该公司的软件被北京乙公司盗版并销售，造成重大的经济损失。经查明，该案犯罪嫌疑人是曾与甲公司签订技术开发合同的某大学博士生丙，他利用在该公司任职掌握重要商业秘密的便利，在北京与他人合伙成立了乙公司，自任公司总工程师。丙先后四次将甲公司委托其开发及升级的软件源代码私自复制，并将其中的两套稍做修改并更名，然后以乙公司的名义在国家版权局进行版权登记，公开在国内市场上销售。

该案的核心证据是计算机软件源代码，取证的专业技术性很强。警方经过反复商讨，聘请某高校的计算机专家共同制定了周密细致的取证方案。7 月 9 日，警方在一家咖啡店里先将丙控制住，并迅速带着丙赶往乙公司，以防止其同伙毁灭证据。到公司后，办案人员立即切断了该公司的外部网线，同时，命令公司所有人立即离开座位，然后让丙坐到他的电脑前面，打开电脑并按照计算机专家的指令进行操作。20 分钟后，计算机专家在电脑上找到了署名“北京乙公司”的软件源代码，办案人员都松了一口气。按照取证要求，办案人员让丙自行将电脑中的硬盘拆卸后进行了封存，同时办案人员对拆卸、贴封等取证过程进行了全程摄像。经过 10 个多小时不间断地搜查及询问，办案人员在乙公司一共扣押了 3 台笔计本电脑和 8 块计算机硬盘，后送到有关部门进行鉴定。

计算机搜查与扣押就是对计算机硬盘与其他介质中所存储数据的搜查与

扣押。同传统搜查与扣押相比，对计算机系统的搜查与对电子证据的扣押不仅科技含量很高，而且不可避免地要面临许多新的法律问题。例如，搜查令中搜查的范围如何确定？扣押的对象是仅限于犯罪嫌疑人的电子数据、存有嫌疑数据的硬盘，还是拓展至整个服务器硬盘、主机箱？扣押的电子证据如何保存、如何分析？所有这些问题的解决，都需要尽快拟订收集电子证据的标准程序，以减少违法搜查或扣押情形发生。

在我国目前尚未另行制定专门规则的情况下，调查人员实施计算机搜查与扣押既要遵循传统的“有证搜查为主、无证搜查为补充”、“及时扣押”以及“必要性”等规则，也要考虑如何确保所取电子证据的合法性与关联性。例如，在前述案件中，办案人员检验时命令犯罪嫌疑人自己操作电脑、直接在犯罪嫌疑人的计算机系统中进行等行为，就存在着值得商榷之处。因为这样的搜查与扣押不仅不彻底，而且可能给犯罪嫌疑人销毁证据提供机会。

3. 通过非核证程序得来的

甲公司系一大型跨国零售企业，为增加效率自行开发了一套自动的交易系统。他们首先采用电脑管理所有库存商品，包括库存商品的数量、入库、出库、订单的传送等均由电脑自动操作完成。乙公司系大型洗涤剂生产商，其生产的某洗涤用品在甲公司的销售状况非常好，交易量特别大。为此，甲、乙公司于2004年5月3日达成一项协议，约定双方洗涤用品的下单和接单均通过电子数据交换（EDI）的形式，由双方的电脑自动进行。就此，双方签署了一份书面合同，其中约定：甲公司洗涤用品存货不足时，一经甲公司采购负责人决定，甲公司电脑自动给乙公司下单（信息发送成功，电脑会自动显示）；乙公司收到订单后，无须特定的人同意，电脑便自动接单。然后，乙公司便根据甲公司的订单送货上门。

根据双方的协议，合同自当年5月10日生效，在此之前，双方对运行系统进行了多次调试，对系统的正常运行表示放心，并约定，一旦系统出现问题，应当立即告诉对方。合同生效后，系统运行一直正常，双方对这种运行高效、成本极低的交易方式十分满意。可是，在2004年9月，该系统出现问题，致使双方发生纠纷。纠纷的经过是这样的，2004年9月12日，由于甲方库存的乙公司洗涤用品低于正常库存量，急需进货，甲公司电脑便自动给乙公司下单，订单对货号、数量做了约定，电脑也显示信息发送成功。按照常规，乙方当天收到订单后，立即组织发货，9月15日就能到货。可不知道是什么原因，直到9月21日，乙公司的货才送到甲公司。而甲公司销售的乙方洗涤用品已经于9月16日销售完毕，为了应急，甲公司只得于9月15日从另一家公司进了一批其他类型的洗涤用品。因此，甲公司拒绝接受此批货物，还起诉至法院要求乙公司赔偿损失。但乙公司辩称，他们是在9月18日才接到订单的，并且立即组织发货，乙方没有任何违约行为，要求乙方为此承担责任是不公平的。

该案是一起典型的EDI电子商务纠纷。甲、乙双方签订和履行合同都是借助甲公司开发的自动交易系统完成的。由于这一交易系统得到了双方当事人的合同确认，即有关应用软件得到了核证，因此所形成的电子证据完全可以作为证明案件事实的依据。据此，法庭主要就是要查证交货“延误”是甲公司电子“代理人”的错误还是乙公司电子“代理人”的错误，或者是其他技术错误，进而判断哪一方违约要承担违约责任。

这一规则主要是针对电子商务案件而言的。电子商务的开展离不开一套成熟的计算机程序或系统，它必须能够保证所收集、复制的信息准确无误。而如何保障电子商务交易平台可信赖？一个重要的方式是对计算机程序进行事先核证。核证的做法有两种，第一种是在有些国家由专门机构对电子商务所依赖的程序进行审批，如新加坡授权一个专门机构对有关程序按照一定标准和步骤进行审核，审核合格的就签发核证证书，该程序被称为核证程序；第二种是由双方当事人进行约定，当然双方当事人会进行试运行等试验检验。无论上述哪一种，所得来的电子证据均具有合法性；反之，未经核证程序生成或存储的电子证据，属于不具有合法性的证据。

我国电子商务发展略晚于信息技术发达的外国。目前国家主管部门对于电子商务活动中可使用什么样的计算机程序尚未作出全面规定，仅有一些对电子商务辅助活动使用计算机程序或软件进行核证的规定。而普通当事人也缺少事先确认所使用计算机程序的观念。从确保电子商务安全的角度出发，未来我国对电子商务活动所依赖的计算机程序应当提高审核许可力度，覆盖尽可能多的电子商务业务。

4. 通过非法软件得来的

手机卧底软件是近年来黑市上流行的一款非法软件。市民甲女士疑心丈夫乙先生在外有了“花头”，却一直没有证据。最近她花1000多元买了一套手机卧底软件，偷偷安装在乙先生的手机上。据称，这一软件非常先进，安装后手机界面没有任何异常，可以正常使用；安装者可以用另一部设定的电话机打通该手机，手机不会响，但是可以听到手机周围的声音，所有的短信内容也可以在电脑上截取。而且一旦购买，可以终身使用。一套安全码可以在不同的手机上轮换使用，即使对方更换了SIM卡，只要新SIM卡有GPRS功能，就可以继续使用。某新闻媒体就此事随机调查了20多人后发现，有一半以上的人认为手机卧底软件不过是调查取证的一种方法而已。我们认为，现阶段手机卧底软件本质上还属于一种非法制售的软件，通过手机卧底软件取证侵犯了国家法律所保护的公民通信自由权和隐私权等，因而是违法的。

软件对于电子证据的生成、传递、存储各环节具有重要意义，它的合法与否直接关系到电子证据是否满足合法性标准。为了鼓励软件市场的正常发展，净化软件市场中的不法因素，我国政府一直提倡使用合法软件。所谓非法软件，主要包括非法制售的软件与非法录制的软件两大类。前者是指研制过程违反社会公益或国家法律的软件，或者未获得国家登记备案而私自向社会销售的软件；后者是指未取得软件合法所有权人授权而录制的软件，俗称盗版软件。我国政府先后颁布了一系列法律、法规对软件产品的合法研制、生产、销售、使用等进行规范。为了鼓励民商事活动中的诚信精神，应当规定对于那些使用非法软件得来的电子证据，在民事诉讼中一般不得采纳，仅在特殊情况下例外，如在软件合法权利人提出的侵权之诉中。

5. 具有其他重大违法情形的

2002 年 1 月，甲报案称其电子邮件账号被他人冒用，发送色情电子邮件给其同事乙，造成很坏的影响。公安机关通过查看邮件信息和电信局服务器日志，发现发送该邮件的电脑当时使用的 IP 地址、上网电话号码和上网账号均属丙；同时查实电信局电子邮件服务器、乙电脑所记载的该邮件的机器名与丙的电脑的机器名相同，邮件发送期间丙正在上网。据此公安机关给予丙警告并罚款 1500 元的行政处罚。

丙认为是另有他人冒己之名实施违法行为，先后提出行政复议、行政诉讼。在法庭庭审过程中，原被告双方特别对公安机关的取证方法是否合法进行了辩论。原告丙认为，被告公安机关将该邮件从乙的电脑上打印出来，无法排除邮件已被修改的可能性，因而这种取证方法不合法；被告公安机关辩称，侦查人员在与电信局电子邮件服务器的日志记录核对一致后，经电信局工作人员签字证明，将该邮件打印出来的取证方法合法。我们认为，我国现行法律没有具体规定电子证据的收集制度，实践中的做法五花八门，本案中采取的打印方式并未违反法律规定的国家机关的取证原则，不属于“具有其他重大违法情形的”的取证。

规则二：对于不具有合法性的电子证据，法庭应当酌情衡量其不法程度是否足以影响其真实性，或者是否足以影响某一重大利益，进而裁定是否予以排除。

甲系长沙市一餐饮公司财务部员工。该公司举报，甲利用职务之便，将相关餐饮台账从电脑数据库中删除，将部分餐饮收入秘密据为己有。公安机关介入侦查后发现，甲精通电脑，作案前做了认真准备，作案时采取了多种删除技术，有关的电子数据已经很不完整，采取一般的技术手段已无法恢复。讯问甲时，甲态度嚣张——“你们没有证据，马上放人”，拒不承认作案事实，也不配合取证。为此，公安机关扣押了相关的数据硬盘，送交某电子数据司法鉴定中心进行恢复数据的鉴定。一周以后，鉴定人员将涉案的电子数据证据恢复至95%以上，并出具了鉴定报告。在确凿的证据面前，犯罪嫌疑人甲低头认罪。

在后来法庭开庭审理甲盗窃罪一案时，甲翻了供。甲的辩护律师还提出，依据我国《刑事诉讼法》第146条：“侦查机关应当将用作证据的鉴定意见告知犯罪嫌疑人、被害人。如果犯罪嫌疑人、被害人提出申请，可以补充鉴定或者重新鉴定。”而本案中，侦查机关并未将有关的电子数据鉴定意见告知犯罪嫌疑人，因此该取证行为是违法的，所取得的鉴定意见和恢复出来的电子数据均不可采纳。经查，侦查人员确实未向犯罪嫌疑人甲宣读鉴定意见，但这是因为工作疏忽所致。最后法院认定，该取证行为存在着瑕疵，但不至于导致证据无效，判决盗窃罪成立。

我们认为，本案反映了我国司法实践中对计算机取证这一新生事物的模糊认识。有的侦查人员将数据恢复视为电子数据鉴定的一种，有的则当作一种技术侦查行为。无论上述哪种认识，警方的取证行为都存在一定的程序瑕疵或程序违法情形。但从利益衡量的角度来看，这些问题不应当导致证据被排除的后果。

世界上绝大多数国家对于非法证据并不一律排除，我国也仅规定了有限的非法证据排除规则。对电子证据是否因不具有合法性而一律排除，在客观上存在着一个利益衡量的问题。针对前述五种情形而言，是否排除带有不合法因素的电子证据，可以参照以下规则和标准。

（1）对于未经合法授权而秘密侵入他人的计算机等系统进行录制而获得的电子证据，不予采纳。因为这种取证行为不仅会造成整个社会的信任危机，也难保调查人员不会去恶意“捏造”证据，至少会让被调查对象和民众产生这种合理质疑。

（2）对于通过非法搜查、扣押等方式获得的电子证据，情节严重的一般不予采纳。情节严重，是指严重侵犯当事人或其他人的合法权益，或者导致证据失真。在前述丙涉嫌发送色情邮件的案例中，如果丙提出违法取证的辩解，则法官要衡量违法的程度，进而作出是否排除有关证据的判断。

（3）通过非核证程序得来的电子证据，在电子商务纠纷案件中不予采纳。一般来说，核证程序（软件）具备足够的准确性保障，能够防止未经授权的人进入计算机系统，能够实施安全命令控制、进行系统备份和恢复以及自动进行数据准确性检测等。一旦我国法律、法规规定所使用的计算机程序需要审核或评审，或者要求电子商务交易双方自行认可所使用的交易程序，那么只有使用核证程序产生的电子数据，才能在电子商务纠纷案件中作为证据采纳；否则便属违法。

（4）通过非法软件得来的电子证据，在民事诉讼中一般不予采纳。这将是一种维护社会诚信精神的简单而有效的办法。当然，在特殊案件中例外。例如，在软件合法权利人提出的侵权之诉中，当事人使用非法软件产生的电子证据，可以作为证明侵权行为的证据。

（5）通过其他重大违法情形得来的电子证据，不予采纳。这是补充性条款，防止挂一漏万。

三、电子证据的最佳证据规则

规则：在同时满足下述两项条件的情形下，电子证据复制件的可采性标准比照原件的可采性标准处理：

（1）对电子证据原件的真实性不存在实质性怀疑的；

（2）根据具体案情，在电子证据原件缺失的情况下，采纳复制件不会导致司法不公的。

甲公司诉其雇员乙的劳动纠纷一案。甲公司在一次对公司电脑进行常规检查时，发现储运部单证业务员乙的电脑中存在着一些神秘邮件：在其总共25封电子邮件中，有11封是正常业务；另有14封神秘邮件是同境外来往的英文邮件，由乙亲自压缩后加密，邮件的内容涉及公司的全套价格资料、样品图片、知识产权申报单和进出口报关资料等，而收件人根本不是公司在海外的客户。由于单证业务员根本无权从事销售拓展工作，甲公司怀疑乙利用工作的便利泄露公司的商业秘密，从中牟利。于是，甲公司立即通过163局域网的服务器将这些邮件刻盘复制下来。而后，总经理找到乙谈话，决定把他从公司本部调到下属箱包厂做驻厂业务员。对电脑里的神秘电子信件，乙一口否认；谈话结束后，乙返回办公室，在半小时内删除了包括正常业务在内的全部存档资料。为此，甲公司将乙解雇。

乙申请劳动仲裁，结果是甲公司解除劳动合同的决定被撤销了，双方的劳动关系恢复，乙继续上班。甲公司不服，向法院起诉。在法庭上，原告甲公司提交了上述电子邮件复制件和翻译件，证明乙泄露公司商业秘密，构成解职的条件；被告乙矢口否认这些证据的法律效力："如何证明电子邮件的原件存在？盘片的内容完全可以编造的嘛！况且在我们公司，全部是用电脑操作进出口业务，每个人桌上都有电脑，每个人都可以打开，连公司的网址也是通用的，凭什么说这些业务是我做的？公司打开我桌上的电脑时，我本人又不在场。"法庭传唤甲公司的有关业务员出庭作证，他们声明收到了前述25封电子邮件中11封，均是由乙的电子邮箱发出的。

对此，法官作了以下逻辑推理：（1）在全部25封邮件中，有11封是正常业务，发件人或收件人是公司的其他员工，均被证实的确发出或收到，因此可以认定包括14封神秘电子邮件在内的全部25封电子邮件是存在的，不存在实质性的怀疑；（2）由于乙擅自将局域网内的信息删除，导致电子邮件的原件灭失，在这种情况下应该采纳复制盘片，作出这些电子邮件对被告乙不利的推定。

复制件在什么情况下可以被采纳？传统观念一般认为，只有在对原件真实性不存在怀疑的情况下，才可以采纳复制件。这一观念为我国司法解释所遵循。例如，最高人民法院颁布的《关于适用〈中华人民共和国民事诉讼法〉若干问题的意见》中第78条规定："证据材料为复制件，提供人拒不提供原件或原件线索，没有其他材料可以印证，对方当事人又不予承认的，在诉讼中不得作为认定事实的根据。"

电子证据在运用时有一定的特殊性，如原件容易缺失、难以取得等。这样一来，电子证据的复制件规则就显得更为重要，也应同一般证据的复制件采纳标准有所不同。例如，菲律宾2001年《电子证据规则》之规则4规定："如果某一文件在同一时刻或前后不久就同一内容执行两份或更多复本，或者该文件是通过与原件相同的印模、或者使用同一字模、或者通过机械或电子的再录制、或者通过化学复制方法、或者通过其他能正确复制原件的相应技术而形成的复制件，则对该复本或复制件均应视为原件的相当物。尽管如此，如果出现以下情况，则复本或复制件不享有同原件同等程度上的可采性：(a) 对原件的真实性提出实质性怀疑的；或者（b）从具体情况来看许可复本以代替原件将导致不公平或不公正的。"本条正是参照外国相关立法，结合我国国情作了借鉴和改造，即增加了一项"公正性衡量"的标准。

四、电子证据的传闻规则

规则：如果电子形式的备忘录、报告、记录或数据汇编是在业务活动中以通常程序制作的，而且管理人或其他适格证人对此予以出庭作证，则不得以其是传闻为由，对该备忘录、报告、记录或数据汇编予以排除。

但若有证据证实，该备忘录、报告、记录或数据汇编在信息来源方面，或者在准备、传送、存储方式或环境方面存在失实情况，则应当予以排除。

2000年9月初，原告甲之父乙体检时发现有些不适，来到北京丙医院作进一步检查，被怀疑胰腺有问题。10月10日，丙医院对乙实施"胰、十二指肠切除术"，术后病理报告明确乙不是癌症。其后，乙转其他医院治疗一段时间。11月17日，乙再次入住丙医院。乙持续高烧，全身感染无法控制，于2001年1月11日死亡。甲以医疗侵权赔偿为案由，将丙医院诉至法院。甲诉称，丙医院违反了诊疗护理规范和常规，主观上有疏忽大意的过错，客观上造成其父死亡的严重后果，遂请求判令丙医院赔偿经济损失37万余元、赔偿精神损失15万元。丙医院辩称，乙的死亡是其病情发展所致，与医院治疗行为之间不存在因果关系，不同意原告的诉讼请求。

在一审中，经北京市东城区医学会进行医疗事故技术鉴定，鉴定结论为“不属于医疗事故”。一审法院据此判决，乙的死亡与丙医院的医疗行为不存在因果关系，故判决驳回原告的诉讼请求。

甲不服，提出上诉。二审中，丙医院提交的病历仍成为医患双方争执的焦点。上诉人甲及其代理律师称，丙医院提交鉴定的病历都是电子病历，如有关的医嘱单、手术记录等均是由电子文本打印生成的。电子病历是基于电子文本输入软件设计制作的，这些通用软件具有可修改性，经过修改的日期、内容已被覆盖，无法查询原始记录；而且医嘱单上有明显的瑕疵，其中有的日期和时间顺序是倒置的，整个记录既没有医生的签字也没有护士的签字，这些文件均不符合病历所要求的规范要件。另外，这些文件均未经患者家属确认，也未经法庭质证，因此不能用作证据，也不能用作医疗事故鉴定的依据。被上诉人丙医院的代理律师辩称，目前丙医院使用的并不是真正意义上的电子病历。其中的病程记录、医嘱单均是由护士将医生的手写内容输入到电脑中的，手写部分还是要有医生签名的。因此，这一病历既可以用作证据，也可以用作医疗事故鉴定的依据。本案中提出了许多关于电子病历的法律问题，其中之一是，能否以传闻为由对电子证据进行排除。

传闻规则是英美法系《证据法》的一项重要规则，与大陆法系的直接言词原则相对应。我国今后修改《证据法》的一个方向是明确重要证人必须出庭作证；同时规定，在证人出庭作证的情况下，对其陈述不得以传闻为由加以排除。

电子证据包括一部分陈述形式的证据，如电子形式的备忘录、报告、记录或数据汇编。显然，这些证据需要遵循传闻规则，即电子证据的相关佐证人或知情人原则上必须出庭作证。本条就是对这些电子证据在什么情况下适用传闻规则的规定，即是否按照正常程序制作、是否具有基本的真实性保障。前述案件表明，一旦我国医疗系统大规模地推广使用电子病历后，电子病历就可能遇到传闻规则的问题。只要电子病历等有关电子证据是在正常的医疗活动中制作的，没有证据证明出现了信息失真的情况，那就不能笼统地以传闻为由否定电子病历的可采性。

五、电子交谈的特免权规则

规则：如果某人对某一秘密交谈依法享有披露特免权，则不得仅以该交谈属于电子交谈为由，而限制其对该特免权的行使或放弃。

甲涉嫌抢劫，在逃窜生涯中曾多次跟其妻乙通过电子邮件联系，告诉乙自己所犯的罪行和忏悔的心态。后甲被抓捕，被起诉至法庭。甲在法庭上主张配偶免证特权，反对传唤乙出庭作证，并反对将有关的电子邮件作为不利于他的证据。在当前司法实践中，由于法律未确定“夫妻特免权”制度，所以检察官可以传唤乙出庭作证，并将他们之间的电子邮件用作指控证据。

一旦今后我国法律确立了相关的“夫妻特免权”制度，而检察官坚持传唤乙作证并提交他们之间的电子邮件，那么，法官就要审查甲或乙是否愿意放弃特免权。如果甲或乙表示要行使特免权，则不仅乙不能出庭作证，他们之间的电子邮件也就丧失了可采性。

作证特免权规则是两大法系证据法共同适用的一项规定。它具体指有特殊亲属身份、职业身份的证人有权拒绝作证的制度，包括“夫妻特免权”、“律师—当事人特免权”、“政府特情特免权”、“精神病医生—患者特免权”等。它与我国古代的“亲亲相隐”制度相比，既相类似也有不同。虽然我国现行法律基本上未规定特免权规则，但是今后证据立法适当引入该制度是大势所趋。

电子交谈虽然是借助电子形式进行的，但本质仍然属于享有特免权的各主体之间的秘密交流。有关人员依法享有对其中内容的隐私权期待，即享有证言特免权。例如，菲律宾2001年《电子证据规则》规则3之第3条规定：“受特免权规则保护的交谈的秘密性，不能仅以它系电子文件形式为由而丧失。”又如，美国加利福尼亚州《证据法典》第952条规定：“在本法中，‘当事人和律师之间的秘密交谈’是指当事人与其律师在关系存续期间，相互以当事人知道的秘密方式传送的、以确保不会将其披露给如下第三人——除那些为在起诉中促进当事人利益而在场的人、或那些为传达信息或实现咨询律师的目的使得披露信息给他成为合理必需的人以外的人员——的信息，其中包括律师出具的法律意见和建议在内。如果当事人或其律师之间是通过传真、移动电话或其他电子方式进行的交谈，则不得仅以此为由而否定当事人和其律师之间的交谈缺少秘密性。”本条即是参考上述外国立法例，对电子交谈的特免权规则所提出的原则性建议。

六、境外电子证据的可采性规则

规则一：向法庭提供的电子证据系在中华人民共和国领域外获取的，该证据应当履行中华人民共和国与该所在国订立的有关条约中规定的证明手续；两国没有条约规定的，应当履行相关的其他证明手续。

2003年7月19日，甲公司与乙公司签订了一份电子商务服务合同，约定：乙公司为甲公司安装其拥有自主版权的IteMS2000 1.0版国际贸易电子商务系统软件1套，在安装后1年之内最少为甲公司提供5个有效国际商务渠道。乙公司对于甲公司利用其软件与商情获得的成交业务，按不同情形收取费用，最高不超过50万元。如果在1年之内，乙公司未能完成提供有效国际商务渠道的义务，则无条件退还甲公司首期付款5万元并支付违约金。合同签订后，乙公司为甲公司安装了软件平台，并代理操作该系统。2004年10月，甲公司以乙公司未能提供有效国际商务渠道而违约为由起诉至法院，要求解除合同，返还已付款项并支付违约金。乙公司在举证期限内提供了海外客户对甲公司产品询盘的4份电子邮件（打印文件），以此证明乙公司为甲公司建立的交易平台已取得业务进展，至于最终没有能够成交，是由于甲公司提供给外商的样品不符合要求。

一审法院认为，电子邮件的资料为只读文件，除网络服务提供商外，一般外人很难更改，遂认定了电子邮件证据的真实性，判决原告败诉。甲公司不服判决上诉。二审法院认为，乙公司提供的电子邮件只是打印件，对乙公司将该电子邮件从计算机上提取的过程是否客观和真实无法确认，而乙公司又拒绝当庭用储存该电子邮件的计算机通过互联网现场演示，故排除了这4份电子邮件的可采性。

我们认为，该案中涉及的电子邮件是由国外客户发送的，被告乙公司在通过直接打印电子邮件的方式得不到法院认可的情况下，还可以考虑实行域外取证，如由代理律师赴国外进行取证。若如此，代理律师在国外客户的电脑中取得相关电子邮件后，还要履行相关的证明手续，通常是委托外国公证机关进行公证，然后请求我国驻外使领馆进行认证。

本款和以下两款涉及境外电子证据的可采性规则。从司法实践来看，境外电子证据有两种获取方式：一是进行境外取证，二是在境内进行远程取证。前者的取证行为涉及不同的法域，因此必须履行特殊的证明手续；后者的取证行为不涉及不同的法域，只需遵守我国的法律规定，也只需履行我国的相关证明手续。

对于在国外获取的电子证据，可参照域外证据的调查规则来处理其可采性问题。具体来说，在刑事诉讼中，获取电子证据的国外取证方式主要是通过国际司法协助进行的，包括国际协查、国际联查与域外调查等；在民事、行政诉讼中，在国外获取电子证据既有通过国际司法协助方式进行的，如司法机关通过国与国之间的请求书等进行委托取证，也有通过当事人或诉讼代理人直接完成的。凡是通过国际司法协助获取电子证据的，有关国家的司法机关必然要履行一定的委托手续，移交电子证据时也会按双边条约或惯例办理移交手续，这样的电子证据当然可以被采纳。凡是在民事、行政诉讼中当事人或诉讼代理人直接赴国外获取电子证据的，如何办理相关手续以保证证据合法有效，这取决于双边条约或惯例。以不同国家之间收集电子证据为例，假如不同国家之间没有相关的双边条约或惯例，则可以参照我国现行民事、行政证据的司法解释处理，即“该证据应当经所在国公证机关予以证明、并经中华人民共和国驻该国使领馆予以认证”。其中，公证是针对证据是否从当地获得的，认证是针对该公证机关是否位于所在国当地等。

规则二：向法庭提供的电子证据是在我国香港、澳门、台湾地区获取的，应当履行相关的证明手续。

2007 年 4 月 18 日，福建泉州公安机关在工作中发现“诱色成人会馆”网站上有大量淫秽色情信息，立即开展线索摸排工作，并于 4 月 20 日将甲等犯罪嫌疑人抓获。经审查，2007 年 3 月初，甲在家中利用自己的电脑，租用上海、香港两个服务器，注册了 13 个域名，创建并维护“诱色成人会馆”等 8 个网站，在网站上提供大量淫秽色情影片供网民下载；同时也在互联网各大论坛上发布淫秽色情小说、图片和电影，其中“诱色成人会馆”网站上有淫秽色情图片上万张，影片 600 多部，小说 150 篇，网民点击率超过了 50 万人次。甲等人因涉嫌在网上制作、传播淫秽物品牟利被提起公诉。

在本案中，许多涉案的电子证据分布在香港的服务器中，侦查人员需要赴境外取证，通常可以委托香港的警方代为进行。这样，福建当地的公安机关必须办理有关的委托手续，香港警方在取证后也要履行相关的证明手续。这种证明手续有别于不同国家间的手续，应当按照内地与香港警方之间区际刑事司法协作约定的规定处理。

从我国港、澳、台地区获取电子证据属于一种特殊的境外取证。由于两岸三地的现实法律制度不同，特别是关于证据调查的规定和要求不同，有关证据在可采性方面同样会遇到一些障碍。这就需要各方当事人向法庭提供获取于港、澳、台的电子证据时，应当履行相关的证明手续，这一证明手续有别于不同国家之间的公证等证明手续。

规则三：国内调查人员通过远程取证手段获取处于境外的电子证据，只需履行我国相关的取证手续。

2004 年 9 月 3 日，天津市公安局网络监察处接到一条举报线索，称一个名为“99bbs”（中文名为“九九情色论坛”）的色情网站非常活跃，大量吸收注册会员，发布淫秽色情电影、图片和文章。天津警方调查后发现该网站与安徽合肥有关。接到天津的传真，安徽省公安厅要求合肥市局迅速展开侦查。通过外围初步侦查，合肥警方发现了“九九情色论坛”有3个域名，即www.99bbs.com、www.99bbs.cc、www.99bbs.org，服务器位于美国，网站有大量淫秽色情内容，在国内实行会员登记收费制，管理人员遍布全国……与此同时，江西公安机关也注意到了“九九情色论坛”的异常活动，也开展了秘密调查工作。9月23日，公安部在广州召开全国网监处长会议。期间，通过协商，鉴于安徽警方已经立案、前期所做的大量工作和收费人在安徽合肥，公安部决定将此案挂牌督办，交由安徽警方负责侦办，其他省市区警力全力配合。

9月底到10月底的1个月时间里，合肥网警抽调专人开展24小时网上侦查，并南下福州、东去南京调查取证，查明了犯罪嫌疑人甲的情况和资金账户的使用情况，并对“九九情色论坛”网站的构成、组织管理体系等有了初步了解，情况令所有人感到震惊。“九九情色论坛”网站创建于2002年，犯罪成员涉及全国18个省市区……堪称当时国内第一网络色情案。

面对如此重大的案件，安徽省公安厅迅速成立专案组，加快取证力度。由于“九九情色论坛”网站的服务器在美国，专案组组织专案民警昼夜工作开展网上远程取证。从11月月初到月底，网站24小时开放，20多位民警24小时轮班上网，收集的资料、证据装满了20个硬盘，渐渐堆满了办公室的柜子和抽屉，“九九情色论坛”网站人员构成图也逐渐清晰、明朗。此后，专案组派人到外省调查取证，在各地公安机关的协助下，一举将国内的主要犯罪嫌疑人甲等人抓获，成功破获该案。

在本案中，许多电子证据是由网警在国内远程登录犯罪网站而收集固定下来的。它们对于定案起着至关重要的作用。虽然它们属于境外电子证据，但远程取证方式仍属于境内取证，因此侦查人员只需履行我国的相关证明手续，这些电子证据便可以采纳。

在境内获取位于境外网站中的电子证据，是一种特殊的远程取证方式。这一取证行为不涉及不同的法域，只需遵守我国的法律规定，履行我国相关的证明手续。例如，侦查人员进行远程搜查、扣押的，应当办理《搜查令》、填写《扣押清单》；侦查人员进行远程监控或过滤的，也要办理相关的审批许可手续；依次类推。

第三节　电子证据的证明力规则

一、电子证据的真实性规则

规则一：法庭在认定电子证据的真实性时，应当结合下述所有因素，考虑电子证据的生成、存储、传送与收集等各个环节，以及审查该电子证据在上述环节是否可能遭到删改，进而作出综合评判：

（1）生成、存储、传递电子证据的方法的可靠性；

（2）保持电子证据完整的方法的可靠性；

（3）生成、存储、传递、保存电子证据的环境要素及相关协议；

（4）用以鉴别发端人的方法；

（5）鉴证具结或鉴定中所包含的任何事物；

（6）电子证据的属性和性质；

（7）证人或访问计算机等系统的人对该系统的熟悉程度；

（8）对鉴证具结或鉴定予以补充作证的人所提供的证言内容；

（9）可能对电子证据真实性产生影响的其他相关因素。

甲与乙曾经是夫妻，于2001年7月离婚。按理说，两人自此各走各的路，互不相扰。但2002年的一封电子邮件打破了甲的平静生活，其一怒之下将乙告上了法庭。

原告甲诉称，2002年3月16日，被告乙发送给我当时的男友丙一封电子邮件，其中使用了大量侮辱性语言，将我与男性朋友的关系描绘得极度肮脏。被告的行为严重侵犯了我的名誉权，造成了不良影响与严重损失，故诉请法院判令被告赔礼道歉并赔偿损失。被告则辩称，丙收到的电子邮件不是我发送的。庭审查明，那封有争议的电子邮件是从名为“×××××××@163. com”的邮箱地址发出的，它描述了发送者“我”与“舒静”之间的交往经历、结婚前后发生的事件及“舒静”与其男性朋友的关系。因此，本案的争议事实是该电子邮件究竟是不是被告发出的。

围绕这一争议，原告举出了以下证据并论证其主张：（1）丙收到的电子邮件及发送者邮箱“×××××××@163. com”，说明该邮箱是被告乙登记注册的，并且该邮件描述了原被告以前的生活细节，而只有被告清楚地了解这些细节，故邮箱地址与邮件内容都可证明该邮件是被告发送的。（2）2002年3月28日我的代理人丁同被告的通话电话记录，载明丁所叫电话为0472－×××××××，谈话内容为关于被告给原告朋友发送邮件的事情，被告当时承认“这样做有欠妥当”。

被告针锋相对地提出了四点质证意见：（1）原告提交的邮件的内容基本属实，但邮件不是我发送的，我与甲当时的男友没有交往，不知道他的邮箱地址。（2）原告提交的电子邮件提到的女子是“舒静”，而不是“甲（苏清）”，“静”与“清”写法、意义大不相同，如果是我发送的，我决不会弄错。（3）互联网上任何人都可以注册邮箱“××××××××@163.com”，并使用该邮箱发送邮件。（4）我与甲另一男友戊曾有电子邮件往来，丁跟我通话时提到的邮件，我当时误以为指我发送给戊的邮件，现在才知道指丙收到的邮件。

2002年5月16日，法庭委托北京市公安局公共信息网络安全监察处调查邮箱“××××××××@163.com”注册信息及登录记录。6月5日，该处公布调查结果确认：申请者身份证号为××××××××××××××××××，用户是使用169拨号方式接入互联网的，拨号所使用的电话正好是0472－×××××××。

根据上述电子邮件、当事人陈述及北京市公安局公共信息网络安全监察处的调查结果等证据，法院认定电子邮箱“××××××××@163.com”申请者身份证号与被告身份证号码一致，邮件发送者使用的电话号码是0472－×××××××，而丁曾拨该号码与被告通话，并且被告自认为邮件描述的生活细节、对话内容基本属实，故认定丙收到的邮件是被告乙编辑发送的。

在该案中，该电子邮件无疑是可以采纳的，原、被告在这一点上均无异议；但就证明力（主要是真实性）而言，当事人双方存在明显分歧，原告举出了种种间接证据，被告也提出了各种反驳。最后，法庭根据生成、存储、传输环境等认定该证据具有真实性。因为从上述环节来看，可以肯定某人通过“××××××××@163.com”的电子邮箱发出了侵权邮件。而该邮箱的申请情况、拨号号码等均指向被告乙，且侵权邮件的内容只有被告乙知道，这些足以证明该电子邮件是电子邮箱申请者本人生成的，基本上可以排除冒名顶替的可能性（另有充分反证的除外）。

真实性是衡量电子证据真实程度的一项重要指标。法官对电子证据真实性的审查既可以从证据本身入手，也可以采取间接推定的方法，亦即从电子系统入手进行侧面认定。

一般来说，对电子证据进行正面认定需要审查以下几个方面。

（1）电子证据的生成环节。即要考虑用作证据的电子证据是如何形成的，如电子证据是否在正常的活动中按常规程序自动生成或人工录入的；生成或录入电子证据的系统是否被非法人员控制，系统的维护和调试是否处于正常控制下；自动生成电子证据的程序是否可靠；由人工录入电子证据时，录入者是否在严格的控制下、按照严格的操作规程、采用可靠的操作方法合法录入等。

(2) 电子证据的存储环节。即要考虑电子证据是如何存储的，如存储电子证据的方法是否科学，存储电子证据的介质是否可靠，存储电子证据的人员是否公正、独立，存储电子证据时是否加密、所存储的电子证据是否会遭受未经授权的接触，等等。

(3) 电子证据的传送环节。电子商务纠纷中的电子证据通常要经过网络的传递、输送，其间的任何一个环节都可能大大降低电子证据的证明力，因此审查时要考虑传递、接收电子证据时所用的技术手段或方法是否科学、可靠，传递电子证据的“中间人”如网络运营商等是否公正、独立，电子证据在传递的过程中有无加密措施、有无可能被非法人员截获等。

(4) 电子证据的收集环节。作为证据的电子证据或是由司法机关在调查、侦查活动中依职权取得的，或是由当事人从自己的利益出发自行收集的，还可能是由普通个人在无意中收集到的。不同来源的电子证据，其真实性往往不同；即使是同种来源的电子证据，也可能因各种原因而具有不同的证明力。因此，法官在审查时，应着重考虑的问题有：电子证据是由谁收集的，收集电子证据者与案件有无利害关系；司法机关收集电子证据的过程中是否遵守了法律的有关规定；司法机关以秘密方式收集、提取电子证据时是否经过授权，是否符合法定的秘密取证程序；收集、提取电子证据的方法（如备份、打印输出物等）是否科学、可靠；面对网络中浩如烟海的电子证据，收集者在决定对其进行重组、取舍时，所依据的标准是什么，所采用的方法是否科学可靠，所经历的过程是否客观合法；等等。

(5) 电子证据在上述环节是否可能被删改。即要分析用作证据的电子证据能否伪造、能否被人变造。由于电子证据是以电磁等物理信号存储各种信息的，而对电磁信号的删改又了无痕迹，因而，法官在对电子证据进行审查时，常常难以判断电子证据是否具有被人删节、被人修改的情形。此时，法官可以依法指派或聘请具有专门技术知识的人对其进行鉴定，然后依据鉴定结论来判断；或者通过庭上演示等其他方法来判断。

规则二：凡当事人提交的电子证据具有以下情形之一的，则法庭应当推定其具有真实性。

1. 所依赖的计算机等系统的软硬件是可靠的，该系统有防止出错的监测或稽核手段，而且有证据证明其运行过程是正常的

一起因辞退引发的劳动争议案件。申请人甲声称，自己在单位乙公司已经工作了两年多，但突然被解聘了，要求乙公司对此作出赔偿；而被申请人乙公司则辩称，辞退申请人甲的理由是“违纪”：公司用于协助管理的指纹考勤机表明，申请人在过去的一年中有 80 次迟到，而根据公司的《考勤制

度暂行规定》，一年内累计迟到30次属于严重违纪，就可以对职工进行处理，因此辞退申请人并不违反劳动法。

在开庭过程中，申请人甲对该电子证据——指纹考勤机记录的真实性提出了质疑。为此，被诉人乙公司提交了指纹考勤机的厂家丙公司的一份书证，证明：指纹考勤机的一般用户只能对计算机中的数据进行浏览，授权的用户也只能将有关数据进行拷贝，只有利用专用软件到丙公司总部的开发平台上才能对原始数据进行修改。而此次劳动争议中的网络公司乙只是丙公司的一般用户，不可能修改原始记录。最终，仲裁庭确认了该电子证据的真实性，驳回了申诉人的仲裁请求。

实际上，该案中仲裁庭判断电子证据真实性的依据，主要就是推定机制。具体来说，仲裁庭认为该电子考勤所依据的计算机等系统的软硬件是可靠的，该系统有防止出错的适当安全程序保障，而且有证据证明其运行过程是正常的。

本条规定的是认定电子证据真实性的侧面认定方法，即将对电子证据真实性的认定转移为对其他因素的认定，通过对其他因素的认定来推定某一电子证据具有真实性的做法。它实际上属于推定的方式。从有关外国的先进经验来看，借助计算机系统的真实性和运行过程的正常来认定电子证据的真实性，便是一种推定机制。

这是因为，电子证据是计算机硬件和软件运算的产物，它的准确性在很大程度上取决于电子系统的准确性。对于纯粹由电子设备生成的电子证据，只要不出现电子错误、软件问题或未授权侵入等外在因素，其真实性就有了基本保障；对于由电子设备存储而形成的电子证据，则其真实性除取决于数据录入人员是否正确录入外，还同该系统是否正常不无关联。因此，各国法律基本上认可根据计算机等系统正常推定电子证据可靠的做法。如新加坡《1998年电子交易法》在对《证据法》的修改中规定："计算机输出物仅在以下情况下具有可采性：……（c）（在诉讼中）能够证明，没有正当理由相信该输出是不正确的，并且有正当理由相信在所有关键时刻该计算机系统是正常运行的。"① 加拿大《1998年统一电子证据法》等亦有类似规定。

借鉴这些外国法的规定，我们认为，在我国如果举证责任方能够初步证明，计算机系统的软硬件具有足够的可靠性，而且在所有关键时刻计算机系统处于正常运行状态或者非实质异常的状态，则推定该电子证据具有真实性。需要指出的是，这种推定是一种可反驳的推定，它仅仅是降低了举证方

---

① LawOnline. com, *Approved Process under the Evidence (Computer Output) Regulations*, http: //www. lawonline. com. sg/evidence_ computer_ output. htm.

当事人的证明责任，并未剥夺另一方当事人质证的权利。

2. 是由对其不利的一方当事人保存或提供的

甲公司诉乙公司不正当竞争纠纷一案。这两家公司均系提供网络平台服务（IPP）的经营者。前者的网址为 http：//www. hichina. com 和 http：//www. net. cn，后者的网址为 http：//www. sinonets. net 和 http：//www. bhm. com. cn。前者认为，后者的国内域名注册、国际域名注册的域名在线注册反馈表与自己的域名在线注册反馈表基本相同，后者域名在线注册反馈表中和 CGI 程序配合使用的页面所用程序所需要的几十个自定义变量的名称及表格宽度与自己完全相同，甚至自己专门定义的特定变量名称（如"街道"为"dzjd_ c"或"dzjd_ e"等）也为后者抄袭，因此，请求判决后者的行为构成了对自己著作权的侵害，属于不正当竞争行为。对此，后者予以坚决否认。

在庭审过程中，法庭组织双方当事人对各自网站进行了现场勘验。其中发现，在乙公司网站的反馈表源码中有甲公司的电子邮件地址（sales@ hichina. com）。据此，法庭判决，在乙公司反馈表的源码中发现的甲公司的电子邮件地址，足以认定乙公司抄袭了甲公司独立创作的享有著作权的在线注册项目内容。

当电子证据由不利方当事人保管或提供时，该电子证据可以作为这一方当事人的自认而推定属实。从本义上讲，自认是由诉讼的一方当事人（包括刑事诉讼中的被告人）在审判前作出的陈述，它有助于反驳本方当事人主张或者辩护的事实，或者有助于证明对方当事人主张或辩护的事实。为什么关于电子证据的真实性可适用"自认"进行推定？这是因为一个理性人不会在法庭上举出对自己不利的证据，除非这一证据是客观存在的事实。由于这种"自认"是间接的，所以只能是"视为"自认处理。

当然，这种"自认"型推定存在着一个例外，即制作者或举证者在主观上认为有关电子证据不会于己不利，根据客观情形也无法预见到制作者或举证者会因该电子证据遭受不利的，不适用前述推定。

3. 是在正常的业务活动中生成并保管的

甲女士系乙外贸公司的总经理，月薪过万。2006 年 6 月 5 日，为了工作中的一件小事，甲一赌气决定放弃这份收入不菲的工作，向乙公司发送了一份辞职的电子邮件。在邮件中甲明确表示："我已经决定今天辞职，并希望在 6 月 15 日以前将手头的工作移交。"乙公司董事会起先对她的辞职请求未作答复。到了 7 月 10 日，乙公司董事会向甲发出了一份接受辞职的电子邮件，内容为："关于您 6 月 5 日的辞职函，经管理部门认真研究，我们遗憾地接受您辞去本公司总经理的职务，您在本公司的最后一天将为 2003 年

7 月 12 日，您的薪金支付到 2003 年 7 月 15 日为止。”

此时甲反悔了，向劳动仲裁机构提出仲裁申请，要求上述乙公司恢复她的职务，继续履行原劳动合同。仲裁机构对此未予支持。继而，甲提起了劳动纠纷之诉。她认为：“在向乙公司发送辞职的电子邮件后，鉴于公司一再口头挽留，自己被公司的诚意所感动，决定继续留在公司工作，并拒绝了其他公司的邀请。岂料公司方突然后发制人，单方面终止了与自己的劳动关系。因此请求法院撤销公司的决定，使自己能继续履行劳动合同。”

法庭对电子邮件进行审查后认为，有关辞职的两份电子邮件属实：甲在第一封电子邮件中明确表达了辞职的意思，其后她并未以电子邮件或其他明确的方式撤回辞职申请；同时，甲在接到乙公司同意辞职的第二封电子邮件后，即未再上班。鉴于上述事实，法院认为甲的理由不能成立，判决双方终止劳动关系合法有效。

这是关于电子证据真实性的第三种推定，即通过某一电子证据系在正常的业务活动中生成并保管的，而推定该电子证据具有真实性。许多国家的立法或司法都认可这一推定。例如，在美国 1986 年判决的合众国诉斯奈德一案中，联邦第十巡回法庭认为：“商业记录的例外是建立在准确性推定的基础上的，并按照推定机制处理。因为依照国家商业行为的准确性要求，这些信息是人们按规律行事的一部分，是由养成精准习惯的人们所保管的，并且通常会核对正误。”① 这就说明，对于作为商业记录使用的电子证据，也应当推定其具有真实性，而不作为传闻证据予以排除。

二、电子证据的完整性规则

规则一：凡当事人提交的电子证据自形成之时起，其内容一直保持完整和未予改动，则视为具有完整性；对电子证据的内容进行的必要添加，并不影响其完整性。如果当事人就所涉电子证据的记录或保存约定了相关标准、程序、方法或惯例，则法庭在审查其是否完整时，应当遵守这些标准、程序、方法或惯例。

甲实业公司、乙加工厂分别注册了电子邮件 jrsy@ jrsy. com. cn 和 h - ynz@ online. sh. cn。1995 年 3 月 5 日上午，甲公司给乙工厂发出要求购买办公家具

① The business records exception is based on a presumption of accuracy, accorded because the information is part of a regularly conducted activity, kept by those trained in the habits of precision, and customarily checked for correctness, and because of the accuracy demanded in the conduct of the nation's business. See U. S. v. Snyder, 787 F. 2d 1429 (10th cir. (Kan.) 1986) certiorari denied by, 479 U. S. 836 (U. S. Kan., 1986) at 1432, 1433.

的电子邮件一份，内容如下：（1）需要办公桌8张，椅子16张；（2）要求在3月12日之前将货送至甲公司；（3）总价格不高于15000元。另外，还对办公桌椅的尺寸、式样、颜色作了说明，并附了样图。当天下午3时35分18秒，乙工厂也以电子邮件回复甲公司，对甲公司的要求全部认可。为对甲公司负责起见，3月6日乙工厂还专门派人到甲公司作了确认，但双方都没有签署任何书面文件。

1999年3月11日，乙工厂将上述桌椅送至甲公司。由于甲公司已于10日以11000元的价格购买了另一家工厂生产的办公桌椅，就以双方没有签署书面合同为由拒收。双方协商不成，3月16日乙工厂起诉至法院。庭审中，双方对用电子邮件方式买卖办公桌椅及乙工厂去人确认、3月11日送货上门等事实均无异议，4月15日法院判决乙工厂胜诉。

完整性是考察电子证据证明力的一个特殊指标，传统证据（书证除外）很少使用这一标准。在世界上规范电子证据的法律规范中，早期的南非《1983年计算机证据法》尚未见“完整性”一词，而较早使用该词的应数联合国国际贸法会《电子商业示范法》，此后加拿大《1998年统一电子证据法》、印度《1999年信息技术法》与菲律宾《电子证据规则》相继使用了这一术语。从这些法律不难看出，完整性在此共有两层意义：一是电子证据本身的完整性，二是电子证据所依赖的计算机等系统的完整性。

作为电子证据本身意义上的完整性，它是构成电子证据原件的一个要素；作为计算机等系统意义上的完整性，也称为电子系统的完整性，它是由前一含义引申而来的一个概念，是审查电子证据完整性的一种方法。对电子证据完整性的审查主要是看该证据所载明的内容是否遭受了非必要的添加或删减。这种审查常常需要存在着一个已知的电子证据原件样本，以便进行比对；或者需要当事人事先约定“完整性标准”，以便进行核验。例如，在前一案件中，当事人双方是通过电子邮件方式签订合同的。而任何电子邮件在发件人计算机中生成后，会陆续发送给发件人、收件人电子邮件的网络服务商的计算机，最后发送到收件人的计算机中。在这些环节中，有关电子邮件都不是一成不变的，必然增加一些诸如发送时间、发送IP地址、传递路径、接收时间和接收IP地址等附属信息，这些增添并不影响电子证据的完整性。当然，该案中原被告双方默认通过电子邮件签订合同且予以事后确认，也可以理解为双方约定了记录或保存电子证据的标准，这一情节也可以用作法庭审查电子邮件是否完整的标准。

规则二：如果有证据证明该电子证据符合以下情形之一的，则法庭应当推定其具有完整性。

（1）所依赖的计算机系统或其他类似设备，在所有关键时刻均处于正

常运行状态；

（2）所依赖的计算机系统或其他类似设备，在所有关键时刻虽不处于正常运行状态，但其不正常运行的事实并不影响电子记录的完整性；

（3）由一方当事人记录或保存，而举出该电子证据对此人不利；

（4）由当事人以外的其他人在正常的业务活动中记录或保存，而此人行事不受任一方当事人的控制。

甲公司与乙公司于2001年4月28日签订了《电子商务交易系统光盘密钥的授权使用协议》，协议约定：在任何情况下，乙公司所有通过密钥进行的行为，都应视为乙公司的行为，由此产生的法律后果由乙公司承担。2002年7月31日，乙公司通过电子商务交易系统光盘密钥向甲公司订购激光打印机300台，每台价格为2430元，并指定交货地点为丙公司。乙公司在该电子合同中承诺25天内付款，逾期按每日千分之二支付滞纳金。甲公司按约于当日将货物送达指定交货地。乙公司收货后在同年8月29日支付20万元，却拒付余款52.9万元，理由是甲公司未能提供送货回执，不能证明甲公司已将货物送达丙公司。而且电子合同是不完整的，甲公司遗漏了“送货回执”条款。为此，甲公司诉诸法院，请求判令乙公司支付余款及违约金。

一审法院认为：乙公司根据授权协议取得用户名及密码，且可随时变更密码以保证密码不被他人知晓，所以认定2002年7月31日电子合同系乙公司所签；该电子合同是由甲公司利用可信赖系统正常保存的，可以认定其完整性。在甲公司按该电子合同履行了供货义务后，乙公司理应支付货款，据此判决乙公司支付余款52.9万元及相应违约金。

乙公司不服，遂提起上诉。乙公司上诉称：一审依据上述两个有关电子商务交易系统的授权使用协议以及原告单方面的陈述，认定关于300台激光打印机的电子商务合同文本是完整的，其依据不足。第一，电子商务交易系统系甲公司设计，甲公司能知晓乙公司的密钥，可以随意进入系统进行新建、变更或删减。第二，甲公司称已将货物送到指定地点，但却未能提供丙公司签收的进货凭证，甲公司仅凭交给运输单位的发货运单，不能证明甲公司已按约交付货物。第三，乙公司已支付甲公司的是23万元，并非20万元，故与本案没有关系。据此，上诉人认为：300台打印机的订购合同并不完整，甲公司进行了删减，原审法院判决上诉人承担对300台打印机的付款义务没有事实依据和法律依据，遂要求撤销原判，驳回甲公司的诉讼请求。甲公司在上诉答辩期内未向法院提交答辩状。

我们认为，本案中关于电子合同真实性与完整性的争议是统一的，但侧重点并不完全一样。有关完整性的争议实际上是要考察自电子合同形成以后至提交法庭之间的期间，双方要约与承诺的内容是否未予改动。这显然不是一个简单的文本审查，而是一个复杂的判断过程。在本案中，可用以判断的因素包括三个方面：一是双方形成电子合同所依赖的计算机系统的真实性和运行状态；二是电子合同由甲公司保管的具体情形，是否符合商业惯例；三是甲乙公司之间关于使用密钥的约定，是否能够保证电子合同的完整。这些是二审法院需要特别关注的。

在司法实践中，审查电子证据是否完整往往是法官本人难以独自解决的问题。他可能需要求助于计算机专家，才能断定某一电子证据是否遭到了添加或删改以及所改动的程度如何。为此，一些国家的法律特别规定，法官还可以通过审查计算机系统的完整性或电子证据系由对方当事人、中立第三人保管等，来推定电子证据的完整性。例如，加拿大《1998 年统一电子证据法》第 5 条规定："在任何法律程序中，如果没有相反证据，则可以通过下述证据或者在下述条件下，推定记录或存储电子记录的那一电子记录系统具有完整性：（1）通过那些支持如下裁定的证据——裁定该计算机系统或其他类似设备在所有关键时刻均处于正常运作状态，或者，即便不处于正常运作状态，但其不正常运作的事实并不影响电子记录的完整性，并且没有其他合理理由对该电子记录系统的完整性产生怀疑；（2）如果有证据证明，该电子记录系由如下当事人记录或存储的——与诉讼中意图引入该记录的那一当事人在利益上相反的其他当事人；或者（3）如果有证据证明，该电子记录系由除诉讼当事人以外的某人，在惯常而普通的业务活动中记录或存储的，而且其所进行的记录或存储并非根据意图引入该记录的当事人的指令。"本条规则实际上参照加拿大《1998 年统一电子证据法》的相关规定，作了符合中国国情的合理借鉴。

那么，对电子系统完整性如何进行审查？司法实践中一般是采用推定的方式，而不是采用正面审查的方式，而且推定的条件也基本一致。具体如下：（1）根据计算机等系统正常运行而推定其完整性。例如，加拿大《1998 年统一电子证据法》第 5 条第 1 款、菲律宾《电子证据规则》规则 7 第 2 条第 1 款的规定等。（2）根据电子证据是由对其不利的那一方当事人保存的，来推定计算机等系统的完整性。例如，加拿大《1998 年统一电子证据法》第 5 条第 2 款、菲律宾《电子证据规则》规则 7 第 2 条第 2 款的规定等。（3）根据电子证据是由第三方在正常业务活动中保存的，来推定计算机等系统的完整性。例如，加拿大《1998 年统一电子证据法》第 5 条第 3 款、菲律宾《电子证据规则》规则 7 第 2 条第 3 款的规定等。无论是上述哪一种推定方式，实际上是立法者考虑计算机等系统的实际运行环境，而创制的一种简单检验完整性的方法。上述三种推定是选择性的，只要满足任何一项推定即可。需要特别指出的是，以上推定均属于可反驳的推定。

三、电子证据复制件的证明力规则

规则：如果当事人只能合理地获得电子证据复制件，则除有相反证据或效力更高的证据外，该复制件拥有等同于原件的证明力。

2001 年 5 月，甲与乙公司签订了一份工程设计合同，约定由甲为乙公司承接的一项目进行庭院景观施工图设计。签约后，甲依据合同对约定项目进行了设计，并交付乙公司使用。事后，乙公司支付了设计费 1.5 万元，但甲不予认可。甲称当时双方约定的设计费应是 3 万元，而乙公司方面坚持称就是 1.5 万元。双方为此发生纠纷，甲在为设计费问题与乙公司董事长进行交涉时，悄悄对双方的谈话内容进行了数字式录音。

2003 年 2 月，甲以乙公司拖欠其设计费 1.5 万元为由，向一审法院起诉，请求法院判令支付，并将上述录音内容刻制成光盘后，作为证据提交法庭。法庭上播放的录音表明，双方当时约定的设计费为 3 万元，只是因乙公司认为“亮化部分设计工作”未做，故不能支付。甲、乙双方对该数字录音光盘的证明力发生争议。

一审法院认为，甲提交的数字录音未经被录音者同意，且提交的非录音原件，而是由甲转至电脑中制成光盘进行播放。因此，判决该录音光盘并不能证明双方口头合同约定设计费用为 3 万元，驳回甲的诉讼请求。

甲不服，遂提出上诉。二审法院审理后认为，随着社会的进步和先进科学技术的不断涌现，诉讼证据的收集也更具有科学性。根据有关规定，视听资料与原始载体承载的内容一致的，可以认定其效力。由于甲使用的是数字录音，靠电脑储存音频数据，并须通过一定程序再现。甲提供的光盘虽然是二次制作，但因其提供了原始录音，并经法庭核对与其所刻制的光盘内容一致。再结合庭审过程中双方当事人的陈述，应认定甲与乙公司对设计费的约定应是 3 万元。现乙公司拒付余下 1.5 万元设计费有悖诚实信用原则，故其应支付尚欠的设计费 1.5 万元，并作出终审判决：乙公司于判决生效后 3 日内给付甲设计费 1.5 万元。

笔者认为，该案中原告甲持有数字录音原件，但只是由于不便在法庭上出示而刻制成光盘，这属于合理获得的复制件。因此理当享有同原件一样的证明力。二审法院的判决是合理的。

提交原件、原物是我国证据法律的一项基本原则。但由于一些客观原因，当事人只能获得电子证据的复制件，或者只能向法庭提交电子证据复制件进行举证质证。例如，电子证据原件在特定的计算机系统内生成和保存的，电子证据原件为对方所持有的，或者电子档案在国家档案管理部门留存的等。在这些情况下，由于电子证据具有能够快速、精确复制的属性，所以其复制件的效力基本上等同于原件。这与传统书证、物证是有所不同的。本条对此予以了明确。

四、电子证据的证明力大小规则

若就同一事实存在若干份电子证据时，则法庭可以参照以下规则来判断其证明力。

规则一：经公证获得的电子证据，其证明力一般大于非经公证获得的电子证据。

被告甲、乙分别是原告丙公司的前任 CEO（首席执行官）、CIO（首席信息官），曾长期担任丁公司的原高层管理人员，后因2000 年 7 月丁公司被丙公司并购而进入该公司高层。在任职丙公司的一年期间内，甲、乙二人分别以个人名义向丙公司借款，总计达人民币 15 万元。2002 年 7 月，丙公司要求甲、乙二人还款，两人一直未能归还上述借款，遂引起诉讼。

在一审期间，原告丙公司向法庭提交了被告甲、乙的借据书证原件；被告甲承认了向丙公司借款的事实，但辩称此笔款项是丙公司向其二人支付并购丁公司的款项，并提供了一封经过公证的采集自甲笔记本电脑里的电子邮件予以证明。一审法院审理后认为：在没有相反证据的情况下，经过公证的电子邮件的真实性可以认定，并且证明力大于书证原件。

一审结束后，丙公司查找了保存完好的最近 3 年以来的所有往来的电子邮件，发现当时并没有这封所谓的邮件，猜测这封邮件纯属杜撰而来。丙公司遂提起上诉。在二审期间，上诉人丙公司当庭模拟了内容可供公证的和由被告甲提供的电子邮件证据内容完全相反的一封新电子邮件；被上诉人甲、乙及其辩护律师认可电子邮件可以被修改，未提出有效质证。

二审法院审理后认为：就像被上诉方所认可的事实那样，电子邮件是可以被修改的。被上诉人甲所提供的手提电脑中的电子邮件虽然经过了公证，但也只是公证了甲所提供的手提电脑中的电子邮箱的当时现状，并没有对该电子邮件的发送时间和发送来源进行公证。因此，单凭这一电子邮件且存在被修改这一技术问题的事实，其证明力明显低于借条这一原始凭证。而从甲、乙在借款之后所出具的收据、收条等，结合并购协议的约定分析，均不包括本案所涉及之 15 万元的款项。因此，二审法院认定该款项系甲、乙个人借款，事实清楚，证据充分，遂撤销原判，改判两被上诉人返还借款 15 万元及逾期利息。

该案提出的问题是，如何正确理解经公证电子证据的证明力大小。一般的处理规则是，“经公证获得的电子证据，其证明力一般大于非经公证获得的电子证据”。由此推理，“经公证获得的电子证据，其证明力一般大于非经公证获得的书证原件”，因为电子证据理应享有同书证一样的同等地位。但是，适用这一处理规则的前提是，电子证据获取的公证必须是合理有效的，经得起真实性的检验。在本案中，正是由于“电子公证”的欠缺，电子证据的证明力相应地受到了损害。

就同一待证事实存在若干份证据时如何确定电子证据的证明力，这是法庭审查证据的过程中常常要面对的问题。它包括两个方面：一是电子证据与其他证据相比，如何界定证明力大小的问题，一般来说电子证据的证明力等同于相应的传统证据；二是对多份电子证据如何界定证明力大小的问题。后一问题对于法官来说具有更重要的参考价值。本款以是否经过公证的电子证据切入，概述了两者证明力大小的关系。

公证取证，是指各方当事人为了以后进行诉讼的需要，请求公证处通过公证的方式，预先将某项证据确定下来的方法。涉及电子证据的公证，除了一些传统公证手段外，国内外都出现了电子公证这种新的手段。作为一种新型的法律服务，公证保全可以说为收集保全电子证据提供了一条有效的思路。基于公证处的特殊性质与中立地位，我国法律对公证取得的证据承认其预决的真实性，除有相反证据外不得推翻。公证的预决效力当然地适用于电子证据。因此，经公证的电子证据的证明力要大于非经公证的电子证据。当然，这并不意味着对已经公证的电子证据不能通过其他证据予以推翻。从实践中看，电子公证不仅需要公证员懂得信息技术，而且要求有一套适合对虚拟空间进行监控的“公证软件”。这种公证软件的可靠性如何，直接影响到公证的效果。凡是采取合格的公证取证，经公证的电子证据的证明力一般大于非经公证的电子证据的证明力。但是，如果实施的是不合格的公证取证，如提出“引诱公证”、“秘密公证”与“事实不清、内容不明公证”等，也可能反过来导致所取得证据证明力的降低乃至丧失。

规则二：在正常业务活动中留存的电子证据，其证明力一般大于为诉讼目的而制作的电子证据。

甲开办了一家市场策划公司乙公司，自任法定代表人。乙公司于2006年6月在淘宝网上开了一家商铺，开始在网上销售奶粉和尿片。由于生意红火，甲在累积了一定的客户群后，又以乙公司的名义自建了一个销售婴儿用品的网站——“彤彤屋”。半年来，“彤彤屋”生意越做越大，销售了价值280多万元的商品。由于甲以前有网上购物经验，了解到网上交易几乎都不开发票，故她在各个交易之中基本上不开发票，以便逃税。后来，甲及乙公司的偷税行为在警方侦查一起诈骗案时被意外发现。经当地国税局税务核定：乙公司于2006年6月至12月销售货物，含税金额人民币289.5万余元，不含税销售金额人民币 278.4 万余元，应缴增值税人民币 11 万余元。

被告人甲和乙公司被以偷税罪起诉。在法庭上，公诉人举出了当地国税局根据网上销售的电子记录制作的销售总账和偷税总表。法庭据此判决，乙公司构成偷税罪判处罚金 10 万元，甲构成偷税罪判处有期徒刑 2 年，缓刑两年，罚金 6 万元。在该案中，控方提出的基于电子记录的销售总账和偷税总表实际上是一种电子证据摘要，即为诉讼目的而制作的电子证据，具有可采性和证明力；但如果辩方予以否认的话，控方应当进一步举出原始的每一笔网上销售的电子记录，即在正常业务活动中留存的电子证据。如这两种电子证据有出入的，应当以网上销售的电子记录的效力为准。

以制作时间不同，电子证据可分为在正常业务活动中留存的电子证据与为诉讼目的而制作的电子证据。前者是在正常业务活动中留存的电子证据，即各种主体在业务活动当时或其后不久，按照业务习惯而作出的、用于保全信息的电子证据，如银行在营业厅拍摄的监控录像、电子商务企业对日常运营制作的电子账簿、电子发票等；后者是为诉讼目的而制作的电子证据，即诉讼各方纯粹出于保全诉讼证据的需要而录制的电子证据，如代理律师为赢得诉讼而秘密录制的他人之间的电话交谈、为收集有利证据而聘请计算机取证公司搜索的电子邮件证据、为完成举证责任而事后整理的电子证据。前者系英美法系所说的业务记录，往往拥有可靠的信息来源、电子存储设备和完善的规章制度保障。它的形成通常经过系统的核对，且为人们在实际业务活动中所信赖，因而一般可推定其属实；而后者难以杜绝制作者为胜诉而进行人为选择甚至造假的可能性，故其真实性较差。两相比较，前者的证明力应当大于后者。

规则三：由不利方保存的电子证据的证明力最大，由中立的第三方保存的电子证据的证明力次之，由有利方保存的电子证据的证明力最小。

甲公司与乙公司计算机软件开发合同纠纷一案。2001 年 5 月 29 日，原告甲公司与被告乙公司签订了《软件服务合同》，约定由乙公司根据甲公司的详细需求报告，进行“点菜系统管理软件”编程工作；开发费用总金额为人民币 50000 元，自协议签订后 3 天内，首笔款付清，即 25000 元；程序编码自协议签订后到款之日起 20 天内完成；文档资料自协议签订后到款之日起 29 日内完成。合同签订当日，甲公司向乙公司支付了合同首期款人民币 25000 元。后因乙公司未能按约向甲公司交付“点菜系统管理软件”，甲公司将乙公司起诉到法院。

乙公司辩称：己方已根据《软件服务合同》的约定交付了“点菜管理软件”的源程序，虽然交付源程序的时间超过合同约定的期限，但这归咎于甲公司未按约定交付详细需求报告，且几次变更对“点菜系统管理软件”

的要求。为证明甲公司在合同履行过程中不断增加“点菜管理软件”内容的新需求，乙公司当庭出示了网络服务商丙公司所保存的一封原被告电子邮件。

在本案中，双方当事人争议的焦点是被告是否履行了合同约定的开发义务。在诉讼开始后，被告从其发送过电子邮件的网站数据库中提取了包含有软件交付内容的电子邮件，并以该电子邮件作为证据证明自己已经履行了合同约定的软件开发及交付义务，因而该电子邮件的证据效力应如何认定，就成了本案审理的难点。笔者认为，由于丙公司与该案双方当事人无利害关系，假如其提供的电子邮件与被告提供的电子邮件打印件相一致并相互印证，则该电子邮件能够被法庭采信；假如丙公司提供的电子邮件与任一方当事人提供的电子邮件打印件不一致，则一般可以按照“由不利方保存的电子证据的证明力最大，由中立的第三方保存的电子证据的证明力次之，由有利方保存的电子证据的证明力最小”的规则进行处理。

依照由谁保管及对谁有利的标准，电子证据可分为由不利方保存的电子证据、由中立的第三方保存的电子证据与由有利方保存的电子证据。第一、三两种主要是由当事人自己，如从事电子商务的双方保存的；第二种主要是由 ISP 服务商、EDI 服务中心等中立的第三方保存的。这些主体由于身份的不同，他们同案件的利害关系也不同，这就导致他们对证据的处理办法可能大相径庭。从情理上讲，当事人往往会隐匿对自己不利的证据，而第三方则可能较为客观地保管证据。相比而言，凡是某一电子证据是由对其不利的那一方当事人所保管的，则其证明力要大一些，甚至可以直接推定其真实可靠。因为假如该电子证据是不可靠的，那么保管它的那一方当事人从维护自己的利益出发，肯定会举证反驳，而且“此人比任何其他人更了解他自己的记录保存系统”，更容易发起对该电子证据或其所依赖的计算机等系统的攻击。反之，凡是某一电子证据是由对其有利的那一方当事人所保管的，则此人出于对计算机等系统的熟悉及便利条件，更容易伪造或变造电子证据，故其证明力最小。至于由第三方保管的电子证据，因为较为客观，所以其证明力居中。

第三章　电子证据的采信标准

第一节　电子证据的采信原理

一、电子证据的采信原则

电子证据的采信同电子证据的证明力评断具有天然的联系。后者通常是前者的基础，前者是后者的延续；两者的基本原则也是一脉相承的。基于此，西方国家在这两个问题上采取了基本一致的处理机制，即均需遵循传统上的自由心证原则。然而，我国并不存在典型的自由心证制度，国外的司法经验并不能简单援引为我所用。要有效化解这一前沿性的证明难题，人们需要从建构电子证据的采信原则入手。

（一）平等对待的原则

这是针对人们对电子证据的特别担心而提出的一项认证原则。一般来说，人们总是对自己不是很了解的东西表现出特别的担心。相对传统证据而言，人们对电子证据的担心显然要大得多。许多人不愿意相信电子证据，不太敢依赖电子证据来认定案件事实。长期以来，司法人员习惯于将电子证据转化为其他形式的证据，或者更愿意以其为线索收集更多的其他证据，就充分反映了这一现象。

事实上，无论是电子证据还是传统证据都有自身的不安全或不可靠因素，但如前所述电子证据相对更为稳定和可靠。之所以人们仍然不太相信电子证据，不愿意主动使用电子证据，归根到底是观念问题，而不是技术问题。我们相信，随着电子技术尤其是计算机技术的成熟和广泛应用，电子证据越来越频繁地出现和使用，人们在法律事务中对其的信赖感必将大大增强。

在当前的法律环境中，就是应当给予电子证据同传统证据平等的待遇。不能因为不信任电子证据，而不愿意使用它，或更不敢据此认定案件事实。此即平等对待的原则。从一定意义上讲，平等对待的原则是前面章节所述非歧视原则的延伸。两者讲的都是要给予电子证据跟传统证据一样的证据法待遇，这可以成为未来我国修订完善证据规则的一项重要内容。

（二）综合采信的原则

传统上，我国的证据制度以唯物辩证法为指导思想，强调只有从相互印证的关系中才能判明证据是否确实、充分。对于单个的证据材料，即使其内容本身是符合逻辑的，即使证据提供者的品格无可非议，也无法从其自身来确定其是否属实。[①] 换言之，在我国孤证是不能定案的，必须由若干份证据构成一个相互印证的体系，即完整的证据体系或证据锁链。通常认为，证据体系，是指由若干证据相互组合形成的相互依赖、相互连接的整体；证据锁链，是指用于定案的证据必须一环扣一环；“印证证明”，是指单个证据必须得到其他证据的印证、据以认定案件事实的全部证据必须相互印证；“孤证不能定案”，是指“每一个证据的证明力之有无或者大小，都不能靠该证据本身得到证明，而必须通过对证据本身的情况、证据与其他证据之间有无矛盾及能否互相印证、证据在全案证据体系中的地位等问题进行全面的衡量，才能作出合理的判断”。[②] 它们所说的意思大同小异，均表明定案要采取比较客观化的标准。

显而易见，在我国赖以定案的电子证据也不能是“孤证”，同样必须构成证据体系或“印证证明”体系。例如，一份电子书证以其内容能够直接证明合同关系的成立，但其真实性则需要其他证据的佐证。将这种“孤证不能定案”的现象抽象出来，就是电子证据的综合采信原则，也称为印证证明原则。具体来说，电子证据用于证明待证事实时不能是孤证，单一电子证据定案的情况是不存在的；而最终认定案件事实，往往要结合该电子证据的一些附属信息以及其他证据，通过彼此的相互印证构成证据体系予以综合采信。

同传统的证据体系相比，关于电子证据的证据体系具有自己的特点，即它可以分为物理空间的证据体系与虚拟空间的证据体系两种。前者是由若干份电子证据与传统证据相互印证，构成一个虚拟空间与物理空间中证据相结合的锁链；后者是由若干份电子证据相互印证，构成一个虚拟空间中的证据锁链。这两者的证明任务不尽相同。相比而言，第二个证据体系显得独特而重要。它指向一个虚拟的空间，依靠的是形形色色的电子证据，传统证据基

---

① 李建明：《刑事证据相互印证的合理性和合理限度》，载《法学研究》2005 年第 6 期。

② 陈瑞华：《理想与现实——从实证的角度看中国的刑事审判方式改革》，载《刑事法制的理念建构》，法律出版社 2002 年版，第 416 页。

本上起不到作用。这样一来，准确把握电子证据的体系构成就显得十分重要了。

二、电子证据的采信内容

电子证据的采信是在单一证据的审查基础上进行的，既包括对部分案件事实的采信，也包括对全案事实的采信。前者往往是对案件事实中重要情节的认定，因为这些情节是案件主要事实的构成部分而需要单列出来加以认定。无论是根据电子证据对部分案件事实加以采信，还是根据电子证据对全案事实加以采信，都要将包括电子证据在内的若干证据结合在一起，形成证据组合共同发挥支撑的证明作用。此外，如果对同一个情节或全案事实存在正反两方面的证据，则需要将本证与反证临时地组合在一起，共同发挥对立的证明作用。

需要专门认定的重要情节很多，通常表现为案件中的争议事实。例如，一起刑事案件中有法律意义的事实包括定罪事实、量刑事实和程序事实，其中定罪事实可以分解为犯罪主体、犯罪客体、犯罪主观方面和犯罪客观方面四要件，也可以分解为犯罪预备、犯罪实施、罪后行为三要件，还可以按照时间要素进行分解。同理，民事案件、行政案件的事实都可以进行细分。只要上述任何一个方面的事实在审理中成为双方争议的焦点，就需要司法人员根据电子证据的组合作出专门的认定。

法官在分析了不同电子证据组合的证明价值之后，应当进一步认定全案的案件事实。具体来说，法官需要分析各个证据组合之间的连接情况，看其逻辑关系是否合理，看所有证据能够在何种程度上证明什么样的案件事实。这种分析的要点是找出证据整体证明价值中的薄弱环节或空缺环节，以便进行弥补和充实。这种认定可以使他们对已知证据有个整体性评价，从而为裁判提供依据。

如前所述，电子证据的采信需要考虑电子证据的不同性质。如果提出的电子证据是直接证据，则法官只需判断该证据与所针对待证事实之间因果关系如何；如果提出的电子证据是间接证据，则法官需要判断作多少次连续推断才能把该证据与所针对待证事实挂上钩，以及每一次推断所具有的或然性。如果提出的电子证据全部是本证或反证，则要考虑相互之间能否协调一致、印证程度如何；如果提出的电子证据既有本证又有反证，则要排除矛盾，比较双方证据所证明事实的可信度。

第二节 电子证据的印证体系

一、物理空间的证据体系

从司法实践来看，电子证据的采信是通过证据组合的方式进行的，需要评断不同证据之间是否构成了印证关系或证据体系。这同传统证据没有什么区别。尤其是根据若干份电子证据与传统证据相印证来认定案件事实，这种体系同传统的证据体系几乎是一致的。

譬如，如果司法人员从嫌疑人的电脑中收集到了涉案的电子邮件，同时获取了相关的物证、书证、证人证言、口供、被害人陈述、视听资料或鉴定结论等，它们之间在细节上是吻合的，不存在无法合理解释的矛盾，那么就构成了定案的证据体系。这个证据体系同传统证据的印证体系相比没有什么实质性的不同，不妨称之为第一层证明体系（见图4－3－1）。

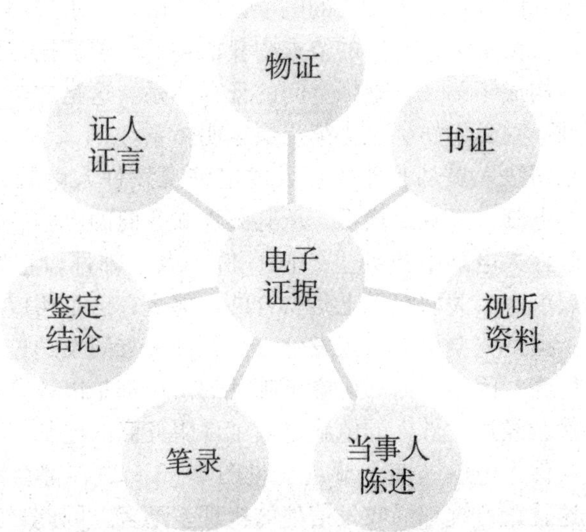

图4－3－1 关于电子证据的第一层证明体系

不难看出，电子证据的这一层证明体系是外省性的。从数量上看，这一体系的构成需要两份以上的证据（其一是电子证据）；从质量上看，这一体系的构成需要有关证据之间具有印证性或一致性。如果一份证据仅仅是在解释另一份证据，或者是对另一份证据的简单解读，那么还构不成证明体系。例如，民事诉讼中当事人向法庭提交了一份电子邮件，他又以当庭陈述的方式讲述了这一份电子邮件是如何产生的，那么一般还不足以认定有关邮件内容的案件事实；当然，假如这一份电子邮件是对该当事人不利的，则另当别论。

二、虚拟空间的证据体系

虚拟空间的证据体系是由若干份电子证据相印证，构成一个虚拟空间中的证据锁链。如前所述，电子证据从所蕴涵内容的角度可分为数据电文证据、附属信息证据与关联痕迹证据；从所处环境的角度可分为单机电子证据和网络电子证据。将这两种分类结合起来，就不难发现虚拟空间的证据体系大体上包括网络空间的印证体系与单机空间的印证体系两种。

（一）网络空间的证据体系

网络空间是同单机空间相对应的概念。后者是由单一的电子设备组成的系统，其特点是电子系统不向外界开放；前者则是由多台电子设备组成的系统，这些电子设备相对独立，它们之间可以相互传递信息。国际互联网是当今最大的网络，在这个空间中各台电子设备可以被视为不同的节点，同一个案件行为会在不同的节点留下相关的电子证据。同样，手机网、通信网也是如此。假如司法人员从上述不同的节点中获取到了电子证据，而且它们是相互印证的，那就构成了第一种虚拟空间的证据体系。这是一个涉及网络空间电子证据的印证体系，不妨称之为第二层证明体系。

譬如，如果司法人员从犯罪嫌疑人的电脑（发件人电脑）中收集到了一份重要的涉案电邮，又顺藤摸瓜，从其邮件服务商的电脑、收件人的邮件服务商电脑或收件人电脑中找到了“同一份”电子邮件，它们在内容上是一致的，在附属信息、关联痕迹上是吻合的。那么，这也构成了足以定案的一个证据体系。据此完全可以认定发件人与收件人之间发送过某份电子邮件的行为。为什么呢？因为任何一份电子邮件的发送都是以计算机运算的方式进行的，它必然会经过发件人的电脑、其邮件服务商的电脑、收件人的邮件服务商电脑和收件人电脑这四个节点（见图4－3－2），都会留下足以印证的电子信息。这就跟传统邮局收发信件的机理差不多。因此，只要从上述四个节点中找到两个以上节点的电子证据，它们相互印证，就可以定案。

这个证明体系具有以下特点：（1）电子证据分散在网络的不同节点；（2）所有电子证据均是同一次案件行为产生的，但属于不同计算机系统运算的产物；（3）用于印证的电子证据主要是从两个以上节点获取到的数据电文证据，它们在内容上是一致的，呈现前后对应的关系；（4）从不同节点中获取的附属信息证据、关联痕迹证据起辅助印证作用，特别是能够证明数据电文证据的形成过程。

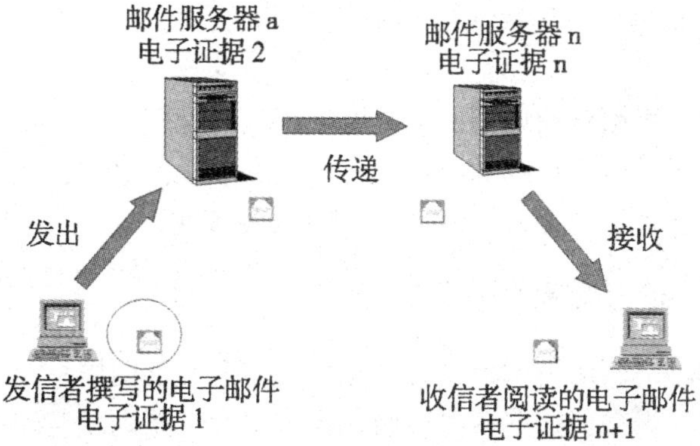

图4-3-2 关于电子证据的第二层证明体系

（二）单机空间的证据体系

在信息技术迅猛发展的今天，不同的电子设备如台式机、笔记本电脑、平板电脑、数码相机、摄像机、手机等层出不穷，这使得如何界定单机变得是一件不容易的事情。不过，从技术原理上讲电子设备就是指由硬件和软件组成、能够应用电子技术发挥作用的设备。它的核心部件是运算装置、存储装置以及显示装置等。具备了这些基本的构件能够进行自动化的处理，那就是单机。在单机的存储装置所留下的各种类型的电子证据能否相互印证，涉及评断单机的证据体系问题。

以单一的计算机系统为例，当今涉案的计算机文件往往是由其中的应用软件系统所产生的，如Word文档、Excel文档、PPT文档、PDF文档、图片文件、电子邮件等。将它们用于定案，就是数据电文证据。除此之外，产生数据电文证据的应用软件系统也会同步产生一些附属信息，如文档的创建时间、修改时间、访问时间、保存者、类型、格式等，它们构成附属信息证据。产生数据电文证据所基于的操作软件系统、文档存储系统还会同步产生一些关联痕迹，如Windows系统的日志文件、休眠文件、页面文件、删除指针或数据存储规律等，它们是附随案件行为的电子痕迹乃至痕迹的痕迹，即关联痕迹证据。一般理解，由于这些数据电文证据、附属信息证据、关联痕迹证据是由不同的软件系统或者存储系统产生的，有的附属信息证据和关联痕迹证据从技术上讲是不可能伪造或极难伪造的，因此可以根据它们之间的印证来认定某一案件事实。换言之，只要从一台单机的应用系统、操作系统和存储系统中找到足够多的电子证据，特别是找到从技术上讲是不可能伪造或极难伪造的电子证据，如果它们相互印证就可以定案。

这是关于电子证据的第三层证明体系。这个证明体系具有以下特点：（1）电子证据分散在单机的操作系统层、应用系统层、文件系统层；

（2）所有电子证据均是同一次案件行为产生的，但属于同一计算机系统运算的产物；（3）用于印证的电子证据主要是从操作系统层、应用系统层、文件系统层之任意两层获取到的数据电文证据、附属信息证据、关联痕迹证据，它们能够揭示电子证据的形成过程。从这个意义上讲，依靠单机的电子证据定案的关键在于“重建”单机空间的案件事实。

三、不同印证体系的比较

无论是物理空间的证明体系，还是虚拟空间的证明体系，都是依靠电子证据定案的基本模型。这些模型表明，唯有依靠一系列相互印证的电子证据或传统证据，方可依靠电子证据还原所针对的待证事实或情节。这其中既有对相关证据的数量要求，更有对相关证据是否印证的质量要求。这是不同印证体系的共同点。

这两种证明体系也存在明显的区别：其一，物理空间的证明体系涉及的主要是人所能进入的物理世界，虚拟空间的证明体系涉及的是人不能进入、只能感知的数字式世界；其二，前者是依靠传统证据与电子证据相结合完成的，后者则基本上是由电子证据单独完成证明任务的；其三，前者本质上还属于传统的经验认证，司法人员可以基于经验法则或自由心证进行判断，后者则属于科学证明的范畴，司法人员必须按照认定科学证据的一般方法进行判断。

那么，什么是科学证据的认定方法？这一方法首先肯定不是经验方法，因为多数司法人员只是法律方面的专家，并无依靠电子证据定案的知识更无相关的经验。从词源上讲，科学一词的英文为 science，源于拉丁文的 scio，后又演变为 scientin，最后成了今天的写法，其本意是“知识”、“学问”，即反映现实世界各种现象的本质的、规律的知识体系。一般认为，科学的特点是可重复验证、可证伪、自身没有矛盾。将这一观念具体到虚拟空间的证明体系方面，就要求人们根据电子证据定案时能够达到可重复性或可验证性的程度。而要做到这一点，设计和使用客观化、外在化的评价标准，即拟定电子证据的印证公式，是一个必然而可行的选择。

第三节　电子证据的印证公式

一、电子证据印证公式的理论基础

如何将证据的认定标准客观化、外在化，一直是不同国家证据法律制度的艰难探索。纵观历史长河，人类在这一问题上有过反复与波折。从早期的神示证据制度到法定证据制度，客观化、外在化的认证标准一度主宰过人类的司法文明。但自从近代西方国家开始转向自由心证制度，主观化、内在化的认证标准就走向历史舞台。这一标准因为尽可能地发挥司法人员的主观能动性而减少了误判，但同时也因为缺少对司法人员的约束而损害了司法的形象。随着科学走进司法，形形色色的科学证据大量涌现，这就为实行客观化、外在化的采信标准打开了另一扇大门。概率论便是开启这扇大门的重要钥匙之一。

概率，是指在同一条件下某一事件发生可能性大小的比率。在司法实践中，关于由若干证据构成的证据体系形成的联合证明力如何，通常认为可以借助统计概率理论的多个概率值合成公式来计算。概率值合成公式在司法证明中的运用规则，主要是概率的乘积规则。这一规则表明，两个或两个以上的独立事件为真的概率等于每一事件为真的概率之乘积。① 例如，连续三次掷硬币，皆出现正面朝上的概率为 0.125，即 0.5 ×0.5 ×0.5。这一结果显然同人们的感性认识是一致的。

美国的“克林斯案件”② 是人类司法使用概率的乘积规则来认定证明力大小的早期尝试。1964 年 6 月的一天中午，被害人阿尔克斯夫人购物回家途中，突然被人抢走装有刚买来的物品和内有约 35 ~ 40 美元的钱包的小皮箱，她本人也被人从身后猛力推倒在地。阿尔克斯夫人挣扎起身后发现，一名年轻的金发女郎正在奋力逃窜。正在附近草地上浇水的证人巴斯听到被害人呼叫后，恰巧也看见一名金发女郎快步钻进一辆黄颜色小车，该车飞速从巴斯身边驶去。证人巴斯因而看得更加清楚：驾驶这辆黄色小车的是一个胡须和鬓发均很浓密的黑人男子，金发女郎紧坐一旁。此案的嫌疑人马尔科姆夫妇后来被抓获，但没有任何直接证据能够证明他们的罪行。在起诉前，检察官将上述被害人的陈述和证人的证词结合在一起，还邀请一位大学数学教师作概率学统计分析，得出以下结论（见表 4 – 3 – 1）。

---

① ［美］理查德 · A. 波斯纳著：《证据法的经济分析》，徐昕、徐昀译，中国法制出版社 2001 年版，第 99 ~ 100 页。

② People v. Collins, 438 p. 2d 33 (Cal. 1968) .

表4－3－1 克林斯案的概率分析

项目	特 征	独立概率
A	一辆黄颜色汽车	1/10
B	胡须较长的男性	1/4
C	头发较长的女性	1/10
D	鬓发较浓的黑人	1/10
E	金发白人	1/3
F	一辆汽车内同坐不同种族的夫妇	1/1000

数学教师认为，按照概率学的计算原则，即概率乘积规则，当项目统计具有相对独立性的时候，各项目统计所得的独立概率可以直接相乘，故该案行为人特征完全相同的可能性为：A×B×C×D×E×F＝1/12000000。基于马尔科姆夫妇完全符合上述特征，检察官对这两人提起刑事诉讼，控以抢劫罪和伤害罪。

一审法院认定被告人有罪，主要依据的是数学教师的概率分析意见。法庭指出，对如此之低的几率仍然加以怀疑的观念是陈旧而不科学的，应当坦率地承认数理分析结果的科学性。此案上诉后，加利福尼亚州最高法院改判无罪，改判的主要理由是：（1）控方证据中所谓的独立项目概率只是一种理论上的假设，并无任何证据证明该假设是确定无疑的。相反，黑人男性的胡须和鬓发以及白人妇女的长发和金发等项目却明显具有并非独立的关联性。可见，该项证据运用概率论独立项目原理所进行的推算是不准确的。（2）检察官所列举的行为人之六大特征仅仅来源于证人和被害人的陈述，虽然证人与被害人的相关陈述具有一定的关联性且具备了相互印证的条件，但独立的证词都未得到相应证据的印证，也即缺乏必要的补强证据。所以，将尚未得到立证的项目作为独立概率分析的基础，在运算过程中不可能防止错误的发生。

由此可见，在采用乘积规则计算概率值时，首先要注意证据相对于案件事实的“独立性”，以免犯计算错误；同时，也要注意证据应得到起码的佐证，存在重大瑕疵的证据不能用于乘积计算。这是两条基本的要求或标准。

印证理论是判断证据证明力效力的一种外在化、客观化机制。毫无疑问，援引乘积规则来评断证据是否达到印证的程度，必须满足前述的基本要求。就电子证据印证的外在化、客观化机制而言，亦不例外。换言之，人们必须依靠一定数量和质量的电子证据（或者部分传统证据），构建一个能够联动发挥作用的印证体系。

二、电子证据印证公式的设计思路

如何通过概率的乘积规则来评断电子证据的印证体系？关键还在于如何确保上述两个标准得到满足：一是所有用于定案的电子证据（或者部分传统证据）必须满足基本的真实性要求；二是所有用于定案的电子证据（或者部分传统证据）必须满足独立来源的要求。这些标准或要求都有特定的限制条件，并不是绝对的、无条件的。

真实性是关于证据真伪的一个指标。辩证唯物主义认为，人的思维是至上的，能够认识现存世界的一切事物和现象，但这种认识是相对的、有条件的。正如恩格斯在《反杜林论》中指出："思维的至上性是在一系列非常不至上的思维着的人们中实现的；拥有无条件的真理权的那种认识是在一系列相对谬误中实现的；二者都只有通过人类生活的无限延续才能完全实现。"①具体到司法实践中，证据的真假总是存在着证据为真、证据为假、证据真伪不明的三种情形。假如某一证据被其他的确凿证据（如鉴定意见）证明为假的，则该证据不能用于构建印证体系；假如某一证据被其他的确凿证据（如鉴定意见）证明为真的，或者假如某一证据的真伪不明，则该证据可用于构建印证体系。

如何判断电子证据是否造假？这除了常用的鉴定方法（如硬盘最后写入时间鉴定、数据完整性鉴定、数据溯源性鉴定、计算机行为鉴定、网络行为鉴定、电子文档的时间鉴定、邮件存储位置鉴定、电子痕迹鉴定等）外，也可能通过其他确凿的证据予以证实（如发现了大量的造假痕迹）。无论是通过何种方法，都必须证明电子证据为假，才不能将其用于构建印证体系。否则，如果只是证明电子证据存在造假之嫌的，则只能降低其可信度，仍可用于构建印证体系。在这里，电子证据的真实性含义基本上等同于其为真的概率值。也就是说，只要这个概率值不是0，就可以通过概率的乘积规则计算其证明力的大小。

独立来源是关于证据体系的又一个量化指标。如果不同的证据均同出一源，则不可能构成实质的印证体系。这一说法在史学理论的"二重证据法"或"多重证据法"中得到了伸张。如王国维在《古史新证》中说："我辈生于今日，幸于纸上之材料外，更得地下之新材料。由此种材料，我辈固得据以补正纸上之材料，亦得证明古书之某部分全为实录，即百家不雅驯之言亦不无表示一面之事实。此二重证据法，惟在今日始得为之。虽古书之未得证

① 《马克思恩格斯选集》（第3卷），人民出版社1972年版，第126页。

明者，不能加以否定，而其已得证明者，不能不加以肯定：可断言也。"①这里所说的"纸上之材料"与"地下之新材料"结合起来相互印证，其实质就是要求具有独立来源的材料指向同一个事物。具体到电子证据上，只要是独立来源的，就可以构成印证体系。

如何判断电子证据是独立来源的？这涉及电子证据的形成机理及分层理论。如前所述，电子证据的印证体系包括物理空间的证据体系与虚拟空间的证据体系，虚拟空间的证据体系又包括网络空间的印证体系与单机空间的印证体系。在这里，电子证据为什么能够同传统证据构建物理空间的证据体系，主要是它们的形成机理不同，电子证据是机器运算的产物，传统物证是各种实物发生接触或其他作用的产物，传统人证是不同人的感知、记忆和陈述的结果，传统书证是书写意思表示的方式，相应地它们显然是独立的来源；网络空间的印证体系为什么能够达成，主要是因为不同的电子证据承载于网络空间的不同电子设备系统，显然也是不同的来源。至于单机空间的电子证据如何确保其独立性，这涉及电子系统相对稳定的层次结构。

如前所述，人类可以熟练认知的电子系统层面只有四个，即网络层、应用系统层、操作系统层、文件系统层。在上述各个层次内部都要遵循特定的规则。如同网络层的电子证据可以视为不同来源外，其他不同层面的电子证据也应当看作独立的来源，因为它们属于不同系统的产物。有时即便是同一层面的电子证据，若是由不同的计算机应用软件产生，也应当看作具有独立的来源，如在应用系统层由 Office、Express 等不同应用软件产生的数据电文等。总之，电子证据是否来源独立可以从其是否分别源于物理层、网络层、应用系统层、操作系统层与文件系统层进行判断，也可以考察它们是否源于同一层面的不同软件单独产生。

综上可见，人们在评断电子证据的印证体系时，应当遵循四个基本步骤：一是将不同层面或者特殊情况下同一层面的独立证据区分开来，分别称为证据 1、2、…、n，并确保它们具有独立的来源；二是将每一个电子证据（也包括极少数的传统证据）的可信度估算出来，并计算其初始概率值，分别称为小写的 p_1、p_2、…、p_n，也就是说每个证据所指向的案件情节发生的可能性分别是 p_1、p_2、…、p_n；三是计算在每个证据的独立支撑下不发生所指向的案件情节（即存在其他情形）的可能性，分别为 $1-p_1$、$1-p_2$、…、$1-p_n$；四是依照概率的乘积规则计算所有电子证据（含少数传统证据）的可信度及其证明力，记为大写的 P，这就需要援引以下公式——电子证据的印证公式进行判断：

① 王国维：《古史新证》，清华大学出版社 1994 年版，第 2 页。

$$P = 1 - \prod_{i=1}^{n}(1 - p_i)$$

显而易见，在这个公式中，无论是P还是p_i、$1 - p_i$都介于0与1之间，即$0 < P$，p_i，$1 - p_i < 1$。而且，随着证据数量及可信度的增加（即i、p_i值的增大），全案证据的证明力也会相应的增加（即P值的增大）。

三、电子证据印证公式的适用

马克思曾经深刻地指出："一种科学只有在成功地运用数学时，才算达到了真正完善的地步。"① 不过，由于数学语言或符号的特殊性，司法人员往往对数学公式产生一种天然的陌生感和排斥感。因此，要准确地理解上述公式的适用，既需要司法人员不断积累经验，也需要从所熟知的案例着手研习。

下面是国内一起引起广泛争议的电子证据案例：一日某地公安机关接到林某的报案称，其电子邮件账号被他人冒用，发送含有7张色情图片的电子邮件给其同事李某，造成了很坏的影响。公安机关通过查看邮件信息和市电信局服务器日志记录，发现发送色情邮件的电脑当时使用的IP地址为"61.146.82.94"；从市电信局取得的用户上网清单查明，案发这一时间段使用此IP地址的电话号码为"341××××"，上网账号为"e183test"，均属梁某所有。公安机关还查清，市电信局服务器、李某收邮电脑所记载发送邮件的机器名与梁某电脑的名字相同；色情邮件发送期间梁某正好独自在家中上网，具有作案时间。随后，公安机关对梁某进行了盘问，扣押了其电脑，并作出警告和罚款1500元的行政处罚决定。梁某不服，以有可能是黑客盗用作案为由，提起撤销行政处罚之诉。② 在审判中，争议的焦点是依据现有证据能否认定原告实施了网上传黄的违法行为。有关的证据既包括IP地址、电子邮件和日志记录等电子证据，也包括当事人陈述、证人证言等传统证据，两类证据如何有效结合就成了定案的关键。

在该案中，一审法院经审判委员会讨论后认为，从收件人处提取的色情邮件表明它来自梁某名为"liang"的电脑，当时使用的IP地址、上网电话及账号也都指向梁某；而从电信局提取的用户上网清单等证据表明，在该色情邮件发送期间梁某正独自在家通过电话拨号上网，他对此亦不否认；加上

① ［法］保尔·法拉格：《忆马克思》，载《回忆马克思恩格斯》，人民出版社1973年版，第7页。

② 郑君、赵南坚、曾庆春、阳静、毛智明：《IP地址首次作证网民败诉》，载《南方日报》2003年5月27日。

公安机关扣押梁某的电脑检查后并没有发现“黑客”入侵的迹象，排除了“黑客”作案的可能性。因此，根据互联网上IP地址、上网账号和口令的唯一性和排他性，足以认定该色情邮件是梁某使用个人电脑发出的。① 该判决是由审判委员会集体决策的，不可谓不慎重。它不仅为二审判决所维持，也得到了法律界的赞同。然而，它却饱受广大技术专家的质疑。②

那么，按照概率的乘积规则，本案中该如何认定案件事实呢？首先，可以将一审法院认定的主要案件事实——原告是否实施了发送色情邮件的违法行为分解为两个方面：一是涉案色情邮件是由原告的电脑在某一时间段发出的；二是案发时间原告在家独自操作其电脑。关于第一项事实仅仅涉及虚拟空间，主要的证据是电子邮件、IP地址、上网账号和口令等电子证据；关于第二项案件事实，主要的证据是电信局针对特定IP地址的上网清单和原告的陈述。这两组证据是否均构成独立的证据体系，即各种证据之间是否相互印证，是法官作出肯定性判决的基础。基于证明第一项案件事实的基本上是电子证据，下面以此为例计算其证明力。

其次，要估算每项证据的初始概率值，即该证据针对待证案件事实的可信度。一般来说，证据的这种可信度往往同关联度密切相关，即该证据是直接证据还是间接证据？是原始证据还是传来证据？如果是直接证据，则主要考虑该证据的可靠性；如果是间接证据，则主要考虑通常需要多少个证据才能构成锁链，以及每一个证据的可靠性如何。如果是原始证据，其可信度不受证据的流转行为、流转次数的影响；如果是传来证据，其可信度要随着证据的流转而有所降低。同时，证据的这种可信度也同真假程度密切相关，即该证据有无反证予以驳斥？该证据是对举证方有利的证据、对举证方不利的证据还是由第三方提交的证据？该证据是主观性证据还是客观性证据？该证据是数据电文证据、附属信息证据还是关联痕迹证据？

如果在这些不同种类的证据之间进行证明力的评断，大体可以参照以下规则：（1）直接证据 > 间接证据；（2）原始证据 > 传来证据；（3）确凿证据 > 瑕疵证据；（4）对举证方不利的证据 > 由第三方提交的证据 > 对举证方有利的证据；（5）客观性证据 > 主观性证据。这些规则就为人们估算每项证据的初始概率值提供了相对客观的基础。其中，第一项是基础，在司法实践中人们必须先根据经验判断一项证据的初始概率值为 p_i（$0 < p_i < 1$）。具体来说，由于实务中即便是原始证据也必须遵循“孤证不能定案”的原

① 郑君、赵南坚、曾庆春、阳静、毛智明：《IP地址首次作证网民败诉》，载《南方日报》2003年5月27日。

② 刘品新：《论电子证据的定案规则》，载《人民检察》2009年第6期。

则，那么原始证据的 p_i 可分为 0.1 到 0.9 九级；相应地间接证据则需要考虑推理步骤的数目即所需要补强的间接证据多少而确定其 p_i。在此基础上，人们再参考其他规则对证据的初始概率值作相应的调整（一般按照 ±0.1、±0.2 或 ±0.3 处理）。

在该案中，涉及涉案电子邮件是由原告电脑发出的主要证据包括三份：(1) 从证人（收件人）电脑中提取的电子邮件，其中信息包括发件人的电脑名字“liang”、当时使用的 IP 地址“61.146.82.94”以及该邮件发送的具体时刻。这份证据能够直接证明证人（收件人）电脑中收到了这样一封邮件，但必须与其他证据结合起来才能证明原告（发件人）电脑发出了这样一份邮件，再考虑该证据属于第三方提交客观性证据等因素，其初始概率值可以酌定为 0.3。(2) 从市电信局服务器中提取到的日志记录，其中包括相关邮件发送时使用的 IP 地址、上网账号和口令等记录。同理，这份证据的初始概率值可以酌定为 0.3。(3) 从原告（发件人）电脑中的取证情况表明在该邮件发送的时刻未发现“黑客”入侵的迹象。这份证据同从原告（发件人）电脑中获取到的类似邮件，不能从正面证明发送有关邮件的行为，而主要是用于反驳原告（发件人）所谓的黑客入侵辩解，其初始概率值可以酌定为 0.1。具体估算方法如表 4-3-2 所示。

表 4-3-2 梁某涉嫌传播色情邮件案的概率分析

事实的关联度 / 证据（初始概率值）	对于证明涉案电子邮件是由原告电脑发出之事实的关联度						总计
	直接还是间接关联	是否原始证据	有无可疑之处	对举证方是否有利	客观还是主观证据	其他方面	
证据 1（p_1）	0.3	-0.1	0	0	+0.1	0.3	
证据 2（p_2）	0.4	-0.1	0	0	+0.1	-0.1（日志文件的稳定性差）	0.3
证据 3（p_3）	0.1	+0.1	0	-0.1	-0.1	+0.1（系统性证据）	0.1

总的来看，基于上述表格的分析一方面比较直观，另一方面也给人过分机械的感觉。基于此，有的学者为了化解赋予初始概率值的难题，以及提高

概率分配的可信度和精确性，提出了从权威机构得到客观概率的方法。在分析 BT① 传播盗版电影一案中，香港警方高科技犯罪局和香港海关计算机鉴定实验室制作了一份调查问卷②向有经验的执法人员进行询问。该问卷请测试者回答以下几个问题：（1）电子鉴定的相关培训和经历；（2）在多大程度上相信电子证据是由普通计算机操作所产生的；（3）在多大程度上相信是由与 BT 相关操作所产生的。他们从执法人员那里一共收到 31 份回答，然后用加权平均的方法来计算初始概率值。例如，问卷第七项用要求回答“估计多少链接地址和访问网站的时间会存在 IE5 里面名称为 index. dat 的历史文件夹中”来衡量概率范围。答复是：20% ~40%，1 人；40% ~60%，1 人；60% ~80%，6 人；80% ~100%，22 人；不确定的 1 人。使用加权平均数的方法来计算“是”的概率：$(1\times0.3)+(1\times0.5)+(6\times0.7)+(22\times0.9)=24.8$，那么它的概率值就是 $24.8\div31=0.8$。③ 这个办法看起来也不简捷。其实，这种客观概率的算法，就是找足够多的专业人士判断某一个证据使其相信案件事实发生的可能性是多少，如果 100 个人中相信案件事实成立的人数是 30，那么该证据的初始概率值就是 0.3。这同现代社会心证公开的方法有异曲同工之妙。应该说，前述证据 1、2、3 使人们相信涉案电子邮件是由原告电脑发出的可能性分别为 30%、30%、10%，这一说法是能够成立的。④

最后，适用公式进行计算。从目前的案情来看，这些证据的证明效力如何主要涉及网络空间的证据体系问题。考虑到这三份证据分别来自不同的电脑（即属于不同的来源），因此可以通过前述公式进行计算：

$$
\begin{aligned}
P &= 1-\prod_{i=1}^{n}(1-p_i)\\
&=1-0.7\times0.7\times0.9\\
&=0.559
\end{aligned}
$$

由此可见，现有证据表明，涉案电子邮件是由原告电脑发出的可能性为

① BT 是一种互联网上新兴的 P2P 传输协议，全名叫“Bit Torrent”，中文全称“比特流”，最初的创造者是 Bram Cohen，现在则独立发展成为一个有广大开发者群体的开放式传输协议。

② www. cs. hku. hk/kylai/qr. pdf.

③ Michael Y. K. Kwan, Kam – Pui Chow, Frank Y. W. Law, and Pierre K. Y. Lai, *Reasoning About Evidence Using Bayesian Networks*, IFIP Int. Conf. Digital Forensics, Vol. 285Springer（2008），pp. 275 – 289.

④ 笔者就这些证据的初始概率值，向一些电子证据鉴定专家作过简单的访谈，他们基本同意上述结论。

55.9%。这看起来达到了优势证据的证明标准。[①] 但考虑到统计公式计算的合理误差，考虑到本案中还需要证明“案发时间原告在家独自操作其电脑”的案件事实，本案中证据的证明力（55.9%）确实还有提升的空间。假如司法机关还从原告电脑中搜索到了相关的电子邮件或者发送邮件的日志、临时文件、休眠文件、关联痕迹等，或者找到了与该七幅色情图片来源相关的证据，那么援引前述公式计算得出的数值就能远远超过优势证据的证明标准，从而能增加判决的合理性，减少遭到非议的可能性。事实上，以数据电文证据为基础寻找更多的附属信息证据、关联痕迹证据，不仅是可能的，而且是必要的。这是基于电子证据系统性开展认证的应有之义。

四、电子证据印证公式的评价

其实，概率的乘积规则是适用于所有证据的采信方法，它揭示了隐藏在案件事实认定背后的逻辑法则。然而，由于传统证据在独立性方面的不足，法学界一直存在着支持和反对两种争议。然而，作为证据领域的“后起之秀”，电子证据以其系统性和分层性而独具特色，较为充分地解决了不同证据之间的独立性问题，使得适用概率的乘积规则具有当然的优势。上述公式便是这样一个有益的尝试。

诚然，这个公式的提出还需要进一步雕琢，也有待于实践的反复检验。但这个公式足以告诉人们如何科学地看待证据的印证体系。首先，这一印证体系绝不是仅仅强调对于同一案件事实的证据数量，还必须注意各个证据的印证质量，即证据之间的独立性、印证性；其次，这一印证体系绝不是纯粹的经验判断（那会落入“众说纷纭”的陷阱），为此适当引入逻辑法则乃至可靠的数理公式也是必需的。总之，从注重证据的数量转向注重证据的质量，从注重经验判断转向追求客观化的判断，这是电子证据印证公式带来的初步启示。

如同贝叶斯定理适用于证据领域遇到的挑战一样，司法人员援引电子证

---

① 我国行政诉讼中实行比较灵活的证明标准。最高人民法院前副院长李国光曾经指出：“行政案件证明标准的高低，原则上取决于被诉具体行政行为对原告权益影响的大小。从目前的审判实际看，对于涉及限制人身自由、大额罚没等对行政相对人人身、财产权益影响较大的具体行政行为的案件，可以比照适用类似刑事案件的证明标准；对于行政裁决类行政案件和其他行政案件，可以比照适用类似于民事案件的证明标准。”参见李国光：《深入贯彻党的十六大精神 努力开创行政审判工作新局面为全面建设小康社会提供司法保障》，载《最高人民法院公报》2003年第2期，第7页。

本案仅仅涉及1500元的行政处罚，应当比照适用类似于民事案件的证明标准——优势证据标准。

据印证公式同样也存在着重大的障碍。“从贝叶斯怀疑主义的角度来看，在审判的全部过程中使用贝叶斯定理，由于在计算上过于复杂，使得它超越了事实认定者的能力。”① 此外，作为一种新型的证据，司法人员普遍对电子证据缺乏认识，这也增加了其赋予每个电子证据以合适的初始概率值的困难。

无论如何，通过印证公式来计算电子证据的证明力都是一个令人充满激情的领域。该公式能够为人们提供一种采信证据的新模型或新思维，它以新证据的切入探求改革人类传统裁判过程的方法。在可以预见的将来，随着这种公式能够在电子证据专家人群中取得某种共识，专家们将能够以“专业报告”的方式向法庭提供咨询意见。从长远计，如果人们能够以此为基础开发出类似于“电脑量刑”的“电脑认证”软件系统，使该公式的计算方法更为简便，那就能在司法人员群体中最大范围地推广开来。

① LAURENCE TRIBE. Trial by mathematics: precision and ritual in the legal process [J]. Harv. L. Rev., 1971, (84): 1377.

后　记

2013 年 3 月，“浙江张氏叔侄冤案”进入公众的视野，刑事错案问题再次成为舆论的焦点。该案发生于 10 年前。2003 年 5 月 18 日，张高平和侄子张辉开货车从安徽歙县前往上海，女同乡王某搭车去杭州。次日上午，王某的尸体在杭州西湖区留泗路边的水沟中被人发现。警方通过调查，得知死者身份，遂锁定张氏叔侄为犯罪嫌疑人。2004 年 4 月，该案进入审判，公诉方的主要证据就是两名被告人在侦查阶段作出的认罪口供和指认现场笔录，以及看守所同室犯人袁某某提供的张辉在看守所内“神态自若地讲述了强奸杀人过程”的证言。张辉当庭翻供，并坚称认罪材料是看守所中一个牢头逼他抄写的。4 月 21 日，杭州市中级人民法院一审判处主犯张辉死刑，判处从犯张高平无期徒刑。10 月 19 日，浙江省高级人民法院二审改判张辉死缓、张高平有期徒刑 15 年。

在该案中，法院认定被告人有罪的证据明显不足，而且忽视了一个重要的可能证明被告人无罪的科学证据。现场勘查人员曾在被害人王某的八个指甲缝中提取到微量人体组织。经过 DNA 检验，这些人体组织不属于两名被告人。侦查人员另外也进行了查找和比对，但一直没有发现与其 DNA 图谱吻合之人。于是，法院认为该生物物证“与本案犯罪事实并无关联”。

2011 年 11 月，经过被告人及其家人的不断申诉，浙江省政法委开始复查此案。通过把被害人王某指甲缝提取的人体组织的 DNA 图谱输入公安机关的 DNA 数据库，发现该图谱与已决犯勾某某的 DNA 图谱吻合，后者因杀害女大学生吴某某于 2005 年被判死刑并已执行。2012 年 4 月，浙江省高院启动再审，并于 2013 年 3 月 26 日正式宣判张辉和张高平无罪。诚然，造成这起冤案的原因是多方面的，但是法院当年对该生物物证的认定错误也反映出人们对科学证据之关联性存在认识误区，而且这种认识误区不仅存在于个别司法人员的裁判之中。

2013 年 1 月 1 日，新修订的《刑事诉讼法》开始实施，最高人民法院于 2012 年 12 月 24 日公布的《关于适用〈中华人民共和国刑事诉讼法〉的解释》也开始生效。该《司法解释》第 69 条第 4 项强调司法人员要认真审查“物证、书证与案件事实有无关联”，具体表述是“对现场遗留与犯罪有关的具备鉴定条件的血迹、体液、毛发、指纹等生物样本、痕迹、物品，是否已作DNA鉴定、指纹鉴定等，并与被告人或者被害人的相应生物检材、生物特征、物品等比对”。诚然，这项规定对于指导司法人员审查物证的关联性具有积极意义，但是其语言表述却不够严谨。

该规定中“对现场遗留与犯罪有关的”这一表述就有瑕疵。首先，第69条规定的对象应该是刑事诉讼中使用的所有物证、书证，而“现场”只是发现物证、书证的场所之一。实际上，刑事诉讼中使用的许多物证和书证是在犯罪嫌疑人的住所发现或提取的，而这些物证或书证与案件事实的关联性往往也是审查的要点。如果司法人员在这个问题上出现疏漏，那就很可能导致事实认定的错误。其次，该规定中“与犯罪有关的”表述有些自相矛盾。既然已经明确说“与犯罪有关”，为什么还要审查其与案件事实有无关联呢？该表述可能符合一些侦查人员和司法人员的思维习惯，以为在犯罪现场发现的东西就都是与犯罪有关的。不过，这种思维习惯容易使办案人员先入为主，步入犯罪侦查的歧途或司法证明的误区。我认为，无论是在犯罪现场还是在犯罪嫌疑人家中发现的痕迹物品，都只是“可能与犯罪或案件事实有关”的，因此司法人员都必须认真审查其关联性。最后，该规定中最大的瑕疵是没有能够准确说明物证的双联性。

物证与案件事实的关联一般都表现为“双联性”，即一方面联系犯罪事实，一方面联系犯罪嫌疑人。司法人员在审查物证的时候，既要避免错把本无关联的物品用作证据，也要避免错把实有关联的物证排除在外。例如，在“浙江张氏叔侄冤案”中，办案人员首先应该分析那些从被害人指甲缝中提取的人体组织与该强奸杀人事实有无关联，然后再通过DNA比对去建立该物证与犯罪嫌疑人或被告人的关联。确认前一关联的目的就在于认定这些人体组织属于实施该强奸杀人行为的人，确认后一关联的目的则在于认定嫌疑人或被告人就是实施该强奸杀人行为的人。在该案中，由于这些人体组织被发现时还是比较“新鲜”的，而且是同时在被害人的八个指甲缝中发现的，所以办案人员本应推断其与犯罪事实存在关联性。这就是说，被害人的反抗行为把作案人的人体组织留在了她的指甲缝中。然而，由于DNA检验的结果表明这些人体组织不属于两名嫌疑人，而且警方也没能通过DNA图谱的比对找到其他与之吻合的人，所以办案人员就断定其没有关联性。这种用后一关联代替前一关联或者因后一关联的不能确立而否定前一关联的存在的做法，显然是错误的。倘若该案的办案人员当年没有在审查物证关联性的问题上犯下如此草率的错误，张辉和张高平就不会蒙冤入狱，勾某某可能就不会有再次杀人的机会，女大学生吴某某也就不会死于非命了。由此可见，强调物证的双联性是非常重要的，而该《司法解释》第69条中的上述规定却容易使办案人员忽视证明链条的断缺并导致证明结论的错误。

由此可见，明确科学证据的审查规则和采信标准既有理论价值，更有现实意义。这也正是我们进行这项研究的目的。当然，就此问题的研究而言，本书的出版不是起点，也不是终点。

何家弘
2013年7月写于北京世纪城痴醒斋